"프란시스 쉐퍼는 친절하고 열정적이고 지적이며, 현대의 여러 사상과 문제들은 물론 사람들에게도 지속적으로 몰입했던 사람이다. 그런 그의 모습이 객관적이면서도 애정 어린 에드거의 설명을 통해 생생하게 살아나온다. 이 책에서 쉐퍼는 누군가를 무작정 치켜세우는 자들과 무작정 깎아내리는 자들 모두의 왜곡에서 구출되어 우리 중 많은 이들이 여러 해 동안 라브리에서 알았던 모습 그대로, 그가 오늘 우리 세계에 끼친 막대한 공헌에 대한 설명과 함께 제시된다."

오스 기니스, 『소명』의 저자

"우리 시대의 참으로 독창적인 변증가 중 한 사람에 대한 특별한 통찰들로 가득 찬 매혹적이고 흥미진진한 서술이다."

데이비드 F. 웰즈, 고든-콘웰 신학교 석좌 교수

"오랫동안 나는 얼마간이라도 라브리에서 시간을 보낼 수 있기를 바랐다. 하지만 그것은 나를 향한 하나님의 계획이 아니었다. 대신 하나님은 내가 여러 명의 라브리 출신 사람들과 친구가 되게 해주셨다. 빌 에드거는 그들 중 하나다. 나는 그들의 지적 능력에도 깊은 인상을 받았으나, 그들의 경건한 성품에 훨씬 더 매료되었다. 분명히 라브리는 지적 무신론자들을 회심시키고 영적 성숙에 이르게 하는 나름의 방법이 있었다. 라브리와 관련된 모든 책 중에서도 빌의 책은 특히 오늘 우리가 '영적 형성'이라고 부르는 것의 과정에 초점을 맞춘다. 모든 교회가 이 책을 통해 많은 것을 배울 수 있다. 이 탁월한 책을 하나님께 좀 더 가까이 다가가고자 하는 모든 이에게 추천한다."

존 M. 프레임, 개혁신학교 조직신학 및 철학 교수

"프란시스 쉐퍼는 체구는 작았지만 진리와 하나님, 사람들과 실재에 대한 집요한 관심에 있어서는 거인이었다. 그는 기독교 신앙이 오늘 우리 시대의 완전한 길이며 온갖 문제들로 가득 찬 현대 세계의 어려운 질문들의 실제적인 답이라고 확신했다. 윌리엄 에드거가 등 떠밀려 수행한 쉐퍼의 사상에 관한 흥미로운 연구 결과는 쉐퍼가 살아내야 했던 거칠고 날선 삶과 라브리 공동체에서 수행한 사역의 정황을 배경으로 제시된다. 쉐퍼는 그의 범상치 않은 아내 이디스와 함께 설립한 라브리에서 반짝거리는 영감으로 가득 찬 사역을 펼쳤다. 외진 알프스 계곡 경사면 높은 곳에 위치한 라브리는 세상의 여러 끝에서 온, 주로 청년들로 이루어진 여행객들의 다채로운 행렬을 이끌어냈다. 전례를 찾기 어려운 역사적 변화로 가득 찬 시대에 오래된 성경의 내용을 전하고자 했던 쉐퍼 자신의 고뇌에 찼던 추구가 한 세대의 그리스도인들을 매료시켰고 그들을 위한 문을 열어주었다. 또 그것은 빌 에드거처럼 정직한 질문과 함께 신앙의 바깥에 서 있던 많은 이들에게 확신을 주어 그리스도의 길을 따르도록 만들었다. 이 매력적인 책은 프란시스 쉐퍼의 사상과 관심의 핵심을 잡아내고, 그가 현대 세계의 교회에 제시했던, 지금도 여전히 긴급한 도전을 다시 불러일으킨다."

콜린 듀리에즈, 『프란시스 쉐퍼』의 저자

"반문화적 영성에 대한 에드거 박사의 책은 포스트모던 시대의 어두운 혼돈 속에서 살아가는 이들을 위한 꼭 필요하고 신뢰할 만한 안내서다."

빔 G. 리트케르크, 네덜란드 라브리 재단 이사

"윌리엄 에드거는 개인적 회상과 철저한 분석의 놀라운 조화를 통해 쉐퍼 부부의 삼위일체 하나님과의 만남이 라브리의 형성과 성장과 영향력의 핵심이었음을 확신 있게 제시한다. 이 참신한 연구물은 정신과 삶을 변화시키고, 교회를 갱신시키고, '문화 전체 속으로 흘러들어가는' 진정한 영성을 갈구하는 모든 이의 열정을 불러일으킬 것이다."

피에르 베르투, 엑상 프로방스 개혁신학교 명예교수

쉐퍼가
말하는
그리스도인의
삶

ABBA
CHRISTIAN
LIFE
SERIES 2

쉐퍼가 말하는 그리스도인의 삶

반 문 화 의 영 성

윌리엄 에드거 지음

김광남 옮김

아바서원

우리 세대를 위해 라브리 정신을 구현하고 있는
딕과 마르디 카이즈 부부에게 드립니다.

목차

제1부 그 사람과 그의 시대

시리즈 서문

우리는 그리스도인의 삶에 관한 온갖 자원이 넘치는 시대에 살고 있다. 책, DVD 시리즈, 온라인 자료, 세미나 등 날마다 그리스도와 동행하도록 격려하는 매체와 기회가 주변에 즐비하다. 오늘날의 평신도는 과거에 학자들이 꿈꾸었던 것보다 더 많은 정보를 접할 수 있다.

그러나 이 모든 풍부한 자원에도 불구하고 무언가 빠진 것이 있다. 그것은 과거, 곧 우리와 다른 시대와 장소에서 지금을 바라보는 관점이다. 달리 표현해서 현재의 지평선 위에 너무도 많은 것이 있어서 과거의 지평선을 바라보지 않는다는 말이다.

이는 안타까운 현상이 아닐 수 없다. 제자의 길을 배우고 실천하는 문제를 생각하면 더욱 안타깝다. 마치 대저택을 소유하고도 한 방에만 살겠다고 고집하는 모습과 같다. 이 시리즈는 다른 방들도 탐색해 보라고 당신을 초대한다.

우리가 탐색을 시작하면 지금과는 다른 장소와 시대를 방문하게 될 것이다. 거기서 다른 모델들과 접근법, 강조점들을 보게 될 것이다. 이 시리즈는 이런 모델들을 무비판적으로 모방하라고 격려할 의도가 없으며 과거의 어떤 인물을 우리와는 종족이 다른 '슈퍼 그리스도인'인양 저 높은 곳에 올려놓을 생각도 없다. 오히려 당신에게 과거에 귀를 기울여보라고 권한다. 지난 20세기에 걸친 교회 역사 속에 그리스도인으로 사는 데 필요한 지혜가 있다고 믿기 때문이다.

_스티븐 니콜스, 저스틴 테일러

서문

이 책을 써달라는 부탁을 받았을 때 조금 주저했다. 프란시스 쉐퍼에 관한 중요한 전기는 물론이고, 그의 아내 이디스 쉐퍼가 쓴 그 가족의 삶과 시대에 관한 완전한 설명이 이미 여러 권 출간되었기 때문이다. 이런 자료들은 대부분, 비록 그 중 일부는 단순히 칭송일색이고 또 다른 일부는 불공정하게 비판적이기는 하지만 아주 사려 깊게 쓰였다.

물론 나는 이 특별한 사역과 그 사역의 놀라운 설립자에 관해 개인적인 견해가 있다. 내가 여러 해 전에 기독교 신앙의 아름다움에 눈을 뜨게 된 것은 라브리 때문이었다. 하지만 이미 충분히 많은 자료가 있는 상황에서 또 하나의 연구 결과를 덧붙이는 것은 불필요한 일처럼 보였다. 게다가 쉐퍼 박사가 세상을 떠난 후 여러 해가 지난 지금 그에 관한 상반되는 의견들이 나오고 있기에, 성격이 예민한 내가 이런 종류의 책이 받게 될 불가피한 비판들에 흔들릴 것 같았다.

한데 몇 가지 요소들이 내 마음을 움직였다.

첫째, 프란시스 쉐퍼와 라브리 사역에 관한 분석은 이미 충분히 이루어졌지만, 그들의 가장 중요한 존재 이유인 기독교 영성에 관해서는 그 어떤 종류의 깊이 있는 분석도 이루어지지 않았다. 즉 쉐퍼 자신이 그의 모든 사역에서 핵심으로 여겼던 그 주제를 연구해야 할 필요가 있었다.

둘째, 내가 쉐퍼를 처음 만난 후로 거의 50여 년의 세월이 흐른 지금 그런 연구가 내 자신의 사고와 자기 평가에 아주 요긴한 것이 될 수 있다는 생각이 들었다. 그동안 나는 나르시스적일 뿐 아니라 (공적 읽기에는 거의 아무런 유익도 되지 않는) 순전히 자기 발견을 위한 연구보다는, 이런 방식의 탐색을 통해 교회와 세상을 위해 중요한 문제들을 숙고해 왔다. 물론 나는 그 주제에 관해 책을 쓰지 않고서도 연구와 탐구를 계속할 수 있을 것이다. 하지만 글을 쓰고 전문가들의 평가를 받는 일에는 분명 무언가 색다른 것이 있다. 그 일은 (그것이 교회를 위한 것이든 아니든 간에) 단순히 개인적인 즐거움 이상이다.

셋째, 나는 크로스웨이 출판사의 비전, 특히 프란시스와 이디스 쉐퍼 부부의 라브리 사역과 사상을 알리고자 하는 그들의 열망에 늘 감사해 왔다. 따라서 이 책을 쓰는 일은 나에게 그런 비전에 감사하며 보답할 수 있는, 그리고 가능하다면 그 목표를 위해 얼마간이라도 기여할 수 있는 기회를 제공해 주었다.

이 책의 형태와 관련해 약간의 설명을 해둘 필요가 있을 것 같다. 감사하게도 나는 프란시스 쉐퍼와 라브리와 관련된 여러 문제와 사람들에 대해 개인적으로 증언할 수 있는 특권을 얻었다. 그래서 이 책의 처음과 끝부분에 내 자신을 포함해 몇 가지 이야기를 실었다. 그래서 이 책의 제1장은 내가 프란시스 쉐퍼를 '가까이 그리고 개인적으로' 보았던 방식을 설명하는 개인적인 서론이 되었다. 후기에서도 결론 삼아 몇 가지 개인적인 생각들을 밝혔는데, 그것은 이 책이 갖고 있는 분석적인 성격을 흩뜨리기 위함이 아니라 그것들을 더 개인적인 것으로 만들기 위함이다. 나는 독자들이 그런 생각들 때문에 방해를 받기보다 오히려 즐기게 되리라고 믿는다.

프란시스 쉐퍼가 장 칼뱅과 존 웨슬리, 디트리히 본회퍼 등 '아바 크리스천 라이프 시리즈'에 등장하는 다른 인물들과 동급일까? 만약 20여 년 전에 그런 질문을 받았더라면, 나는 그 질문에 "아니오"라고 답했을 것이다. 쉐퍼에 대한 나의 애정을 숨기기는 어렵다. 하지만 나는 그가 그런 거인들과 어깨를 견줄 만한 학문적 수준이나 영향력을 갖추었다고 여기지는 않는다. 그가 작업한 책과 영화들은 종종 시대에 뒤진 것처럼 보인다. 그리고 그의 중요한 유산은, 의심할 바 없이 혁신적인 사상에 기초를 둔 어떤 운동이 아니라 사람이다. 늘 나는 사람들이 쉐퍼와 C. S. 루이스를 비교하는 것에 당혹감을 느꼈다. 루이스의 위상은 대단히 높기 때문이다. 그러나 지금은 쉐퍼가 명예의 전당에 속할 만하다고 기꺼이 동의한다.

사람이라는 유산이야말로 그럴 만한 정당한 이유가 될 수 있다. 쉐퍼의 중요성은 그가 하나님과 여러 사상가들, 그리고 진리를 흥분될 만큼 심오한 방식으로 사람들에게 알렸던 방식에 있다! 쉐퍼의 가까운 친구 중 하나였던 오스 기니스는 쉐퍼처럼 "하나님과 사람, 진리를 그토록 열정적으로 진지하게" 대하는 사람을 만나본 적이 없다고 말한다.[1] 쉐퍼 자신과 그의 사상에 대한 역사적 평가는 많은 부분이 문제시될지 몰라도, 의문의 여지없이 분명하게 인정되어야 할 것 하나가 있다. 그가 기독교 신앙의 핵심이나 '진정한 영성'을 절대적인 연속성과 놀랄 만한 생기로 삶의 모든 영역으로 옮겨간 것과, 그렇게 함으로써 그 모든 것을 수많은 사람에게 전했던 방식이다. 영광스럽게도 나는 그런 유산을 옹호하는 일을 도와달라는 부탁을 받았다!

---

1 Os Guinness, "Fathers and Sons," *Books and Culture* 14, no. 2 (March/April 2008): 33.

프란시스 쉐퍼 같은 인물에 관한 토론에서 나타나는 한 가지 문제는 그가 학문적인 환경에서 활동하는 조직신학자들처럼 말하지 않는다는 점이다. 그는 "이때를 위해"(에 4:14) 부르심을 받은 많은 사상가와 대변인들처럼 그가 가장 필요하다고 생각하는 진리에 의지해 자기 시대의 질문에 답했다. 그는 "하나님의 모든 계획"(행 20:27, 현대인의 성경 -역주)을 선포하는 일에 헌신했지만 신학의 모든 측면에 동일한 시간을 쏟지는 않았다.

만약 당신이 언약의 본질이나 결혼과 이혼의 윤리에 관한 확대된 논의를 찾고자 한다면, 아마도 다른 곳을 살피는 것이 좋을 것이다. 쉐퍼는 그런 주제들에 나름의 견해를 갖고 있었고, 실제로 (웨스트민스터 표준에 관한 그의 시리즈가 증명하듯이) 아주 큰 그림을 그리고 있었다. 하지만 그가 일생을 통해 주력했던 일은 변증학과 문화 분석, 성경에 대한 옹호 같은 것들이었다.

그러므로 이 책에서 읽게 될 내용 중 일부가 일방적인 것처럼 보일지도 모른다. 하지만 대개의 경우 그것은 쉐퍼가 균형 잡혀 있지 않아서가 아니라, 오히려 그 시대의 가장 긴급한 문제들 대신 온갖 문제들에 대응하는 것은 복음을 선포하는 일에 실패하는 것임을 날카롭게 의식하고 있었기 때문이다. 쉐퍼는 마르틴 루터가 한 말로 알려져 있으나, 실제로는 어느 역사 소설에 등장하는 '프릿츠'(Fritz)라는 인물이 한 말을 자주 인용했다. "만약 내가 가장 큰 목소리로 그리고 가장 분명하게 하나님의 진리의 모든 부분을 설명하면서도 세상과 악마가 지금 공격하고 있는 작은 부분에 대해 이야기하지 않는다면, 비록 겉보기에는 담대하게 기독교를 고백하고 있는 것처럼 보일지라도, 결코 그리스도를 고백하는 것이 아니다."[2] 또한 쉐퍼는 자주 그의 글쓰기가 라브리 사역의 한 측면일 뿐이라고 분명하게 말했다. 그의 전체적인 메시지를 온전하게 이해하고자 한다면, 그와 이디스가 쓴 책들뿐 아니라 그가 한 설교와 강연들까지 참고해야 한다. 내가 이 책에서 한 일이 바로 그것이다.

여기서 이 책을 쓰는 동안 나에게 제대로 된 감사를 받지 못하면서도 계속해서 지원을 아끼지 않았던 여러 사람과 기관에 감사를 표한다. 우선, 크로스웨이 출판사의 편집자들이 보여준 통찰력과 꼼꼼한 편집 작업에 감사한다. 그들은 최고의 편집자들이다.

다음으로, 이 프로젝트에 특별한 통찰을 제공해 준 세 사람에게 깊은 감사를 표한다. 첫째는 내 아내, 바바라다. 그녀는 여러 가지 부적절한 표현들을 잡아냈을 뿐 아니라 매우 유익한 편집상의 조언을 해 주었다. 또 그녀는 내가 이 책의 집필에 필요한 자료들을 쉽게 볼 수 있도록 그것들을 넉 달간이나 우리 집 거실의 가장 좋은 곳에 펼쳐 놓도록 허락해 주었다. 둘째는 쉐퍼의 전기 작가인 콜린 듀리에즈다. 그는 나를 크게 격려해 주었을 뿐 아니라 여러 번에 걸쳐 아주 유익한 편집상의 조언들을 해주었다. 셋째는 제람 바즈다. 그의 현명하고 예리한 조언은 이 책을 최초의 원고보다 훨씬 더 훌륭한 것으로 만들어 주었다.

마지막으로, 내가 이 책의 저술에 매진할 수 있도록 시간표를 재조정하는 친절을 베풀어 준 웨스트민스터 신학교에 감사드린다. 총장님과 학과장님, 동료 교수들과 직원들은 내가 오랜 시간 동안 나에게 성가신 문제에는 "아니오"라고 말하고 나에게 중요한 문제에는 "예"라고 말하는 것을 참으며 지원해 주었다.

---

2 Elizabeth Rundle Charles, *Chronicles of the Schönberg-Cotta Family* (New York: Thomas Nelson, 1864), 276.

『프란시스 쉐퍼 전집』에 실린 책들

제1권 기독교 문화관
『존재하시는 하나님』(*The God Who Is There*)
『이성으로부터의 도피』(*Escape from Freedom*)
『존재하시며 말씀하시는 하나님』(*He Is There and He Is Not Silent*)
『자유와 존엄성의 회복』(*Back to Freedom and Dignity*)

제2권 기독교 성경관
『창세기의 시공간성』(*Genesis in Space and Time*)
『최후의 갈등은 없다』(*No Final Conflict*)
『여호수아와 성경 역사의 흐름』(*Joshua and the Flow of Biblical History*)
『기초 성경공부』(*Basic Bible Studies*)
『예술과 성경』(*Art and the Bible*)

제3권 기독교 영성관
『작은 자는 없다』(*No Little People*)
『참된 영성』(*True Spirituality*)
『새로운 초영성』(*The New Super-Spirituality*)
『두 가지 내용, 두 가지 실재』(*Twe Contents, Two Realities*)

제4권 기독교 교회관
『20세기 말의 교회』(*The Church at the End of Twentieth Century*)
『주목하는 세계 앞에 선 교회』(*The Church before the Watching World*)
『그리스도인의 표지』(*The Mark of the Christian*)
『도시 속의 죽음』(*Death in the City*)
『복음주의의 커다란 재난』(*The Great Evangelical Disaster*)

제5권 기독교 서구관
『오염과 인간의 죽음』(*Pollution and the Death of Man*)
『그렇다면 우리는 어떻게 살아야 하는가?』(*How Should We Then Live?*)
『인류에게 무슨 일이 일어났는가?』(*Whatever Happened to the Human Race?*)
『그리스도인의 선언』(*A Christian Manifesto*)

1. 프란시스 쉐퍼에 대한 개인적인 서론

쉐퍼는 학자로, 심지어 독창적인 사상가로도 간주되지 않을지 모른다. 물론 그가 그 둘 모두에 속한다고, 특히 후자에 속한다고 주장할 수도 있겠다. 그에 대한 평가야 어떻든 쉐퍼가 말하는 현실적이고 실존적인 기독교는 주목할 만하며, 그 세대의 성경적 정통주의에 속한 어떤 이들에게는 독특한 것일 수 있다. 그리고 어쩌면 바로 그것 때문에 그가 다양한 배경과 국적을 가진 많은 사람에게 영향을 끼친 것일 수도 있다.

콜린 듀리에즈

첫 인상

1964년 7월의 어느 무더운 오후, 나는 우편물 수송 차량에서 뛰어내렸다. 기사에게는 차에 오르면서부터 "미안합니다만, 라브리에서 좀 세워주세요"라고 말해둔 터였다. 라브리라는 이름은 '피난처'를 의미했는데, 그것은 프란시스 쉐퍼가 가족과 함께 개신교 주(州)인 보(Vaud)에 속한 작은 마을 위에모에 재정착하기 전에 살았던 스위스의 한 마을, 샹페리에서 처음으로 지은 것이었다. 그 이름은 시편 91장 1-2절에 근거하고 있었다.

지존자의 은밀한 곳에 거주하며

전능자의 그늘 아래에 사는 자여,

나는 여호와를 향하여 말하기를

그는 나의 피난처요 나의 요새요

내가 의뢰하는 하나님이라 하리니.

쉐퍼의 집 앞에 이르렀을 때, 당시 열아홉 살짜리 대학 2학년생이었던 나는 그 마술적인 장소의 역사에 대해 아무것도 모르는 상태였다.

나의 삶 전체가 변화될 참이었다. 그 무렵에 나는 신자가 아니었고, 따라서 기독교 세계관의 여러 주장에 대해서도 알지 못했다. 하지만 나는 조 브라운(Joe Brown)이라는 사람 덕분에 그런 주장들에 호기심을 갖게 되었고, 내가 전에는 결코 하지 않았던 방식으로 영적인 문제들에 귀를 기울일 마음을 먹게 되었다.

하버드 대학의 훌륭한 강사였던 조 브라운은 1963-1964학년도에 진행된 강의에서 학생들에게 기독교 신앙의 영광에 대해 설명했다. 1964년 봄에 조와 나는 좋은 친구가 되었다. 그는 내가 영적으로 갈급해 있다는 것을 알았고 내게 그해 여름에 자신의 친구인 프란시스 쉐퍼를 방문해 보라고 권했다. 그는 그가 강의에서 추천했던 세계관에 관해 내가 더 많은 것을 배울 수 있기를 바랐다. 그리고 사실 그는, 내가 곧 알게 되었듯이, 내가 기독교 신앙을 갖게 되기를 바라서 나를 그리로 보냈던 것이다.

조는 학생들 사이에서 "인문학 2"라는 애칭으로 불린 서구의 서사시와 드라마의 역사에 관한 대단위 강좌의 학습 조교였다. 그 강좌의 주 강사는 전후 미국의 대학 교육 방법론을 창안한 전설적인 인물인 존 핀들리였다. 하버드 대학의 학생 신문인 *Harvard Crimson*에 실린 그에 관한 기사가 알려주듯이, 그의 외모는 소설가 헨리 제임스가 묘사하는 영국 신사와, 시인 로버트 프로스트가 묘사하는 뉴잉글랜드 농부의 최고 장점들을 합쳐 놓았다.[1] 그의 주장의 핵심은, 만약 어떤 이가 지나치게 특정 문제들에만 몰두하다가 의미나 성취, 인간의 번영과 같은 문제들을 포함하는 큰 그림을 놓친다면, 그는 결코 참된 교육을 받은 게 아니라는 것이었다. 이것은 학생들이 서양의 역사와 전통적인 인문주의적 가치들에 대해 일반적인 수준 이상으로 알아야 한다는 것을 의미했다.

"인문학 2"는 대규모 강좌였고, 따라서 아주 실제적인 이유 때문에 "섹션"이라고 불리는 작은 그룹들로 나뉘었다. 이 섹션들에서 학생들은 해당 주제에 관해 더 개인적인 접근을 할 수 있었다. 우리 섹션의 강사가 조였는데, 당시에 그는 대학원 역사학과에서 조교로 일하면서 16세기의 폴란드 출신 종교개혁자인 요하네스 아 라스코(Johannes à Lasco)에 관한 박사학위 논문을 쓰고 있었다. 조는 재치 있으면서도 침착하게, 그리고 심지어는 총명하게, 학생들에게 고대 그리스인들이나 오늘날의 부조리주의자들이 견지하는 다양한 세계관들과 대조되는 복음주의 기독교를 소개했다. 당시 10대 후반의 젊은이였던 나에게는 그 모든 것이 새롭고 매력적이었다. 조와 나는 친구가 되었고 여러 차례 신앙과 삶의 문제들에 관해 긴 대화를 나누었다.

조의 강력한 권유 때문에 나는 형과 함께 생필품으로 가득 찬 배낭을 메고 유럽을 여행하는 동안 프란시스 쉐퍼를 방문할 기회를 모색했다. 7월 중순에 형은 미국으로 돌아갔다. 혼자가 된 나는 취리히에서 아버지의 동료 한 분을 찾아뵌 후 기차를 타고 제네바 호반에 위치

---

1 John D. Reed, "John Finley: Profile," *Harvard Crimson*, 1967년 2월 21일, http://www.thecrimson.com/article/1967/2/21/john-finley-prone-upon-a-time/.

한 로잔이라는 아름다운 도시로 내려갔다. 나는 그 전에 미리 쉐퍼 부인과 통화를 한 상태였다. 쉐퍼 부인은 더할 나위 없이 친절했고, 조 브라운이 자기네 가족의 좋은 친구라고 말했다. 조가 그들에게 혹시 내가 그들을 방문할지도 모른다고 말해두었음이 분명했다. 쉐퍼 부인은 주말에 자기네 집으로 찾아와 머물라며 나를 초대했다. 그것은 약간 이상한 일처럼 느껴졌지만 기꺼이 동의했다.

그날은 토요일이었고 나는 시간이 아주 많았다. 그래서 라브리로 가는 길에 1964년 로잔엑스포를 방문했다. 로잔엑스포는 냉전 문화의 한가운데 웅크리고 있는 기술과 경제적 기회에 대한 놀라운 표현이었다. 스위스의 건축가 마르크 소지는 로잔엑스포 장소의 주요 부분에 대형 천막들을 설치했다. 그 천막들은 눈과 바위로 덮인 스위스의 알프스를 상징하는 것이었다. 그것들은 이리저리 흔들리면서도 예술적이고 미래적인 기술의 이점들을 제공하는 막(幕) 구조를 포함하고 있었다.[2]

엑스포를 방문한 후 나는 기차를 타고 호수 너머에 있는 샤블라스 알프스의 발치에 불규칙하게 퍼져 있는 마을인 에이글로 갔다. 그리고 거기서 톱니 궤도 철도로 갈아타고 가파른 산을 올라가 올롱이라는 작은 마을에 도착했다. 정확하게 때를 맞춰 우편물 수송 차량이 도착했다. 그 차량은 승객들을 산 정상에 있는 사랑스러운 스키타운인 빌라르로 이송하는 역할을 했다. 해발 2,160피트에 있는 작은 마을 위에모(Huémoz)는 올롱에서 빌라르로 올라가는 중간 지점에 위치해

---

2 이 모든 것은 이 행사의 내용이 라브리에서의 토론 주제가 되었다는 점에서 중요했다. 그 행사의 전시 상태는 전체적으로 '인본주의적'으로 간주되었는데, 그것은 내가 다음 몇 주 동안 자주 들었던 부정적인 (사실 전에 나는 그 표현을 그런 식으로 보지 않았다) 표찰이었다.

있었다. 버스의 운전대 위에는 손잡이가 달려 있었는데, 그것은 운전기사가 아주 심하게 굽이치는 길에서 버스가 깎아지른 듯한 언덕 아래로 굴러 떨어지지 않도록 애쓰며 운전할 때 어깨에 무리를 주지 않게 하는 장치였다. 한여름이었지만 하늘은 맑고 기온도 적절했다. 버스에는 나 외에도 라브리로 가는 몇 명의 다른 학생들이 타고 있었다. 기대와 긴장감이 나의 젊은 영혼을 사로잡았다. 게다가 당시는 1960년대였다. 나는 아주 훌륭한 모험 길에 오른 셈이었다!

위에모의 정거장에서 우리는 쉐퍼 박사의 비서인 코지 프리스터의 환영을 받았는데 그녀는 오늘날까지도 나의 좋은 친구로 남아 있다. 코지는 내게 혹시 기독교인인지 물었다. 나는 내가 기독교인이라는 확신이 없었다. 그래서 그녀에게 질문이 조금 애매하게 들린다고 말했다. 그러자 그녀가 눈을 반짝이면서 자신의 질문이 아니라 나의 대답이 애매하다고 말했다. 이제 곧 나는 그녀가 얼마나 옳았는지를 알게 될 터였다.

나는 계단을 따라 "레 멜레즈"(Les Mélèzes)라고 불리는 본채로 올라갔다. 레 멜레즈는 웅장한 구식 스위스 별장으로, 그 이름이 암시하듯 그 주위에는 교목 한계선의 낙엽송들이 줄지어 늘어서 있었다. 그 건물은 두 개의 커다란 발코니와 여러 개의 침실들, 널찍한 거실, 작지만 기능적인 부엌이 있었다. 나는 거실로 들어오라는 초대를 받았다. 그곳에서 우리는 일요일 저녁 식사 준비를 도와야 했다. 한 젊은 여자가 내게 꼬투리에 덮여 있는 완두콩으로 가득 찬 갈색 봉투 하나를 내밀었다. 그녀는 내가 그 완두콩 꼬투리를 벗겨줄 수 있는지 물었다. 완두콩 까기 작업은 한동안 계속되었다. 최소한 40명의 식사를 준비해야 했기 때문이다. 하지만 시간은 쉽게 흘러갔다. 집주인들이 우리가 작업하는 동안 테이프를 하나 틀어주었기 때문이다.

독자들 중 어떤 이들은 그 시절에 우리가 오픈 릴 테이프 레코더를 사용했음을 기억할 것이다. 그 기계에서는 녹음의 한 부분이 재연될 때마다 크게 딸깍거리는 소리가 났다. 레코더 속의 강사는 실존주의를 해설하는 매우 지적인 여성처럼 느껴졌다. 나에게 그것은 라브리의 진정성에 대한 좋은 시험거리로 보였다. 왜냐하면 사실 나는 실제로 그 철학에 대해 상당히 많이 읽어왔고, 내 자신을 나의 영웅인 알베르 카뮈(Albert Camus)의 전통에 속한 실존주의자로 여겨왔기 때문이다.

1950년대에 프랑스에서 성장한 나는 이 부조리의 예언자에게 끌렸고 삶과 인간에 대한 그의 접근법이 옳다고 확신하고 있었다. 레코더 속의 강사는 신중하게 카뮈를 장 폴 사르트르(Jean-Paul Sartre)와 대조했는데 나는 그 강사의 지식에 깊은 인상을 받았다. 나는 삶에 대한 사르트르의 어두운 방식의 접근법을 경계해 왔던 터라 그 강사가 그를 카뮈와 대조하는 것이 아주 기뻤다. 이어서 그 강사는 '종교적인' 실존주의자들을 소개했다. 나는 그 강사가 어떤 이름들을 댔는지 기억하지 못한다. 나는 종교적 실존주의를 대표하는 탁월한 인물은 로마 가톨릭 신자이면서 극작가와 철학자로 활동했던 폴 클로델(Paul Claudel)이라고 생각했다. 하지만 그 강사는 죄렌 키에르케고르(Søren Kierkegaard)에게 관심을 보였다. 그 강사는 그 이름을 "케르키가드"(Kerkigard)라고 발음했고 그에게 "현대 실존주의의 아버지"라는 칭호를 부여했다. 나는 그에게 그런 칭호를 부여하는 것이 옳은지 확신이 들지 않았으나 어쨌든 그 강사의 말을 계속해서 들었다.

결국 그 덴마크 출신 신학자의 견해는 비합리적인 '신앙의 도약'에 대한 초대로 요약되었다.[3] 바로 그것이 그 이후의 모든 것을 위한 기초였다. 그 중 많은 것은 현재의 지적 풍토를 아주 부정적으로 묘사했다. 레코더 속의 강사는 계속해서 철학자들과 신학자들이 모두 수용하고 있는 접근법, 즉 "실존주의적 방법론"이라고 불리는 것에 대해 많은 이야기를 했다. 그 견해에 따르면, 삶은 '아래층'과 '위층'으로 양분된다. 그리고 신앙의 문제는 이성의 범위 너머에 있는 것으로 간주되었다. 나는 비록 그 내용을 모두 이해할 수는 없었으나 그 말에 깊은 인상을 받았다.

놀랍게도 얼마 후 그 강사가 다름 아닌 프란시스 쉐퍼였음이 밝혀졌다! 그는 비교적 높은 톤의 음색을 갖고 있었는데, 녹음이 그의 목소리를 여자의 목소리처럼 들리도록 만들었던 것이다. 녹음 내용은 매혹적이었다. 실존주의로 이어지는 경향들을 명쾌하게 분석한 것은 물론이고 그런 분석에 사용된 생생한 표현들도 탁월했다.

완두콩 꼬투리 벗기기를 마친 후 나는 밖으로 나갔다. 그때 바로 그 사람이 내게 다가왔다. 전에 그의 사진을 본 적이 한번도 없었지만 그가 바로 그 사람임을 바로 알아차렸다. 그의 얼굴은 광채로 빛났다. 약간 주름진 얼굴은 고통과 깊은 사색으로 점철된 세월의 무게와 근본적인 기쁨을 드러냈다. 당시 그는 52세였다. 그는 내가 누구인지 분명히 알고 있다는 표정을 지으며 다가오더니 따뜻한 환영의 표시로

---

3 그로부터 얼마의 시간이 흐른 후에 쉐퍼는 키에르케고르에 대한 아주 많은 실존주의적 해석이 그 자신보다는 그의 추종자들의 적용에 근거해 이루어졌다는 사실을 인정함으로써 자신의 견해를 누그러뜨렸다(*The Church at the End of the Twentieth Century* [Downers Grove, IL: InterVarsity, 1970], 17을 보라). *The Complete Works*에서 그에 대한 언급은 4:14에 실려 있다. 이후로 이 책 전체에서 나는 *The Complete Works of Francis A. Schaffer* (Westchester, IL: Crossway, 1982)를 *CW*로 표기할 것이다. *CW*는 1984년에 출판된 *The Great Disaster*와 몇 가지 소소한 에세이들 그리고 *Baptism* 같은 소책자들을 제외하고 쉐퍼의 중요한 저작들 모두를 포함하고 있다. *CW*는 다섯 권으로 이루어져 있는데, 이 책에서 나는 그것들을 전집의 권수와 쪽 번호를 사용해 인용할 것이다. (*CW*의 각 권에 실린 책의 제목들에 대해서는 〈프란시스 쉐퍼 전집에 실려 있는 책들〉을 참조하라.) 이 전집을 인용하는 것의 이점은 쉐퍼가 여러 본문들을 편집하거나 보완할 수 있었다는 점이다. 그러나 때때로 나는 초판에 대해서도 언급할 것이다. 특히 출판 연도나 편집되기 이전의 초판이 중요할 경우에 그렇게 할 것이다.

손을 내밀었다. 나는 친절함으로 가득 차 있던 그의 함박웃음을 결코 잊지 못할 것이다. 그는 나를 만난 것을 진심으로 기뻐했다. 나는 그 낯설고 놀라운 곳에서 마치 집에 와 있는 느낌을 받았다. 그 중 어느 것도 조가 나를 위해 그처럼 지혜롭게 준비해 둔 것이 아니었다. 하지만 이제 나는 쉐퍼 박사에 대해 알기 위해, 그리고 그 마술의 실체를 찾기 위해 더는 기다릴 수가 없었다.

그날 저녁 우리는 미국식 핫도그를 먹으며 야외 파티를 했다. 나는 몇 명의 주목할 만한 사람들을 만났다. 그들은 대부분 미국인이 아니었다. 종교적 이해와 관련해 그들은 여러 단계에 있었다. 어떤 이들은 기독교적 배경을 갖고 있었으나, 대부분은 "구도자들"(seekers, 훗날 우리는 그들을 그렇게 불렀다)이었다. 나의 새로운 친구들 중 하나는 이디스 쉐퍼 부인의 조카인 조너선 브랙던이었다. 당시 그는 쉐퍼 부부가 이뤄낸 일에 대한 호기심 때문에 라브리에 머물고 있었다. 그의 어머니는 플리머스 형제단의 극단적 우파인 테일러주의자(Taylorite, 칼뱅주의의 한 형태로 인간의 자유의지를 강조하는 분파 - 역주)였다. 테일러주의는 참된 믿음을 최소한으로라도 저버리는 자들과 철저하게 단절할 것을 요구했다. 브랙던 부인은 심지어 남편과도 절연한 채 살았다. 말할 필요도 없이, 그 분파의 그런 견해는 조너선에게는 별 의미가 없었다. 그는 화가였고 지금도 그러하다. 당시에 그는 내가 아주 좋아하는 화가인 파울 클레(Paul Klee)에 빠져 있었다. 나는 하버드에서 음악을 전공하고 있었고 미학에도 관심이 많았다. 그래서 우리는 예술에 관해 깊은 대화를 나눌 수 있었다. 그 전에 나는 예술을 기독교적 관점에서 생각해 본 적이 없었다. 그러나 그 후로는 자주 신앙과 예술을 연결하게 되었다.

저녁 식사와 청소를 마친 후 우리는 토요일 밤 토론 모임을 열기 위해 거실로 들어갔다. 사실 '토론'은 누군가가 질문을 하고 쉐퍼 박사가 답을 하는 것을 의미했는데, 종종 그의 답변은 아주 길게 이어졌다. 우리는 모두 그날의 여정으로 약간 지쳐 있었기에 방바닥에 책상다리를 하고 앉았다. 얼마 후 프랜(Fran)[4]이 거실 안으로 들어왔다. 그는 그곳에 모여 있는 다양한 사람들과 인사를 나눈 후 이디스가 맥주통을 해체해 만든 예스럽고 작은 붉은색 걸상에 걸터앉았다. 그리고 말했다. "네, 그러면, 누구부터 시작할까요?" 그는 거의 언제나 그 담화를 "네, 그러면" 혹은 "자, 그러면"이라는 말로 시작했고 곧장 주제로 돌입했다. 그날 밤 토론의 대부분은 기도라는 주제와 관련되어 있었다.

사실 나는 그런 말을 간접적으로라도 들어본 적이 없었다. 내가 아는 유일한 기도는 내가 다니던 기숙학교 채플에서 매일 반복되던 감독교회의 전례문에 실려 있는 것뿐이었다. 채플 참가자들은 대부분 그 기도를 듣지 않거나 듣지 않는 척 했다. 그러나 사실 그런 기도들은 실제로는 내 가슴 어딘가에 새겨져 있었다. 그래서 내가 믿음을 갖게 되었을 때 표면으로 올라왔고, 만약 내가 그것들을 듣지 못했다면 그럴 수 없었을 만큼 빠르게 나의 영적 진보를 도왔다.

그런데 이곳 라브리에서 기도는 의식(儀式)이 아니었다. 그것은 완전히 실제적인 것이었다. 기도는 마치 하나님이 계시지 않는다면 완전히 터무니없는 행위가 될 것처럼 드려졌다. 쉐퍼는 우리가 기도할 때 하나님이 들으신다는 것을 설명하면서 오랫동안 말을 이어나갔다. 사실 하나님은 우리의 '빈곤한 기도'를 완전하게 하시고 받아들여 주신다. 그리고 그 기도에 응답하신다. 때때로 우리는 기도 응답을 받고

---

4 내가 쉐퍼 부부를 (내가 여러 해 동안 해왔던 것처럼) 각각 프랜과 이디스라고 부르는 것을 용서해주시기 바란다. 그들은 나보다 30년이나 연장자였지만 내가 편안하게 그들의 이름을 부를 수 있을 만큼 나의 가까운 친구가 되었다.

우리가 간구한 것을 받는다. 하지만 그보다 더 자주 기도의 응답은 우리가 원했던 것과는 다른 방식으로 이루어지는데, 그때조차 그것은 언제나 우리에게 큰 유익이 된다.

쉐퍼는 기도의 효용에 관한 몇 가지 감동적인 예화를 들려주었다. 예컨대, 그가 비행기를 타고 미국으로 가던 중에 한쪽 날개에 있는 두 개의 엔진이 동시에 꺼진 적이 있었다. 비행기는 급강하했고 수면과 충돌 직전이었다. 그때 갑자기 엔진이 다시 돌기 시작했다. 쉐퍼는 그때 자신이 계속해서 기도를 드리고 있었다고 말했다. 집에 있던 그의 가족은 라디오를 통해 어느 고장 난 비행기에 관한 뉴스 속보를 들었다. 쉐퍼는 기도의 트라이앵글 같은 것이 있었다고 주장했다. 비행기에서 하나님께, 집에서 하나님께, 그리고 그에 대한 응답으로 하나님에게서 비행기로 이어지는 트라이앵글이 있다고 말이다. 비행기에서 내릴 때 쉐퍼는 어리둥절한 표정을 짓고 있는 조종사와 인사를 나눴다. 그 조종사는 엔진이 갑자기 다시 가동된 이유를 찾지 못하고 있었다. 프랜은 그 이유가 '기도' 때문이라고 확언했다. 물론 당시에 나로서는 그 모든 말을 선뜻 받아들이거나 온전히 이해하지 못했다. 나에게 그것은 너무나 새롭고 흥미로웠다. 나중에야 그때 성령께서 나를 자극하시고 나를 구주께로 움직여 가고 계셨음을 이해했다. 하지만 당시 나에게 그런 말들은 낯선 세계에서 온 낯선 소리에 불과했다.

몇 가지 다른 주제들과 함께 기도에 관한 긴 토론을 마친 후, 쉐퍼는 누군가 기도로 그 모임을 마감해 달라고 부탁했다. 눈꺼풀이 내려앉은 학생 하나가 일어서서 감사가 담긴 몇 마디 이별의 말을 했다. 그후 쉐퍼가 일어서더니 내게로 다가와 조금 이상한, 그러나 되돌아보니 완벽하게 이치에 맞는 어떤 말을 했다. 그는 나에게 자기가 내일은 설교를 하지 않을 것이며, 따라서 아침 예배 후에 완전히 탈진하지는 않을 것이라고 말했다. 그러니 점심 식사 전에 얼마간 나와 함께 시간을 보낼 수 있을 것이라고 말했다. 오, 그렇다면 내가 이번 방문 기간에 믿음과 관련해 물어볼 필요가 있는 핵심적인 질문을 생각해 볼 수 있지 않을까? 나는 잠자리에 누워 내일 무엇을 물어야 할지 생각했다. 사실 그 질문이 "그래서 어쨌다는 거죠?"라는 질문의 약간 학문적인 버전이었다고 말하기가 조금 부끄럽다. 내가 물어야 할 질문은 이런 것이었다. 설령 기독교 신앙이 진리로 입증된다 할지라도, 그것의 적실성은 무엇인가?

다음 날 우리는 교회 방식의 예배를 드렸다. 다시 말하지만, 나는 결코 그런 경험을 해본 적이 없었다. 지난 밤 우리가 토론을 즐겼던 레멜레즈의 거실 안으로 의자들이 들어왔다. 우리는 거기에 앉았고, 몇 마디의 의례적인 말을 들은 후, 사성부로 바흐의 코랄을 합창했다. 그 소리는 몹시 듣기 좋았다. 음악을 전공하는 학생인 나는 하버드에서 2년 동안 바흐를 분석하며 보냈다. 사실 그런 코랄들의 철저한 지식은 이론 수업을 위한 필수 조건이었다. 그런데 이곳에서 그것들을 연구하는 게 아니라 부르고 있었다. 믿고 있었다! 이어서 메시지가 있었다. 지금은 나의 귀한 친구가 되어 있는 래널드 맥컬리(Ranald Macaulay)가 킬트(kilt, 스코틀랜드의 남성 전통의상으로 무릎까지 내려오는 스커트 모양의 옷 - 역주)를 입고 설교를 했다. 칭의와 선행의 관계에 관한 바울과 야고보 사이의 명백한 입장 차이를 화해시키는 감동적인 설교였다. 나는 '음, 저 친구가 이 문제에 흥분하는 것을 보니 즐겁군' 하는 식으로 슬쩍 물러나거나 냉소적으로 생각하기보다는 그가 제기한 문제와 논의에 몰입하고자 했다. 한 시간 후에 래널드는 결론을 지으려는 듯 보였다. 그리고 비록 당시에 나는 그가 제기한 문제에 관해 많은 것을 알고 있지 않았으나, 그는 분명히 나를 납득시켰다. 나는 나중에 신학교에 들어간 후에 야고보가 행위에 의한 구원과 관련해 수사학적 주장을 펼친 책의 수수께끼에 학문적으로 접근할 수 있었다. 나를 가르친 교수들은 바울과 야고보가 같은 말을 하고 있다고 확언했다. 그러나 나는 그 사실을 래널드를 통해 이미 알고 있었다.

이윽고 시간이 다가왔다. 나는 층계를 따라 올라가 침실 곁에 있는 어느 작은 방 안으로 들어갔다. 프란시스 쉐퍼는 그 방에서 사람들과 만나 이야기하는 것을 즐겼다. 그는 어제와 같은 심원한 표정과 따뜻한 미소, 그리고 자기가 우리가 함께 논의할 필요가 있는 문제들은 물론이고 나 자신에게 진심으로 깊은 관심을 갖고 있다는 분명한 인상을 풍기면서 질문할 것들을 생각해 보았느냐고 물었다. 나는 적실성에 관한 질문을 쏟아냈다. 그러자 그가 폭넓고 사려 깊은 답으로 응수했다. 그의 답에는 악의 문제를 해결하기 위한 '자유의지'와 우리가 하나님의 형상을 따라 창조된 사실에 기초한 '인간의 의의의 중요성'이 포함되어 있었다. 우리는 서로 질문을 주고받았다. 그렇게 몇 시간이 흐른 후 나는 그 모든 것이 참된 것임을 알게 되었다. 만약 성령이 우리 마음에 들어오신 것을 느끼는 것이 가능하다면, 나는 그때 느낄 수 있었고 실제로 느꼈다. 나는 기독교인이 되었다!

프랜은 나에게 기도를 해보라고 했다. 기도는 그때까지 내가 단 한 번도 해본 적이 없는 것이었다. 적어도 개인적인 방식으로는 그랬다. "무슨 말을 해야 하지요?" 내가 물었다. "그저 '고맙습니다' 하고 말하세요." 그가 답했다. 나는 눈물범벅이 되어 선하신 주님께서 나를 그분의 가족으로 이끌어 주신 것에 감사를 드렸다. 프랜은 자주 내가 하는 말을 웅얼거리듯 따라했는데, 그것은 (내가 나중에 배운 바로는) 함께 기도를 드리는 표준적인 복음주의적 방식이었다. 이어서 그가 나를 위해 기도했고, 다음으로 우리는 조를 위해 그리고 우리가 공동으로 마음을 쓰고 있는 여러 문제들을 놓고 함께 기도했다.

그렇게 해서 라브리에 도착한 지 스물네 시간도 되지 않아 나의 삶은 완전히 뒤집어졌다(혹은 올바로 세워졌다). 나는 내가 꼬투리를 벗겨낸 신선한 완두콩으로 완성된 놀라운 일요일 점심 식사를 하려고 다시 아래층으로 내려갔다. 점심 식사는 최소한 30명이 앉을 수 있는 커다란 야외 테이블에 차려져 있었다. 조금 긴 감사기도가 드려졌다. 나는 기도하는 이가 창세기에서 요한계시록을, 이어서 우주를, 부자와 가난한 이들을, 그리고 계속해서 다른 주제를 언급하며 기도하는 동안 라브리의 요리가 풍기는 좋은 냄새를 맡고 있었다. 식사가 진행되는 동안 더 놀라운 대화가 이어졌다. 그 무렵에 자주 라브리를 찾았던 이들은 대부분 자기들이 공식적인 세미나에서보다도(물론 그것들 역시 훌륭하기는 했으나) 식탁에서나 식사 후의 산책에서 더 많은 것을 배운다고 말하곤 했다. 나는 내가 그곳에 더 오래 머무를 필요가 있다고 판단했다. 그래서 프랜에게 혹시 그것이 가능한지 물었다. 그는 지금 그곳에 사람이 너무 많다고 말했다. 당시 그곳에는 35명의 학생들과 스태프들이 머물고 있었다. 하지만 그는 자기가 할 수 있는 일을 찾아보겠노라고 했다. 당시 우리 중 아무도 그로부터 몇 년 후에 보 주의 정부가 그 공동체의 인원을 130명으로 제한하게 되리라는 것을 알지 못했다.

멘토이자 친구

그 모든 일이 진행되고 있는 동안 나는 아버지의 전화를 받았다. 아버지는 놀라운 소식을 전하셨다. 아버지가 회사에서 제네바로 발령을 받았다는 것이다. 그것은 내가 무시로 라브리를 오갈 수 있음을 의미했다. 굉장히 즐겁고 힘이 되는 소식이었다. 어쨌거나 나는 아버지와 함께 아파트를 얻기 위해 짧은 여행을 한 후 다시 라브리로 돌아와 여름 내내 그곳에 머물렀다. 프랜은 나에게 자기가 행한 로마서 강해 시리즈(로마서 1-8장을 한 구절 한 구절 살피는 식의 성경 공부였다) 녹음을 들어보라고 권했다. 그 강해는 로잔에 있는 어느 카페에서 이루어진 것이어서 접시들이 달그락거리는 소리와 손님들이 음식을 주문하는 소리가 섞여 있었다.[5] 또한 그는 내게 "지적 분위기와 신 신학"(The Intellectual Climate and the New Theology)이라는 제목이 붙은 몇 가지 강좌를 추천했다. 또 시간이 허락한다면, 웨스트민스터 신앙고백에 관한 "기초적인 기독교 교리들"(Basic Christian Doctrines) 시리즈까지 듣기를 바랐다. 나는 그 모든 것을 들었고 나 같은 새 신자에게는 아주 새로운 그 특별한 내용에 완전히 동요되었다.

그 후 몇 년 동안 나는 연구와 일의 스케줄이 허락하는 한 계속 라브리로 돌아갔다. 나는 그곳에서 선포되는 메시지와 그곳에서 이루어지는 삶에 아주 익숙해져서 마침내 내 자신과 게임을 하기에 이르렀다. 게임의 내용은 프랜의 입에서 나올 다음 단어를 예측하는 것이었다. 나는 대개 맞출 수 있었다. 하지만 늘 그랬던 것은 아니다. 그가 늘 새로운 상태를 유지하고 있었기 때문이다.

프란시스 쉐퍼에 대한 이런 첫 인상들은 낯설고 놀라운 라브리의 역사라는 열매에서 온 것이었다. 그 열매 중 많은 부분은 영성에 대한 쉐퍼의 견해에서 흘러나왔는데, 그것들은 다시 그의 변증학 속으로 흘러들어갔다. 쉐퍼는 어떤 사명감에 강력하게 이끌리고 있었다. 그 사명은 경험이라는 모루 위에서 두드려지면서 단단해졌다. 그 사명의 역사적 배경에 대해서는 다음 장에서 충분히 설명할 것이다.

---

5 이 성경 공부 내용은 나중에 전사(轉寫)되어 편집을 거친 후 *The Finished Work of Christ: The Truth of Romans 1-8* (Wheaton, IL: Crossway, 1998)이라는 이름으로 출판되었다. 『복음의 진수』(조계광 역, 생명의 말씀사, 2014).

라브리의 목표는 사람들을 환영하고 그들에게 복음을 소개하는 것이었다. 라브리 사람들이 자기들을 찾아와 귀를 여는 이들에게 제공했던 것은 단지 천국에 이르는 길에 대한 설명이 아니라(그게 바로 그것이기는 했으나), 삶의 모든 영역에 기독교적 세계관을 적용하는 방식이었다. 따뜻한 환영은 참된 것이었다. 참으로 그것은 라브리에서 자주 드려졌던 기도에서 나온 것이었다. "주님, 우리에게 당신이 택하신 이들을 보내주소서." 동어반복처럼 들리기는 하지만(주님이 달리 누구를 보내주시겠는가), 이 기도가 실제로 의미하는 것은 라브리에 모습을 드러내는 자는 누구나 하나님의 섭리로 그곳에 있다는 것이었다. 그래서 모든 손님은 마치 특별한 사절이라도 되는 양 귀한 대접을 받았다. 공동체 생활과 지적 도전의 비상한 조합은 위에모에서의 삶의 구조의 핵심이었다.

프란시스 쉐퍼는 총명한 사람이었다. 그의 학습 방식은 각주가 달린 교과서들을 꼼꼼하게 읽는 것이 아니라, 성경과 사람들, 논문들, 오려낸 신문 기사들, 자신의 직감으로 얻은 통찰들을 자유롭게 조합하는 것이었다. 그는 일반화(generalization)의 능력을 갖고 있었다. 때로 그 일반화는 지나치게 단순하거나 심지어 틀리기도 했다. 하지만 대개의 경우 그는 합리적인 것과 그렇지 않은 것을 잘 분별했고, 그런 분별에 따라 자신의 생각들을 펼쳐나갔다. 그는 예술에 대해 아주 많은 것을 알고 있었고, 우연히 만나는 그 어떤 이와도 예술에 대해, 그리고 그 어떤 다른 주제에 대해서도 대화할 수 있었다.

언젠가 나는 그에게 미국의 아방가르드 작곡자인 존 케이지(John

---

6 Calvin Tomkins, "Figure in an Imaginary Landscape," *The New Yorker*, 1964년 11월 28일, 64-128.

Cage)에 관한 자료를 하나 보냈다. 그것은 「뉴요커」(*New Yorker*)의 "프로필"에 실렸던 것으로 인터뷰에 기초한 약간 긴 기사였다.[6] 케이지는 난처한 언행을 하는 사람이었다. 그는 〈4'33"〉 같은 혼란스러운 곡을 썼다. 그 숫자들은 연주자에게 "음을 연주하지 말 것"을 요구함으로써 결국 4분 33초 동안 침묵을 만들어내는 것이었다. 또 그는 〈상상의 풍경〉(*Imaginary Landscape*) 같은 작품도 썼는데, 그 곡은 12개의 라디오를 동시에 틀어놓는 일종의 행위음악이었다. 그는 자신이 우주가 '우연'과 '목적 없는 놀이'에 기초해 있다고 믿는 선승(禪僧)이라고 주장했다. 쉐퍼는 그 "프로필"에서 내가 보지 못한 것을 보았다. 잘 알려진 바와 같이 케이지는 특별한 취미를 갖고 있었다. 그것은 균학(菌學), 즉 균(특히 버섯)을 연구하는 것이었다. 그 분야를 조사한 기자가 케이지에게 물었다. "당신은 질서정연한 버섯 수집과 우연으로 가득 찬 우주를 어떻게 조화시킬 수 있습니까?" 케이지가 답했다. "오, 만약 내가 버섯을 선(禪)에 대한 나의 확신에 기초해 수집해야 한다면, 아마도 나는 죽어버리고 말 거예요." 프랜은 종종 이것을 하나님이 창조하신 우주가 갖고 있는 내재적인 질서를 지속적으로 부인하려는 세계관의 불가능성에 대한 예로 사용했다. 프랜이 보기에 그것은 실재에 부합할 수 없었다.

　나와 프란시스 쉐퍼의 우정이 발전하게 된 이유 중에는 내가 정기적으로 라브리를 찾아간 것 외에도 그가 몇 차례 미국을 방문한 데 있다. 내가 여전히 하버드에서 공부하고 있는 동안, 조 브라운이 우리 중 몇 사람에게 쉐퍼를 초청해 기독교 변증학의 기초를 강연하도록 부추겼다. 그 강연들은 "기독교 현대 사상 강연"(CCTL)이라고 불렸는데, 그 강연의 강사들 중에는 헤르만 도예베르트(Herman Dooyeweerd, 1894-1979)와 게오르게스 플로로프스키(Georges Florovsky, 1893-1979) 같은 이들이 포함되어 있었다. 보스톤에 있는 파크 스트리트 교회의 어느 교인의 후원으로 이루어진 그 강연은 하버드 대학의 로웰 강연장에서 이루어졌다.

쉐퍼가 도착했을 때 강연장은 사람들로 가득 차 있었다. 확신하건 대, 하버드에서 그런 일은 결코 없었다. 쉐퍼는 이제는 그의 트레이드 마크가 된 스위스 하이킹 복장을 하고 나타났다.[7] 그는 자주 그의 뒤에 있는 칠판에 글을 쓰면서 예의 높고 날카로운 목소리로 "절망의 선"(line of despair)을 말했다. 그는 헤겔과 키에르케고르, 프로이트, 사르트르, 카뮈, 여러 다른 이름들을 거명했다. 하지만 가장 인상적인 것은 그가 열정적으로 '일관성'(consistency)을 강조한 것이다. 방금 언급한 철학자들은 결국 그들을 둘러싸고 있는 세상을 설명할 수 있는 관점을 명확하게 표현할 수 없었다. 쉐퍼가 보기에 그런 일관성의 부족은 성경적 인생관이 없이는 하나님이 지으신 세상에서 성공적인 삶을 살아나가는 것이 불가능하다는 사실에 대한 증거였다.

그는 언젠가 배를 타고 가다가 만난 한 남자에 관해 말했다. 그 사람은 프랜이 목사라는 사실을 알고 그를 놀려먹기로 작정했다(프랜이 그 말을 할 때 내 곁에 있던 학급동료가 내게 속삭였다. "별로 좋은 생각이 아니군!"). 그 사람은 삶에는 어떤 실제적인 의미도 없고 우리가 진리에 이르는 길도 없다고 주장했다. 또한 목사들은 이상적인 세계에서 살아가고 있는 순진한 사람들이라고 말했다. 그 사람에게 삶은 의미가 없었고 그 어

---

7 쉐퍼의 복장은 사람들에게 호기심을 불러일으켰다. 말년에 그는 네루 자켓과 하이킹 슈즈를 착용하고, 머리를 길게 기르고, 염소수염을 과시했다. 냉소가들은 그것이 사람들의 주목을 받기 위한 방법이라고 여겼다. 하지만 내가 보기에 그것은 참된 성경적 메시지의 급진적 본성에 대한 표현 방식의 일부였다. 쉐퍼에게 참된 기독교는 혁명적이고 불순응주의적이었다. 그리고 그는 그것에 걸맞은 옷을 착용했던 것이다!

떤 것도 실제적이지 않았다. 쉐퍼가 무뚝뚝하게 물었다. "혹시 당신은 선실로 내려가 아내를 안을 때 그녀가 실제로 그곳에 있다는 확신을 가질 수 있겠소?" 그 사람은 버럭 화를 내며 즉각 응수했다. "물론이오, 나는 그녀가 거기에 있다는 것을 알 수 있소." 하지만 그는 분명히 방어 자세를 취하며 당황했다. 쉐퍼의 이야기에 집중했던 청중은 하나님을 알지 못하면 그 어떤 실제적이고 의미 있는 삶도 불가능하거나 바랄 수 없다는 것을 의식했다.[8]

하버드에 있는 내 친구들은 대부분 회의주의자들이거나 무신론자들이었다. 그러니 내가 극적으로 기독교인이 된 것은 그들에게 놀라운 일이었다. 그 친구들은 변함없이 친절하고 다정했다. 하지만 내가 여전히 정상이었음에도, 분명히 약간 이상해졌다고 여겼다. 그들은 내가 만난 이 '선생'을 궁금해했다. 그래서 CCTL 강연이 있던 어느 날, 당시 내가 살던 기숙사인 커클랜드 하우스의 한 식당에서 그 친구들이 프랜을 만나도록 주선했다. 약속 시간이 되었을 때 나는 조금 긴장했다. 내 친구들은 총명했고 각자의 분야에서 발아하고 있는 리더들이었다. 나는 나의 선생이 그들을 상대할 때 힘이 부치지 않을까 걱정했다. 쉐퍼는 직전의 어느 모임에서 대화가 길어지는 바람에 조금 늦게 도착했다. 나는 조금 어색하게 그가 진리를 믿는, 그리고 성경에 삶의 모든 문제의 기본적인 답이 있다고 믿는 사람이라고 소개했다. 토론이 시작되자 나는 조금 마음이 놓였다.

가장 친한 친구 둘이 두 가지 질문을 던졌다. 첫째는 소승불교와 대

8 쉐퍼의 웨스트민스터 시절의 교수였던 코넬리우스 반틸(Cornelius Van Til, 1895-1987)은 "반대할 수 없는 것"으로서의 기독교 신앙을 입증하는 "전제적인" 방법에 대해 언급하곤 했다. *Defense of the Faith*, 3rd ed. (Nutley, NJ: Presbyterian and Reformed, 1967), 100-101을 보라. 다음에 나는 이 개념에 대해 좀더 설명할 것이다.

승불교가 싯다르타의 사상의 참된 계승자들인가 하는 것이었다. 나는 속으로 말했다. '오 이런, 쉐퍼는 세계 종교의 이런 첨예한 문제들에 관해 아무것도 모를 거야.' 그런데 놀랍게도 그리고 기쁘게도, 그는 기원전 3000여 년 전에 상인들이 인도 계곡에 있는 길을 가로질러 자기들이 믿는 신들에 관한 생각을 서로 교환함으로써 동방 종교의 비인격적이고 범신론적인 세계관을 낳는 종합을 이루었다고 답했다. 그러므로 우리는 아시아적 관점으로는 악을 실재로 여길 수 없다고 했다. 그의 말을 들으며 깜짝 놀랐다. 나중에 나는 전에 어떤 이가 쉐퍼에게 그 문제에 관한 논문을 보냈고, 그가 그때 읽은 내용을 그의 정신 어느 구석에 쌓아두고 있었다는 것을 알았다.

두 번째 질문은, 내가 확신하기로는 의도적으로 그를 당황케 하기 위한 것이었다. 내 가까운 친구들 중 하나는 도시 계획에 관한 최첨단 작업을 수행하고 있었다. 당시에는 컴퓨터가 그리 발달하지 않은 상태였는데, 내 친구는 사람들이 컴퓨터와 다른 계산 기계들을 사용하면 도시의 수많은 문제를 해결할 수 있다고 믿었다. 다시 나는 쉐퍼 박사가 이 분야에서 진행되는 일은 잘 모를 거라고 생각했다. 그런데 놀랍게도 다시 그가 응수했다. "그러면 그 모든 일에서 인간의 자리는 어떻게 되는 것인가요?" 내 친구는 물론이고 그 방에 있던 다른 이들이 모두 한 대 얻어맞은 듯 놀랐다. 쉐퍼는 그것은 모두 인류학에 관한 것이라고 설명했다. 모임이 끝났을 때 그 방에 있던 이들이 모두 무리를 지어 쉐퍼를 따라갔다. 그곳에 있던 나의 가장 친한 친구들 중 하나는 의과대학 예과에서 공부하고 있는 아프리카계 미국인이었다.[9]

---

9 W. E. B. Du Bois같은 저명한 인물들이 그곳을 졸업하기는 했으나, 당시에 하버드에는 흑인이 많지 않았다. 나중에 하버드는 미국에서 가장 탁월한 "아프리카-아메리카" 관련 학과들 중 하나를 자랑하게 될 것이다.

우리 두 사람은 재즈 음악과 신학을 포함해 공통 관심사가 많았다. 그 친구는 철학에 관한 매력적인 논문을 한 편 썼는데, 쉐퍼의 평을 듣기 위해 그 논문을 전달했다. 그러자 다른 친구들도 그렇게 했다. 언젠가 쉐퍼는 자기가 그런 논문을 받는 것이 기쁘기는 하지만 그것들을 상세하게 읽고 사려 깊은 답을 주는 것은 거의 불가능하다고 말한 적이 있다. 하지만 그는 늘 어떤 식으로든 그렇게 했다!

이 무렵에 쉐퍼 부부는 나의 멘토이자 친구가 되어 있었다. 나는 그들과 함께하면서 그리고 그들을 지켜보면서 아주 많은 것을 배웠다. 프랜은 언젠가 보스톤을 방문하던 중에 파크 스트리트 회중 교회에서 설교한 적이 있다. 오래 전에 그는 그 교회의 담임목사인 해럴드 존 오켄가(Harold John Ockenga, 1905-1985)가 그의 소속 교단을 탈퇴하지 않기로 결정한 것을 비난하며 강력한 이의를 제기한 적이 있었다. 나는 프랜과 함께 그 교회까지 차를 몰고 갔다. 그는 지독한 감기를 이겨내려고 담요로 몸을 감싸고 있었다. 조수석에 몸을 기댄 그는 분명 동요하고 있었다. 그가 내게 말했다. "빌, 뼛속에 불이 붙은 것 같아." 나는 그게 무슨 말인지 몰랐다. 그날 밤 그는 거룩함과 충성에 관련해 믿기 어려울 만큼 흥분에 찬 메시지를 선포했다. 설교 시간 내내 그는 소리를 질렀다. 그 소리는 점점 커졌고 마침내 그는 이렇게 말했다. "그리고 이것은 하나님이 미워하시는 일입니다." 그 말을 한 후 그는 의례적인 마감 기도도 하지 않은 채 자리에 앉고 말았다.

훗날 나는 이 일이 그가 교회론과 관련해 오켄가 박사와 입장을 달리했던 문제에 아주 뿌리 깊은 분노가 있어서임을 알게 되었다. 나중에 살피겠지만, 프랜은 강력한 분리주의적 입장이었고 다양한 쟁점들에 분리주의적 입장을 거부하는 이들을 절충주의자로 여겼다. 비록 훗날 그가 자신이 동의하지 않았던 이들을 대할 때 보였던 과격함을 깊이 후회하기는 했으나, 가시적 교회의 순결에 관한 자신의 입장은 결코 포기하지 않았다.

또 하나 기억할 만한 충돌은 그보다 조금 후에, 즉 그가 이어서 미국을 방문했던 기간 중에 있었다. 그 무렵 나는 새로 발견한 신앙의 기초를 다지기 위해 대학을 졸업하고 신학교에 입학하기로 결심한 상태였다. 쉐퍼의 격려를 포함해 여러 이유 때문에 필라델피아 근처에 있는 웨스트민스터 신학교에 진학하기로 결심했다. 1960년대 후반에 내가 그곳에서 학생 신분으로 공부하고 있을 때, 총장 에드먼드 클라우니(Edmund Clowney, 1917-2005)가 쉐퍼를 캠퍼스로 초청하기로 했다.

클라우니 박사는 쉐퍼와 라브리 사역에 아주 깊은 매력을 느끼고 있었다. 당시 클라우니 박사는 신학교와 바깥세상 사이에 더 많은 다리를 놓는 방식으로, 또한 타협 없이 실현할 수만 있다면 신학교의 엄격하게 개혁주의적인 신앙을 고수하지 않는 복음주의자들에게도 손을 뻗치는 방식으로 학교를 이끌어가고자 애쓰고 있는 중이었다. 이경우에 그는 혹시 자기가 두 명의 위대한 인물들, 즉 프란시스 쉐퍼와 코넬리우스 반틸(Cornelius Van Til) 사이에 놓여 있는 몇 가지 장애물을 치우는 일에 도움이 될 수 있을지를 알고자 했다. 비록 쉐퍼가 웨스트민스터에서 반틸 교수 밑에서 공부하기는 했으나, 그는 반틸이 강조하는 몇 가지 사항들(그가 보기에 기독교 신앙을 위한 주장으로는 증거가 충분치 않다고 여겼던)에 분명한 거리낌을 표명해 왔다. 다른 반면 반틸은 쉐퍼가 합리주의 쪽으로 기울어진 것을 우려하고 있었다.

1968년에 클라우니 총장은 서로 다른 정신들의 화합을 위해 쉐퍼와 반틸을 한 강의실에 밀어 넣기로 결심했다. 비록 그가 가졌던 애초의 목적은 성취되지 않았으나, 어쨌거나 그 두 사람은 함께 앉아 서로 간의 심각한 차이들을 해소하기 위해 토론을 벌이기 시작했다. 그들은 서로 엇갈리는 이야기를 하는 듯 보였다. 어느 지점에서 반틸은 개혁 신앙과 전제적 변증학을 개괄적으로 설명했다. 그 연설이 끝난 후 프랜은 자신이 그 연설을 녹음해 나중에 라브리의 모든 사역자들에게 들려주고 싶다고 말했다. 분명히 그 두 사람 사이에는 심각한 견해차가 있었다. 하지만 흔히 그렇듯이, 그들 사이에는 문제들만큼이나 풍자와 익살도 있었다.[10]

나는 쉐퍼가 미국을 방문했던 기간뿐 아니라 내가 직접 자주 라브리를 방문했던 기간에도 많은 것을 배울 수 있었다. 내가 그렇게 자주 라브리를 방문할 수 있었던 것은 당시 우리 가족이 호수 아래에 있는 제네바에 살고 있었기 때문이다. 예컨대, 나는 계속해서 기도에 관해 배워나갔다. 라브리에서 기도는 단순히 토론되었던 것이 아니라 실제로 하루 종일 그리고 여러 가지 방식으로 드려졌다. 라브리에는 여러 가지 특별한 기도 시간이 있었다. 일 년에 하루는 기도와 금식의 날로 지켰다. 하루 종일! 또한 매주 한 번 우리는 하던 일을 모두 멈추고 각자에게 정해진 기도실로 들어갔다. 그 결과, 비상한 훈련이자 삶을 변화시키는 습관이 된 기도는 나와 하나님 사이의 일차적 관계를 심화시키는 귀한 방법이 되었다. 나는 지금도 여전히 기도를 더 잘 하기 위해 노력하고 있다. 그러나 그 모든 것은 라브리에서 시작되었다.

---

10 반틸과 쉐퍼의 유사성과 대조점에 관한 분석을 위해서는 내가 쓴 에세이인 "Two Christian Warriors: Cornelius Van Til and Francis A. Schaeffer Compared," *Westminster Theological Journal* 57, no. 1 (Spring 1995): 57-80을 보라. 반틸은 분명히 쉐퍼와 그의 사역에 대해 공감하고 있었으나 여전히 그에게 매우 비판적이었다. 반틸 자신은 그의 생애 내내 그의 견해에 대한 비판들로 인해 괴롭힘을 당했다. 특히 칼빈 신학교 출신들이 심각하고 상처를 주는 방식으로 그를 비판했는데, 심지어 그가 칼빈 신학교에서 교수직을 제안 받은 후에조차 몇몇 잠재적 동료들은 여전히 그에게 은혜가 결여되어 있다는 추정된 이유로 강력하게 그를 비난했다. *Christian Apologetics Past and Present: A Primary Source Reader* (Volume 2, from 1500), ed. William Edgar and K. Scott Oliphint (Wheaton: Crossway, 2011), 455를 보라.

우리 중 많은 이들이 아주 유익한 것으로 여긴 것이 하나 있었다. 한 날을 정해 모두가 점심을 싸들고 책을 한 권 들고 정해진 장소로 가는 것이었다. 비록 당시의 생활은 오늘날보다 약간 덜 열광적이기는 했으나, 그 시절에 밖으로 나아가 조용히 앉아서 오랫동안 책을 읽는 것은 귀한 경험이었다.

또한 라브리에서 나는 일요일이 아주 특별한 날임을 배웠다. 교회 방식의 예배와 쉐퍼의 설교는 놀라웠다. 종종 그의 메시지는 한 시간 넘게 계속되었지만, 우리는 시간 가는 줄 몰랐고, 심지어 설교가 더 길게 이어지기를 바라기까지 했다. 나는 기념할 만한 여러 가지 연속 강해를 들었다. 그 중 하나는 욥에 관한 것이었다. 욥에 관한 그처럼 강력한 메시지들을 들은 후에 나는 내가 그 가련한 사람을 개인적으로 알고 있다고 느낄 정도였다. 그런 고찰들은 '악의 문제'에 관한 교과서 같은 책들보다 훨씬 더 설득력이 있었다. 또한 나는 쉐퍼가 훗날 『참된 영성』(프란시스 쉐퍼 전집, 제3권, 박문재 역, 크리스챤다이제스트사, 2007)이라는 제목의 책으로 나타날 일련의 강연을 할 때 그 자리에 있었다. 진정한 영성은 이 책의 핵심적 주제가 될 것이다.

다음으로 전형적인 일요일 오후에, 즉 점심 식사나 오후 늦게 차와 함께 먹는 간단한 식사 후에, 우리 중 한 그룹은 라브리 곁에 있는 샬레 벨브를 찾았다. 당시 그곳은 뇌성마비 환자들을 위한 시설로 사용되고 있었다. 휠체어에 앉아 뒤틀린 팔을 이리저리 흔드는 그 아름다운 사람들은 자신의 남은 삶을 라브리 사역에 바치고 있던 전직 오페라 가수인 제인 스튜어트 스미스(Jane Stuart Smith)의 선창에 맞춰 찬송하기를 좋아했다. 장애가 있든 없든 모든 사람을 온전한 인간으로 다루는 것은 라브리를 대표하는 가장 놀라운 현상들 중 하나였다. 비록 오늘날 그렇게 말하는 것은 감수성이 둔한 것처럼 들릴는지 모르나,

쉐퍼는 계속해서 사실은 (비록 우리 중 어떤 이들은 다른 이들보다 자신들의 상태를 더 잘 숨기기는 하지만) 우리가 모두 마비 상태에 있음을 상기시켜 주었다.

더 많은 개입

훗날 나의 아내가 될 바바라는 1966년 봄에 라브리를 찾아왔다. 처음에 바바라는 스위스 라브리에서 살았고, 그 후에는 영국 지부로 옮겨가서 그곳에서 꼬박 한 해를 지냈다. 바바라는 초심자였는데 그 공동체가 그녀의 신앙을 강화시키는 데 주된 역할을 했다. 바바라의 첫 번째 과제는 프랜의 어머니인 베시를 돌보는 것이었다. 당시 쉐퍼 부부는 베시의 남편, 프랭크가 사망하자 베시를 스위스로 모셔온 상태였다. 바바라는 베시와 길고 진지한 대화를 나눈 것과 일부러 게임에 져주면서 체커 게임을 한 것을 생생하게 기억하고 있다.

바바라의 다음 과제는 라브리의 영국 지부로 옮겨가는 것이었다. 라브리 영국 지부는 1958년에 시작되었고 당시에는 래널드와 수잔 맥컬리가 운영하고 있었다. 바바라는 그들 부부의 어린 자녀들을 돌보는 것을 포함해 여러 가지 일에서 그 가족을 도왔다. 또한 바바라는 세계 전역에서 쉐퍼의 강의 녹음 테이프를 요청하는 이들에게 테이프를 보내는 일을 맡았다.

재원은 늘 불안정했다. 바바라는 한 가지 경우를 여전히 기억하고 있다. 어느 날 래널드가 마침내 돈이 다 떨어졌다고 선언했다. 따라서 다음 며칠 동안은 아무도 음식을 자신이 원하는 만큼씩 먹을 수 없을 거라고 했다. 만약 바나나를 먹고 싶으면 다른 사람을 위해 반쪽만 먹으라고 했다. 비교적 부유하게 자란 바바라는 바나나를 반쪽만 먹고 나머지를 남기는 것에 관해서는 생각조차 해본 적이 없었다. 바바라는 '믿음 선교'(a faith mission)로서의 라브리 사역을 통해 아주 많은 것을 배웠다. 그리고 그런 절약은 바바라를 비롯해 그곳에서 살았던 많은 이에게 지속적인 영향을 주었다. 또한 바바라는 그곳에서 경험했던 여러 가지 극적인 기도 응답에 감동을 받았다.

프랜은 우리의 결혼식에 참석할 수 없게 되자 우리에게 아주 의미심장한 편지를 써서 보냈다. 그는 철두철미한 목회자였다. 그는 우리 부부가 자신의 교회에 대한 그리스도의 사랑을 아름답게 반영하게 되리라고 확신했다(엡 5:22-33). 라브리 스타일을 따라 갓 결혼한 우리 부부는 우리가 가진 자원을 관리하는 일에 무척 신경을 썼다. 우리는 모든 것과 관련해 기도를 드렸고 우리의 모든 필요를 충족시키는 일과 관련해 주님께 의지하려고 노력했다.

신학교를 졸업한 후 우리는 펜실베이니아 주에 있는 어느 장로교회의 국내 선교사가 되었다. 그 일 역시 '믿음 선교'였다. 하지만 라브리 덕분에 이미 우리는 위기에 대처하는 방법을 배워온 터였다. 그 사역에 뛰어든 후 몇 달이 지났을 때 우리는 기로에 섰다. 비록 라브리의 정책이 누군가에게 라브리로 와서 일해 줄 것을 요청하지 않는 것이기는 했으나, 프랜이 우리가 와서 자기를 도와주기를 바라고 있음이 분명해졌다. 오랜 기도 끝에 우리는 그렇게 하지 않기로 결정했다. 대신 우리의 소중한 친구들인 딕(Dick)과 마디 키즈(Mardi Keyes) – 나는 이 책을 그들 두 사람에게 바치기로 했다 – 가 우리 대신 라브리로 갔고 그때부터 지금까지 줄곧 그곳에서 일해 오고 있다.

우리 가족은 스위스 대신 코네티컷 주에 있는 그린위치로 가라는 부르심을 받았다고 느꼈다. 우리는 그곳에서 거의 10년을 살면서 주간 학교에서 학생들을 가르쳤다. 나는 고등학교 과정에서 불어와 철학, 음악을 가르쳤는데, 그때 그 연령대에 속한 학생들을 아주 많이 사랑하게 되었다. 우리는 어느 기독교 그룹을 이끌어 "FOCUS"라고 불리는 독립적인 학교 사역으로 발전시킬 수 있었다. 조녀선의 형 데이비드 브랙던이 그 학교에서 수학 교사로 일하고 있었다. 그 학교의 교장 선생님은 친절하게도 그 사역 과정 내내 나를 격려해 주었다. 그는 나를 음악과의 학과장으로 임명해 주었고, 1974년 여름에는 제네바에 있는 달크로즈 스쿨에서 음악 교육과 관련된 추가 훈련을 받게 해주었다. 우리 가족은 나의 부모님과 살게 되었는데, 그 몇 달 동안 우리는 몇 차례 쉐퍼 가족을 방문할 기회를 얻었다.

공교롭게도 당시에 프랜은 로잔에서 열리는 제1회 세계 복음화 국제대회(7월 16-25일)에서 행할 연설문을 준비하느라 분주한 상태였다. 그는 그 대회에서 "교회에서의 형식과 자유"(Form and Freedom in the Church)라는 주제로 연설했다. 그의 연설문은 건전한 교리의 필요성, '정직한 질문들에 정직한 답으로 답할' 필요성, 그러나 또한 진정한 영성과 '인간관계의 아름다움'의 필요성을 강조했다.[11] 진정한 영성에 관한 그의 생각은 이제 완전하게 구체화되었다. 그 연설문의 한 부분은 프로테스탄트 종교개혁이 그 자체로 놀라운 것이기는 했으나 두 가지 중요한 문제들을 간과했다는 비판을 담고 있었다. 그 두 가지 문제란 '경쟁'과 '돈'(혹은 쉐퍼 자신의 용어로 '부유함')이었다. 그는 넋을 잃고 앉아 있는 청중을 향해 자신의 연설문을 읽어나갔다. 그 대회 전체는 복음화와 정의를 행하는 것 사이에서 올바른 균형을 잡는 문제에 집중하고 있었다. 그 대회는 결국 복음의 사회적 차원에 대한 복음주의적 접근에 있어 불균형을 바로잡고자 하는 로잔언약(Lausanne Covenant)을 낳았다. 쉐퍼는 그 대회의 핵심 인물이었다. 그에게 정의는 부수적인 것이 아니라 복음의 핵심적 일부였다.

---

11 http://www.lausanne.org/documents/lau1docs/0368.pdf를 보라.

또 하나 나에게 인상적이었던 일은 "그렇다면 우리는 어떻게 살아야 하는가?"(*How Should We Then Live?*)라는 제목의 영화 제작에 관여했던 것이다. 그 제목은 에스겔 33장 10절에서 따온 것이다. 그 영화(1977년)는 자매편(1976년)과 함께 나왔는데, 그 둘은 모든 면에서는 아니지만 서로 유사했다. 그 시리즈의 전체적인 관심은 지금 우리의 상황을 판단하기 위해 서양 역사의 흐름을 살피고, 이어서 세계가 다음 세대를 위해 더 살기 좋은 곳이 되기 위해 이루어질 필요가 있는 변화들을 제시하는 것이었다.

그 시리즈는 그리스와 로마 시대를 거쳐 오늘날에 이르는 광범위한 역사 여행을 통해 프란시스 쉐퍼가 여러 해 동안 가르쳐왔던 내용의 많은 부분을 요약해서 제시한다. 그것은 분명히 냉전 시대의 분위기를 갖고 있다. 특히 후반부에서 그것은 전제 군주적인 정부에 대해 경고하고 공산주의의 위협에 대해 설명한다. 또한 미합중국의 헌법 제정자들이 어떤 '기독교적 합의'(Christian consensus)를 갖고 있었다는 견해, 즉 서로 다른 몇 가지 형태가 있기는 하나 그 헌법 제정자들이 모두 자의식이 강한 그리스도인들이었다는 사실에 집중하는 견해에 대한 암시들을 내포하고 있다. 전에 프랜은 이 시대에 대한 정당한 해석의 문제와 관련해 역사가인 마크 놀(Mark Noll)과 열띤 논쟁을 벌인 적이 있었다. 미국의 식민지 역사 전문가인 조지 마스덴(George Marsden) 역시 그 논쟁에 관여했다.[12]

프랜은 비록 처음에는 주저했으나 마침내 그의 아들 프랭키와 가스펠 필름스의 빌리 지올리(Billy Zeoli) 사장에게 설득 당해 영화를 만들

---

12 이 논쟁에 관한 설명은 베리 한킨스(Barry Hankins), *Francis Schaeffer and the Shaping of Evangelical America* (Grand Radpids: Eerdmans, 2008), 2111-27에서 찾아볼 수 있다.

기로 했다. 빌리는 앤서니 지올리의 아들이었는데, 프랜은 청년 시절에 그의 천막 집회에 참석한 적이 있었다. 그리고 나중에 살피겠지만, 그 일은 당시 그의 미숙한 기독교 신앙을 정련하는 데 큰 도움이 되었다. 프랭키와 빌리는 더 많은 청중에게 메시지를 전하고자 하는 프랜의 갈망에 호소했다. 그들은 영화가 당시 공영 방송의 후원으로 제작된 몇 가지 시리즈물에 대한 교정책이 될 수 있을 거라며 그를 설득했다. 프랜은 영향력 있는 방송인 PBS와 BBC가 제작한 시리즈물 중 많은 것들, 특히 케네스 클라크(Kenneth Clark, 1903-1983, 영국의 미술사학자 - 역주)의 "문명화"(Civilisation) 같은 작품들이 역사적 기독교의 위치에 대해 잘못된 정보를 전하고 있는 것을 우려해 왔다.

나는 그 시리즈에 삽입된 음악을 만드는 작업을 했다. 한데 내가 그일에 참여하는 것이 애초 그들의 내부 방침이었는지는 잘 모르겠다. 왜냐하면 그 영화의 엔딩 크레딧에 내 이름 대신 제인 스튜어트 스미스의 이름이 등장하기 때문이다. 하지만 그 때의 일을 돌아보건대, 나는 그저 감사할 뿐이다. 결국 그것은 나에게 배움의 기회가 되었기 때문이다. 그 영화의 마지막 버전은 여러 가지 문제 때문에 13개에서 7개의 에피스드로 축소되었다.

솔직하게 말해서 그것은 최상의 다큐멘터리는 아니었다. 그 영화의 여러 부분은 프로정신이 결여되어 있었다. 어느 에피소드에서는 대머리 수도사인 토마스 아퀴나스가 아리스토텔레스의 문장을 필사한다. 그리고 프랜이 불쑥 방안으로 들어가 약간 무거운 어조로 토마스가 그리스 철학에 의존하고 있는 것에 대해, 그리고 그의 자연/은총 구조에 대해 이야기한다. 그 시리즈물은 아마도 그럴 만한 충분한 이유 때문에 결국 공영 방송에 등장하지 못했다. 하지만 그때까지는 그 어떤 복음주의 기독교인도 그와 같은 것을 만든 적이 없었다. 그것은 뜻 있는 친구들과 지지자들 덕분에 미국 전역과 다른 지역들에서 상영되었다. 우리 중 많은 이가 그 행사를 주최했다. 그리고 그 시리즈들은 탁월한 토론 주제가 되었다.

오늘의 라브리

오늘날에도 라브리는 계속되고 있다. 전 세계에 수많은 비주거형 라브리들뿐 아니라 10개의 주거형 라브리가 존재한다. 바바라와 나는 그들 중 몇 곳에 불규칙적으로 개입해 왔다. 그것들 각각은 나름의 특별한 역사와 리더십으로 인해 나름의 특성을 지니고 있다. 비주거형 라브리들에서는 행사와 토론은 이루어지지만 밤샘을 위한 시설은 제공되지 않는다.

라브리의 공식 웹사이트는 라브리에 네 가지 강조점과 한 가지 최종 목표가 있음을 알려준다.[13] (1) 기독교는 객관적으로 참되며 성경은 인류에게 주신 하나님의 말씀이 기록된 것이다. 이것은 성경적 기독교가 이성적으로 옹호될 수 있으며 정직한 질문들이 환영받을 수 있음을 의미한다. (2) 기독교는 참된 것이기에 협소하게 종교적 범위에 속한 것에 대해서만이 아니라 삶의 모든 문제들에 대해 말한다. 그러므로 라브리가 만들어내는 자료들 중 많은 것들은 예술과 정치, 사회과학과 그 외의 다른 것들에 대한 기독교적 관점을 발전시키는 데 도움을 주는 것을 목표로 삼고 있다. (3) 하나님과 우리의 관계에서 진정한 영성은 우리가 '더 높은 어떤 영적 차원'에서 혹은 '음침하고 부정적인 방식'으로 살고자 노력하는 데서가 아니라, 은혜를 통해 온전한 인간이 되는 방식의 삶을 통해 드러난다. (4) 라브리는 타락이라

---

13 http://www.labri.org/.

는 현실을 진지하게 취급하며 그리스도가 재림하실 때까지 우리와 우리의 세상이 죄에 오염된 상태로 남아 있다고 선언한다. 마지막으로, 라브리 웹사이트는 라브리가 정신을 중요하게 여기지만, 그것이 오직 지성인들만을 위한 장소는 아니라고 덧붙인다. 라브리는 생각하는 것만큼이나 살아가는 것에 관심을 기울이고 있다. 이 모든 강조점을 지키는 범위 안에서 라브리의 각 지부는 종종 각 지부의 리더십을 통해 형성된 나름의 특성을 지니고 있다.

여러 곳의 라브리 센터는 쉐퍼의 자녀들이나 라브리의 핵심 사역과 가까운 이들이 운영하고 있다. 실제로 쉐퍼의 자녀들은 모두 부모의 삶과 유산을 각각 특별한 방향으로 이어나가고 있다. 프리스카(Prisca)와 그녀의 남편 존(John)은 위에모에서 쉐퍼가 했던 사역을 지속해 나가고 있다. 존은 라브리의 공식적인 가르침과는 얼마간 분명히 다른 교리를 갖고 있으나 여전히 위에모에 머물면서 굉장한 도움을 주고 있다. 수잔(Susan)과 래널드 맥컬리(Ranald Macaulay)는 영국의 캠브리지에서 살고 있는데, 그곳에서 몇 년간 라브리 사역을 한 후에, 지금은 크리스천 헤리티지(Christian Heritage)라는 사역에 매진하고 있다. 그 사역은 복음의 진리라는 주제를 중심으로 이루어진 강좌와 여행, 세미나, 토론으로 구성되어 있다. 래널드는 방문객들을 이끌고 대학을 둘러보면서 그들에게 그 위대한 배움의 전당 안에 있는 기독교의 과거를 보여주는 기념물들(존 뉴톤이 사용했던 방들, 페러데이의 실험실, 화이트 호스 인 같은)을 보여주는 것을 좋아한다. 데비(Debbie)와 우도 미들맨(Udo Middelmann)은 라브리를 떠나 위에모로부터 계곡을 가로지른 곳에 위치한 그리온에서 프란시스 쉐퍼 재단(Francis Schaffer Foundation)이라고 불리는 사역을 시작했다.

지니(Genie)와 결혼한 쉐퍼의 아들 프랭키(Franky, 지금은 프랭크[Frank]

라고 불리고 있다)는 쉐퍼의 자녀들 중 가장 논란이 되고 있다. 그는 영화 제작자이자 작가, 화가, 사회 비평가로 활동하고 있다. 그는 개신교 전통을 떠나 안디옥 형태의 동방 정교회 전통을 받아들였다. 또한 그는 부모의 삶에 대한 섬세하고 개인적인 통찰과 부모를 포함해 많은 사람에 대한 신랄한 비판을 결합한 책들을 펴내는 영세한 출판사를 설립해 운영해 오고 있다. 어느 특이한 자료에 의하면, 지금 프랭크는 자신의 아버지를 복음주의 우파와 협력하도록 이끌었다는 비난을 받고 있는데, 프랭크 자신은 그런 비난을 거부하고 있다. 우리 중 많은 이가 프랭크가 라브리와 부모의 사역을 해석하는 데 심각한 문제가 있다고 믿고 있다. 그럼에도 또한 우리는 압력밥솥과도 같은 상황에서 성장한 한 젊은이를 동정할 수밖에 없기도 하다. 그는 *Crazy for God*(하나님께 미치다)이라는 책에서 이렇게 말한다. "나는 사역 속에 있었으나 사역에 속하지 않았다. 학생들의 침입과 사람들이 오가며 벌이는 소동, 여름철 일요일에 예배드리러 몰려오는 사람들, 집 안팎을 가득 채우며 계속되는 소음, 그 모든 것이 내가 살던 곳을 증오하게, 그리고 사랑하게 만들었다."[14]

쉐퍼의 가족이 아닌 사람들 역시 다음 세대를 위해 라브리 사역을 발전시키는 데 큰 역할을 했다. 딕과 마디 키즈는 보스톤 외곽 매사추세츠 주 사우스버러에 있는 라브리에서 기독교 변증학과 관련된 여러 가지 주제들(정체성에 관한 연구부터 영웅주의, 냉소주의, 그리고 성에 관한 쟁점들에 이

---

14 Frank Schaffer, *Crazy for God: How I Grew Up as One of the Elect, Helped Found the Religious Right, and Lived to Take All (or Almost All) of It Back* (New York: Carroll & Graf, 2007), 또한 Frank Schaffer, *Portofino: A Novel* (New York: Da Capo, 1974); *Saving Grandma: A Novel* (New York: Da Capo, 2004); *Zermatt: A Novel* (New York: Da Capo, 2004); *Sex, Mon, and God: How the Bible's Strange Take on Sex Let to Crazy Politics - and How I Learned to Love Women (and Jesus) Anyway* (New York: Da Capo, 2011)을 보라.

르는)에 관한 탁월한 자료들을 개발했다. 미네소타 주 로체스터에서 사역하는 래리와 낸시 스나이더는 라브리 사역에 크게 공헌해 왔는데, 그들이 한 일들 중에는 매년 2월에 수백 명의 사람들이 모이는 연례 라브리 대회를 후원하는 것이 포함되어 있다. 위에모에 위치한 라브리 본부에는 모두 7개의 샬레가 있는데, 그 각각의 샬레에 속한 스태프들은 매년 수많은 방문객들을 환영하는 일을 감당하고 있다. 그 외에도 네덜란드와 영국, 스웨덴, 한국, 캐나다, 독일, 브라질 등지에 라브리 지부가 존재한다.[15]

프란시스 쉐퍼의 유산은 여전히 감지되고 있다. 그의 영향력은 여전히 높게 평가되고 있으며, 아마도 앞으로도 그럴 것이다. 나는 학생들을 가르치거나 글을 쓸 때마다 계속해서 내가 라브리와 프랜과 이디스 쉐퍼의 사역에서, 그리고 프랜의 절친한 동료이자 네덜란드 라브리의 설립자인 한스 로크마커(Hans Rookmaaker, 1922-1977)에게 배운 것을 언급하고 있다. 영적으로 라브리의 에토스 속에서 성장한 우리는 모두 그동안 우리 나름의 특별한 강조점들을 발전시켜 왔다. 하지만 우리를 붙잡아 매고 있는 끈은 질기다. 그리고 라브리의 문화(그곳에서 생성된 사상들은 물론이고)는 지금도 여전히 우리와 함께 남아 있고 우리를 규정하고 있다.

---

15 http://www.labri.org/today.html.

제

1

부

그 사람과
그의 시대

2. 라브리로의
여행

─────────

쉐퍼는 오직 성경만이 우주의 존재 방식과 현실에서 발생하는 질문들을
정당하게 다룬다는 것을 발견했다.

우도 미들맨

초기

프란시스 쉐퍼의 사상뿐 아니라 그의 특별한 인물됨까지도 어떤 특
별한 여행의 결과였다. 그동안 쉐퍼와 라브리에 관한 이야기는 자주
회자되어 왔다.[1] 이 책은 쉐퍼에 대한 전기라기보다 영성에 대한 그

─────────

1 독자들은 프란시스 쉐퍼와 그의 가족의 삶과 관련된 몇 가지 자료들을 참조할 수 있을 것이다. 이
디스 쉐퍼가 쓴 두 개의 자서전이 있다. 그것들은 읽을 만한 가치가 있다. *L'Abri* (London: Norfolk
Press, 1969)가 첫 번째 것이다. 『이디스 쉐퍼의 라브리 이야기』(양혜원 역, 홍성사, 2001). 좀 더
확대된 작품인 *The Tapestry: The Life and Times of Francis and Edith Schaeffer* (Waco, TX:
Word, 1981)는 당시의 문제들은 물론 신학적이고 성경적인 것을 포함해 여러 쟁점들에 대한 성찰
을 쉐퍼 가족에 대한 상세한 보고와 조화해서 쓴 것이다. 편지들을 살피는 것도 해볼 만한 일이다.
쉐퍼의 편지들 중 많은 것이 노스캐롤라이나에 있는 프란시스 쉐퍼 재단(노스캐롤라이나 주 웨이
크 포레스트에 있는 사우스이스턴 침례신학교가 위탁 운영하고 있다)의 문서보관실에 남아 있다.
다른 편지들과 기록들은 세인트루이스에 있는 커버넌트 신학교의 프란시스 쉐퍼 연구소와 일리노
이 주 휘튼에 있는 휘튼칼리지에 보관되어 있다. 그런 편지들 중 몇 가지 좋은 샘플을 보려면, *Lane*
T. Dennis, ed., The Letters of Francis Schaeffer: Spiritual Reality in the Personal Christian
Life (Wheaton, IL: Crossway, 1986)을 보라. 이디스 쉐퍼의 편지들 역시 라브리에서의 삶을 엿볼
수 있는 특별한 창문을 제공한다. 그 편지들 중 상당 부분이 *With Love, Edith: The L'Abri Family*
Letters, 1948-1960 (San Francisco: Harper & Row, 1988); 그리고 *Dear Family: The L'Abri*
Family Letters 1961-1986 (San Francisco: Harper & Row, 1989)라는 책으로 출판되었다. 프랭

의 접근법에 대한 하나의 연구서라고 할 수 있다. 하지만 그럼에도 그 둘은 서로 얽혀 있다. 따라서 지금부터 아주 간략하게 그의 삶을 설명 하고자 한다.

쉐퍼의 할아버지인 프란츠 쉐퍼(Franz Schaeffer)는 보불전쟁에 참전 했다가 1869년에 미국으로 이주했다. 인생의 새 장을 열기 바랐던 그 는 가족에 관한 기록을 대부분 불태워 버렸는데, 그로 인해 쉐퍼의 전 기 작가들은 애를 먹었다. 프란츠는 필라델피아에서 철로를 놓는 작 업을 하던 중에 사고로 죽었다. 그는 프랭크(프란시스 쉐퍼의 아버지)라고 알려진 세 살 된 아들을 남겼다.

강한 직업윤리의 소유자였던 프랭크는 10대 후반에 해군에 입대해 그 어떤 악조건 하에서도 배의 삭구(素具)들을 다루는 법을 배웠다. 프 랭크는 베시(Bessie)와 결혼할 무렵에 이미 루터교 신자였고, 결혼 후

크 쉐퍼가 자신의 성장과정을 설명하고 쉐퍼 가족 내부의 비밀을 폭로한 책에 대해서는 평가가 엇 갈리고 있다. 하지만 관심 있는 독자들은 특별히 앞서 언급한 프랭크가 쓴 *Crazy for God: How I Grew Up as One of the Elect, Helped Found the Religious Right, and Lived to Take All (or Almost All) of It Back* (New Yor: Carroll & Graf, 2007)을 읽고 싶어 할 것이다. 그 외에도 쉐 퍼 가족이 아닌 이들이 쓴 쉐퍼 전기들이 다수 있다. 그 중 내가 추천하는 것은 콜린 듀리에즈(Colin Duriez)가 쓴 *Francis Schaeffer: An Authentic Life* (Wheaton, IL: Crossway, 2008)이다. 또한 베리 한킨스(Barry Hankins)가 쓴, 역시 앞에서 언급했던 약간 도발적인 책인 *Francis Schaeffer and the Shaping of Evangelical America* (Grand Rapids: Eerdmans, 2008)가 있다. 그보다 앞 서 나온 책으로 얼마간 칭송 일색의 전기로 L. G. Parkhurst가 쓴 *Francis A. Schaeffer: The Man and His Message* (Eastbourne: Kingsway, 1986)가 있다. 마지막으로, 우리가 다양한 저자들을 통해 쉐퍼의 삶을 들여다볼 수 있는 여러 가지 다른 전기와 기술, 백과사전의 기재사항들이 있다. 그런 저자들 중 몇 사람은 쉐퍼의 가까운 친구들이다. 내가 추천하는 것은 커버넌트 신학교의 제람 바즈(Jerram Barrs) 교수가 쓴 2부작인 "Francis A. Schaeffer: The Early Years"와 "Francis A. Schaeffer: The Later Years"인데 http://www.covenantseminary.edu/resources/#!/courses-francis -schaffer-the-early-years and...the-later-years에서 찾아볼 수 있다. 또 다른 것으로는 에 버렛 쿱(C. Everette Koop)의 것이 있다. 그는 프란시스 쉐퍼와 책을 한 권 같이 쓰고 영화를 한 편 같이 만들었다. 쿱 박사는 그의 동료의 이야기가 그 중 일부를 차지하고 있는 자서선을 썼다. *Koop: The Memoirs of America's Family Doctor* (New York: Random House, 1991). Micael Hamiton의 기사 "The Dissatisfaction of Francis Schaffer," *Christianity Today*, 1997년 3월 3일, 22-30은 훌륭한 통찰들로 가득하다.

에 그들은 마을에 있는 어느 복음주의 자유 교회에 출석했다. 그들의 기독교 신앙이 얼마나 진지하고 인격적인 것이었는지는 분명하지 않다. 하지만 훗날 그들은 분명히 그리스도를 따르는 자들이 되었다. 그들은 그들의 부모가 경험했던 빈곤에서 탈출하기 위해 열심히 일했다. 그들은 자식을 하나만 갖기로 결정했다. 그들의 자식이 1912년 1월 30일에 태어난 프란시스 오거스트 쉐퍼 4세(Francis August Schaeffer IV)였다.

그 소년은 아주 어려운 환경에서 성장했다. 아버지는 초등학교 3학년까지밖에 공부를 하지 않았고 집에 책이라고는 한 권도 없었다. 하지만 그것이 곧 그 소년이 생각 없는 사람이었다는 뜻은 아니다. 그와는 반대로, 종종 프랜이 우리에게 상기시켜 주듯이, 노동자 계급에 속한 이들은 설령 그들이 중요한 철학자들의 이름을 대지는 못한다 해도 지적으로 아주 심오한 경우가 자주 있다. 프랜은 지적 엘리트나 노동자 계급에 속한 이들보다는 중산층 브르주아에 대해 훨씬 더 비판적이었다. 그의 가족에게는 가끔 애틀랜틱시티로 여행을 가는 것 외에는 별다른 오락이 없었다. 물론 프랜에게도 친구들이 있었으나, 그들이 서로 방문하거나 함께 노는 경우는 극히 드물었다. 오랜 후에 그는 난독증 진단을 받았는데, 이것이 꽤 재미있는 결과를 낳았다. 그는 마할리아 잭슨(Mahalia Jackson, 미국의 여성 가스펠 싱어 - 역주)을 "마틸다 잭슨"이라고 불렀다. 갤럭시(galaxy)는 "갤러캐시," 애플루언스(affluence)는 "애플루언시," 그리고 스판터니어티(spontaneity)는 "스판타누이티" 같은 식이었다. 그러나 젊은 프랜으로서는 그런 일이 조금도 즐겁지 않았다. 왜냐하면 당시 학교는 학습 장애에 관해서는 아무것도 알지 못했기 때문이다. 그럼에도 몇 사람의 친절한 교사들이 프랜에게 관심을 가졌고 인내심으로 학습을 도왔다. 특히 프랜은 루즈벨트 중학교의 리드 C. 벨 부인을 기억했다. 벨 부인은 훗날 프랜의 삶 전체를 통해 중요한 관심사가 된 미술사를 가르쳤다.

예상할 법한 일이지만, 적어도 몇 가지 사회적 이유들로 프랜은 교회에 다니기 시작했다. 그는 저먼타운에 있는 제일장로교회를 택했다. 그 교회가 그가 속한 보이스카웃 대원들이 모이는 곳이었기 때문이다. 하지만 그 교회의 설교는 너무 자유로웠고 삶의 문제들에 만족할 만한 답을 주지 못했다. 프랜은 지적 호기심이 많은 소년이었다. 어떻게 해서였는지 그 무렵에 프랜은 그리스 철학 서적을 한 권 읽고 아주 깊은 인상을 받았다. 그 결과 기독교 신앙에는 별게 없다고 굳게 확신했다. 하지만 그는 성경을 무조건 내던지는 대신 제대로 한 번 읽어보기로 결심했고 성실하게 그렇게 했다.

그 결과는 예상의 정반대였다. 그는 혼자 성경이 그리스 철학이 제기했던 기본적인 질문들 중 많은 것에 답하고 있다고 판단했다. 1930년 9월경에 프랜은 일기에 이렇게 썼다. "모든 진리는 성경에서 나온다." 이디스 쉐퍼는 확장판 전기인 *The Tapestry*(태피스트리)에서 프랜의 회심을 크리스티나 로요바(Kristina Royova, 슬로바키아의 작가 - 역주)가 쓴 어느 목동의 이야기에 견준다.[2] 로요바의 작품 *Sunshine Country*에 등장하는 한 젊은이는 언덕에 있는 어느 동굴에서 마태복음을 발견하고는 자기 외에는 아무도 그 놀라운 내용을 알지 못할 거라고 여긴다.

프랜은 자기가 아주 낯선 무언가를 발견했다고 여겼다. 훗날 그는 이디스에게 이렇게 말했다. "나에게 종을 울려준 것은 창세기에 실려 있는 답들이었소. 그 답들이 있다면 당신은 답, 즉 진짜 답을 갖고 있는 것이고, 만약 그런 답들이 없다면, 철학에든 혹은 내가 지금껏 가

---

2 *The Tapestry*에서 이디스는 이 이야기를 Christina Rossetti의 것으로 잘못 인용하고 있다.

르쳐 왔던 종교 안에든 답은 없는 것이오."[3]

다소 사적인 이 경험은 곧 공적인 표현을 얻게 되었다. 프랜은 어느 구식 전도 집회에 참석했는데, 그곳에서는 앤서니 지올리(Anthoy Zeoli, 훗날 "그렇다면 우리는 어떻게 살아야 하는가?"라는 영화를 공동 제작한 빌리 지올리의 아버지다)가 강력한 방식으로 설교를 하고 있었다. 설교의 내용은 프랜이 혼자서 성경을 읽으며 발견했던 것과 같은 맥락이었다. 프랜은 일기에 이렇게 썼다. "내 삶 전체를 무조건 그리스도께 바치기로 결심했다."[4] 처음부터 프랜은 자신이 사역에로 부르심을 받았다고 느꼈다. 직업적인 성직자들을 탐탁지 않게 여겼던 프랜의 부모는 아들의 이런 추구를 이해하지 못했다. 하지만 프랜의 아버지는 결국 그에게 항복하고 심지어 지원하기까지 했다. 프랜은 밤에는 드렉셀 칼리지에서 공학을 공부하면서 낮에는 몇 가지 육체노동을 했다. 하지만 사역자가 되겠다는 갈망은 너무나 강력했다. 마침내 그는 어느 믿을 만한 장로의 충고를 받아들여 버지니아 주에 있는 1급 장로교 학교인 햄프덴-시드니 칼리지에서 사역자 준비과정을 밟기로 결심했다. 프랜의 아버지는, 비록 자신의 성향과는 맞지 않았으나, 프랜의 결심에 다시 한 번 깊은 인상을 받았고 결국 그의 첫 번째 학기 등록금을 지원해 주었다.

프랜의 대학생활은 쉽지 않았다. 그 학교에는 신입생을 괴롭히는 전통이 있었는데, 특히 프랜의 기숙사 선배들은 목회자 예비 과정에 있는 학생들에게 아주 고약하게 굴었다. 노동자 계급 출신인 프랜은 학교에서 "필리"라는 별명을 얻었다. 그는 꽤나 귀족주의적이었던 선

---

3 Edith Schaffer, *The Tapestry*, 52.
4 Ibid., 55.

배들에게 맞서 자신을 지키는 법을 배워야 했다. 프랜은 키가 165cm 밖에 안 되었으나 체력이 아주 강했다. 선배들이 신입생을 괴롭히는 일은 프랜이 격렬한 몸싸움 끝에 그를 괴롭히던 학생을 때려눕힌 후에야 겨우 끝났다. 또한 그는 전도를 하기 위해 자신의 힘을 사용하기도 했다. 예컨대, 토요일 밤마다 술에 취한 학생들을 (당시에는 금주법이 시행중이었으나 술이 흔했다) 기숙사까지 데려다주는 대신 그에 대한 보답으로 다음 날 아침에 그와 함께 주일예배에 참석하게 했다. 프랜은 학업에서도 두각을 나타냈다. 특히 철학과 그리스어에 뛰어났다. 프랜은 그 학교를 우등으로 졸업했다.

그 학교에서의 첫 번째 여름방학 때 프랜은 훗날의 아내 이디스 세빌(Edith Seville)을 만났다. 이디스는 중국에서 성장했다. 그녀의 부모가 허드슨 테일러가 세운 중국 내지 선교회(CIM, 지금의 OMF)에서 사역했기 때문이다. 세빌 가 사람들은 최근에 필라델피아 북서부에 있는 저먼타운으로 이주했다. 이디스의 아버지는 그곳에서 *China's Millions*(중국의 수많은 사람들)이라는 선교 잡지를 만드는 일을 시작했다. 특별한 개성의 소유자였던 이디스는 설령 자기가 선교사가 되더라도 절대로 선교사처럼 보이지는 않겠노라고 다짐했다. 이디스는 예쁜 옷과 음악과 춤을 좋아했다. 그녀는 틀에 박힌 사람이 될 생각이 없었다. 우연의 일치였을까. 어느 날 프랜과 이디스는 제1장로교회에서 열린 집회에 참석했다가 그곳에서 유니테리언 교파 출신의 강사가 그리스도가 육신을 입은 하나님이시며 성경이 하나님의 말씀이라는 기독교의 기본 진리를 훼손하는 것을 들었다. 질문 시간에 프랜이 아랫동네에 있는 웨스트민스터 신학교에서 가르치고 있는 두 명의 탁월한 복음주의 신학자들인 존 그레샴 메이첸과 로버트 딕 윌슨의 말을 인용하며 강사에게 질문을 퍼부었다. 그날 밤 프랜은 이디스가 데이트 약속을 취소하게 한 후 그녀를 집까지 바래다주었다. 여름이 끝나갈 무렵 그들의 교제는 사랑으로 발전했다. 그들은 매일 편지를 주고받았다. 그들은 지적으로 서로 잘 맞았고 그로 인해 사랑도 깊어졌다. 그들은 1935년 7월 6일에 결혼했다. 프랜은 스물세 살, 이디스는 스무 살이었다. 이디스는 프랜을 더 잘 지원하기 위해 졸업 전에 학교를 떠났다.

신학교

사역자가 되어야 한다는 확신에 따라 프랜은 신학교에 진학하기로 했다. 이디스의 끈질긴 요청에 따라 그는 웨스트민스터 신학교에 지원했고 1935년 가을학기에 입학허가를 받았다. 그 무렵은 근본주의자들과 현대주의자들 사이의 논쟁이 가열되던 때였다. 그 무렵 역사적 기독교 신앙의 최고 옹호자는, 비록 그는 자신을 근본주의자라고 부르는 것을 꺼렸으나, 존 그레샴 메이첸(John Gresham Machen, 1881-1937)이었다. 메이첸은 1915년부터 1925년까지 그가 강력하게 반대했던 제1차 세계대전 기간에 YMCA와 함께 프랑스에서 잠깐 일했던 시기를 제외하고 줄곧 프린스턴 신학교에서 신약을 가르쳤다. 그가 쓴 걸작으로는 『기독교와 자유주의』(복 있는 사람, 2013)와 『믿음이란 무엇인가?』(도서출판 대서, 2011), *The Origin of Paul's Religion*(바울 종교의 기원, 1921) 등이 있다. 이런 책들은 모두 자유주의 기독교에 맞서 역사적 기독교의 입장을 대변하기 위한 것이었다. 이디스는 이런 책들에 크게 영향을 받아온 터였다. 프린스턴 신학교는 1912년에 설립된 이후 줄곧 정통 신앙의 요새 역할을 해왔다. 아치볼드 알렉산더(Archibald Alexander)와 찰스 핫지(Charles Hodge), 벤자민 B. 워필드(Benjamin B. Warfield), 게할더스 보스(Geerhardus Vos) 같은 쟁쟁한 학자들이 그곳에서 가르쳤다.

프린스턴 신학교는 미국 장로교 총회의 관할 하에 있었다. 그러나 1920년대에 들어 점차 분열이 발생하기 시작했고, 그 분열은 총회가 자유주의적인 신앙고백인 "어번 선언"(Auburn Affirmation)에 서명한 두 명의 이사를 임명하는 것에서 절정을 이뤘다. 상황이 그렇게 되자 몇몇 교수들이 즉각 프린스턴을 떠나 필라델피아에 웨스트민스터 신학교를 세웠다. 그 사람들은 젊은 프란시스 쉐퍼에게 지대한 영향을 줄 참이었다. 그들 중에는 로버트 딕 윌슨(셈어와 구약학)과 J. G. 메이첸, 네드 스톤하우스(신약학), 오스왈드 앨리스(구약 역사와 주석), R. B. 카이퍼(조직신학), 앨런 맥래(셈어, 나중에 성서고고학), 코넬리우스 반틸(변증학), 폴 울리(학적 담당 및 교회사) 등이 있었다.

비록 '구 프린스턴'(Old Princeton)과 신학적 연속성이 있었으나, 웨스트민스터는 이전 학교의 판박이 이상으로 만들어줄 여러 제도적 장치를 마련했다. 첫째로, 그 어떤 교단에서도 독립되는 것이다. 웨스트민스터는 교단의 통제에서 자유로워짐으로써 프린스턴에서 발생한 문제들을 피하기를 기대했다. 또한 이런 조치는 다양한 교단 출신의 교수들이, "웨스트민스터 표준"(the Westminster Standards)이라고 알려진 장로교회의 역사적 신앙고백과 교리문답에 동조하기만 한다면, 그 학교에서 가르치는 것을 허락했다.

둘째로, 웨스트민스터는 당시 논란이 되었던 두 가지 쟁점들과 관련해 어느 쪽 편도 들지 않기로 결정했다. 그것은 그 학교의 역사 초기에 발생한 논쟁으로 이어질 결정이었다. 그 쟁점들이란 '천년왕국'의 문제와 '그리스도인의 자유'에 관한 문제였다.

'천년왕국'의 문제는 사탄이 1000년 동안 결박 당할 것이라고 말하는 요한계시록 20장 2-3절에 대한 해석과 관련된 것이었다. '전천년설'의 입장에 따르면, 그리스도가 먼저 오셔서 문자 그대로 1000년 동안 세상을 통치하실 것이다. '무천년설'은 이것이 사탄의 능력을 제한하고 있는 현재를 가리키는 상징적 숫자에 불과하다고 여긴다. 다음으로 '후천년설'은 복음의 선포를 통해 세상 끝날 이전에 그리스도의 천년왕국이 이루어질 것이라고 여긴다. 웨스트민스터 신학교가 설립될 당시 그 학교에는 이 세 가지 견해들을 대표하는 교수들이 있었다.

'그리스도인의 자유'의 문제는 술과 담배, 극장, 춤, 운에 좌우되는 게임 등을 금하는 것과 관련되어 있었다. 그 개념은, 비록 그리스도인들이 그런 것들을 즐길 자유가 있을지라도, 타락해 가는 세상에 대한 좋은 증인이 되기 위해 금할 필요가 있다는 것이었다. 웨스트민스터 교수들 중에 실제로 그런 것들에 탐닉하는 이들은 없었으나(존 머리는 예외다. 그는 종종 몰트위스키를 한 잔씩 즐겼다고 전해진다), 신학교 자체는 성경이 금욕이 아니라 절제를 권한다고 믿었다.

처음부터 웨스트민스터의 학자들은 단순한 방어 이상의 태도를 보였다. 그들은 교육 과정에서 중요한 혁신들을 이뤄냈다. 스톤하우스는 공관복음서들의 순서에 관한 탁월한 전문가가 되었다. 반틸은 '전제주의적'(presuppositional) 변증법을 향한 길을 열었고 칼 바르트와 신정통주의에 대한 강력한 비판자의 자리에 올랐다. 몇 년 내에 '성경신학'(biblical theology)으로 알려진 성경에 대한 접근법이 성경학부를 지배하게 되었다. 성경 신학은 프린스턴의 저명한 신학자인 게할더스 보스의 방식을 따라 구속사가 예수 그리스도의 오심에서 정점에 이르는 방식으로 전개된다고 여기는 것을 의미하는데, 이것은 성경을 사전처럼 단순하게 읽는 입장과 상반된다. 몇 년 후에 웨스트민스터는 또한 성경적 상담과 도시 선교의 첨단 기지가 되었다.

프랜이 웨스트민스터에서 공부하던 시절은 아주 혼란스러웠다.

1933년에 메이첸은 장로교해외선교독립위원회(Independent Board for Presbyterian Foreign Missions, IBPFM)를 발족했는데, 분명히 그것은 공식적인 장로교 선교 위원회보다 훨씬 더 정통적이었다. 하지만 메이첸은 공식 위원회를 인정하지 않았다는 이유로 목사직을 박탈 당했다. 복권을 위한 탄원에 실패하자 그는 한 무리의 사람들을 이끌고 나가 미국장로교회(Presbyterian Church of America, PCA)라는 새로운 교단을 만들었는데, 곧 정통장로교회(Orthodox Presbyterian Church, OPC)로 개명했다. 프랜은 즉시 주류 장로교회에 대한 지지를 철회하고 소수 그룹에 가담했다. 그는 어떤 이들(우리가 앞에서 이미 언급했던 해럴드 오켄가 같은)이 그렇게 하지 않는 것을 몹시 안타까워했다. 오켄가 박사는 풀러 신학교의 공동창설자였는데, 그 학교는 분리주의적인 신학교들보다 훨씬 더 포용적이고 현대의 연구 결과를 훨씬 더 많이 수용하고자 했다. 메이첸은 1937년 1월 1일에 노스다코타 주를 여행하던 중 기력 쇠진으로 폐렴에 걸려 갑자기 사망했다. 그는 볼티모어에 묻혔고, 웨스트민스터의 동력이 사라졌다. 이것은 쉐퍼를 포함해 많은 이들에게 재앙이었다. 역사적 흥밋거리를 하나 언급하자면, 메이첸은 프랜에게 마지막 시험문제를 출제했는데, 프랜은 그 시험을 메이첸의 병상 곁에서 치러야 했다.

그 후 얼마 지나지 않아 쉐퍼 부부는 중대한 결정을 했다. 프랜과 이디스는 신학교 가족 안에서 보았던 성결의 부족함을 점점 더 깊이 우려하게 되었다. 그들은 그곳에서의 관계를 "거칠고 추하다"고 비난했다. 나중에 프랜은 그런 상황을 "차가운 정통"이라고 불렀다. 그들은 웨스트민스터 가족들이 결국 성경이 분명하게 가르치는 것을 넘어서 하나님의 선택을 결정론과 혼동하는 "하이퍼 칼뱅주의자"(hyper-Calvinist)들이 되었다고 믿었다. 또한 앞서 언급했듯이, 비록 웨스트민스터가 공식적으로는 종말론의 상세한 내용에 대해 중립을 지켰지만, 쉐퍼 부부는 분명히 전천년주의자들이었다. 당시에 전천년주의자들은 단순히 종말에 벌어질 일에 대한 그들의 특별한 견해를 넘어서, 성경의 권위라는 더 큰 문제가 위기에 처해 있다고 여겼다. 만약 당신이 천년왕국을 문자적인 천년왕국으로 받아들이지 않는다면, 다음에 무엇을 그저 상징에 불과한 것으로 축소시키겠는가? 창세기 1-11장인가? 아니면 부활인가?

여기서 한 가지 중요한 미묘한 차이를 언급해야 할 것 같다. 프란시스 쉐퍼는 '역사적'(historic) 전천년주의를 믿었던 것이지 '세대주의적'(dispensationalist) 전천년주의를 믿었던 것이 아니다. 간단히 말해, 고전적인 세대주의는 구속사가 7개의 에피소드 혹은 세대로 구분된다고 주장한다. 그 각 세대에 신자들은 하나님과, 그리고 그분의 구원과 다소간 다르게 관계한다. 세대주의자들은 대부분 그리스도인들이 대환란 기간이 오기 전에 '휴거'를 당할 것이고 그 후에 1000년간의 통치가 있을 것이라고 믿는다. 역사적 전천년주의는 교부들 중 몇 사람이 그리스도의 재림 후에 그리고 미래에 있을 최후의 심판 전에, 이 세상에 1000년 동안 가시적인 하나님의 나라가 수립될 것이라고 가르쳤던 것에서 그 이름을 가져왔다. 하지만 역사적 전천년주의자들은 세대주의적 전천년주의가 주장하는 상세한 사항들을 수용하지 않는다. 조지 엘든 래드(George Eldon Ladd)와 월터 마틴(Walter Martin), J. 바톤 페인(J. Barton Payne), 그리고 다수의 유력한 복음주의자들은 역사적 전천년주의를 고수했다.[5]

결국 쉐퍼 부부와 그들이 속한 그룹은 종말론에 대한 몰두와는 별개로, 참으로 헌신된 그리스도인들이라면 그들이 "순응주의자들"이라고 부르는 이들과 교단적으로 분리되어야 한다고 믿기에 이르렀다. 메이첸과 OPC의 창설자들은 분명히 '분리주의자들'이었다. 하지만 이제 더 급진적인 소수가 출현하고 있었다. 그들은 자신들의 활동을 "그 운동"(The Movement)이라고 불렀다. 이 소수파 집단은 그리스도인의 자유에 반대했고, 따라서, 앞서 언급했듯이, '그들의 증언을 훼손할' 모든 행동을 억제했다. 춤을 좋아했던 이디스에게는 춤을 금하는 문제가 특히 어려웠다. 비록 이런 입장을 취한 이들 중 상당수가 성경이 그런 자유들을 금한다고 여기지는 않았으나, 그들은 자기들 주변의 문화 속에서 발생하고 있는 도덕적 문제들에 비추어 그런 것들을 피하는 것이 최선이라고 느꼈다. 훗날 프랜은 포도주를 즐겼던 것으로, 그리고 분명히 영화관에 출입했던 것으로 알려졌다. 그리고 적절한 상황에서 이디스는 우리를 위해 춤 솜씨를 보여주기도 했다!

1937년 6월 초에 열린 새로운 교회의 총회에서 결국 문제가 터졌다. 참석자들은 과연 누가 참된 정통인가 하는 문제를 두고 분노와 의심의 말을 주고받았다. 결국 소수파는 OPC를 떠났고 성경장로교회(Bible Presbyterian Church, BPC)라는 새로운 교단을 만들었다. 또한 그들은 새로운 신학교를 설립했다. 델라웨어 주 윌밍턴에 세운 페이스 신학교(Faith Theological Seminary)는 전천년주의와 그리스도인의 자유에 대한 절제와 더불어 계속해서 개혁신학을 가르쳤다. 1938년에 그 새 교단은 웨스트민스터 신앙고백의 33장을 전천년주의를 지지하는 방식으로 조정했다. 그 신학교의 리더들 중에는 총장으로 임명된 앨

5 그 시절에 우리는 '예언'에 관한 문제들을 광범위하게 논의했다. 프랜의 견해가 역사적 전천년주의의 입장을 따르고 있음은 분명하지만, 우리 중 많은 이는 이디스가 신자들이 갑자기 세상으로부터 들림을 받고 조종사들이 갑자기 사라져 비행기들이 땅위로 곤두박질하는 식의 대재앙을 초래하는 '은밀한 휴거' 같은 일들을 추측했던 것을 기억한다. 이 문제와 관련된 더 많은 정보를 위해서는 *The Encyclopedia of Millennialism and Millennial Movements*, ed. Richard Landes (Boston: Routlege, 2000)을 보라.

런 맥래(Allan MacRae)와 당시 휘튼칼리지의 총장이던 올리버 버스웰(J. Oliver Buswell Jr.)이 있었는데, 버스웰은 한동안 양쪽 일을 병행했다. 또한 이 그룹에는 과격한 칼 맥킨타이어(Carl McIntire)가 있었는데, 프랜은 결국 그와 얽히게 된다.

여담이지만, 이 새 교단과 신학교에 속한 많은 사람이 반틸의 전제주의적 변증학에 덜 몰두했고, 오히려 '증거주의'(evidentialism)를 포함해 몇 가지 견해들을 조화시키는 방식에 더 깨어 있었다는 사실을 지적해 두어야 할 것 같다. 이것은 기독교 신앙을 위한 성경의 자료와 다른 경험적 증거들을 어떤 전제들에 근거할 필요 없이 있는 그대로 취급하는 접근 방식이었다.[6] 그런 증거들은 성경 안에 있을 수도 있고 고고학 같은 영역에서 나올 수도 있다.

그러나 요점은 그것들을 의미 있는 것으로 만들어 주는 하나님이 중심이 된 어떤 틀에 에워싸여 있기보다는 자명하거나 중립적이라는 사실이다. 비록 프랜 자신은 언제나 전제주의자라고 주장했지만, 실천적 측면에서 얼마간 절충주의적 입장을 보인 것을 제외하면 그 새로운 신학교 및 교단과 행보를 같이 했다. 프랜은 1938년에 페이스신학교를 졸업했고 성경장로교회에서 안수를 받았다.

교회들, 그리고 늘어나는 식구들

쉐퍼 부부는 다음 몇 년 동안 목회 사역을 하며 보냈다. 그들은

---

6 관심 있는 독자들은 그 주제에 관한 방대한 문헌들을 참고해서 이런 학파들에 대해 알아 볼 수 있을 것이다. Bradly J. Longfield, *The Presbyterian Controversy: Fundamentalists, Moderists, and Moderates* (New York: Oxford University Press, 1991); D. G. Hart, *The Old Time Religion in Modern America: Evangelical Protestantism in the Twentieth* Century (Lanham, MD: Ivan R. Dee, 2003); 그리고 George M. Marsden, *Understanding Fundamentalism and Evangelicalism* (Grand Rapids: Eerdmans, 1991).

1938년 6월 8일에 태어난 어린 딸 재닛 프리실라와 함께 펜실베이니아 서부에 위치한 그로브시티의 한 교회에서 처음으로 목회를 시작했다. 그 지역은 대부분 산업지대였다. 또한 그곳에는 아주 훌륭한 기독교 교양학부 대학이 있었다. 회중의 규모는 작았다. 하지만 몇 년 열심히 일한 덕분에 쉐퍼는 회중의 규모를 늘릴 수 있었다. 많은 사람이 그를 통해 신앙을 얻었다.

쉐퍼 부부는 아이들을 가르치는 특별한 은사가 있었다. 그들은 집에서 "미라클 북클럽"(Miracle Book Club, 1933년에 이블린 맥클러스키[Evelyn M. McClusky]가 시작한 독서를 통한 어린이 사역 - 역주)의 분회를 출범시켰다. 훗날 이디스는 이것을 그들이 전 생애를 통해 발전시켜 나갔던 라브리 사역의 시작으로 이해했다. 1941년 5월 28일에 쉐퍼 부부의 둘째 딸 수잔이 태어났다. 프랜은 좋은 아버지가 되기 위해 노력했다. 하지만 그는 또한 자신이 담임하는 교회뿐 아니라 교단의 일에도 깊이 개입하고 있었다. 그가 갖고 있던 비상한 에너지에도 불구하고 가족과 교회와 교단을 모두 돌보는 것은 어려운 일이었다.

그로브시티에서 성공적인 3년을 보낸 후 쉐퍼 가족은 펜실베이니아 주 동부에 있는 체스터로 옮겨갔다. 그곳에서 프랜은 제법 규모가 있는 어느 성경장로교회의 부목사가 되었다. 그는 그 교회의 담임목사인 에이브러헴 라뎀을 무척 좋아했다. 프랜은 무엇보다도 회중에서도 노동자 계급에 속한 이들에게 다가가는 일에 아주 유능했는데, 그로 인해 교회에 큰 공헌을 했다.

1941년에 미국은 유럽에 이어 태평양 지역까지 휩쓸던 세계대전에 개입했다. 이것은 등화관제와 식량 배급을 의미했다. 대부분의 미국인은 삶이 고달팠다. 목회자들은 특별하다고 생각되었는데, 집에 남아 있는 이들을 돌보는 목자들이었기 때문이다. 예컨대, 그들은 밤에도 전조등을 밝힌 채 운전하도록 허락받았다. 같은 해에 특별히 즐거운 사건이 발생했다. 프랜의 아버지 프랭크가 신자가 된 것이다.

또한 1941년에는 미국기독교교회협의회(ACCC)가 설립되었다. 이 단체는 교리적으로 느슨하고 심지어 이단적이며 위험하다고까지 간주되던 세계교회협의회(WCC)에 속한 연방교회협의회(FCC, 지금의 NCC)에 대한 보수적인 교회들의 대응으로 결성되었다. ACCC의 회원 교회들은 광범위한 조직인 NCC와 WCC에 대한 참여를 거부해야 했다. ACCC는 이후 쉐퍼의 활동의 중요한 현장이 되었다. 그 조직이 부여한 사명 덕분에 프랜은 유럽을 여행할 수 있었고, 그곳에서 전쟁의 여파로 발생한 상황에 눈을 뜨게 되었다.

1942년에 프랜은 성경장로교회의 특징을 명시하는 "우리의 교리 체계"(*Our System of Doctrine*)라는 제목의 백서(白書)를 집필했다.[7] 그 백서는 성경장로교회를 "교리적 교회"(doctrinal church), 즉 프로테스탄트적, 초자연적, 복음적, 그리고 특수적 교회로 묘사했다. 이것은 그 교회가 구원을 위한 하나님의 절대적 주권을 고백하고 그렇게 고백하지 않는 교회들과 스스로를 분리하고 있음을 의미했다. 게다가 성경장로교회 교인들은 전천년주의자들이었다. 쉐퍼는 '종말론적 자유'에 대한 총회의 공식 입장을 인정하는 데 조심스러웠으나 교회의 대체적인 합의가 전천년주의(그가 말하는 바 "우리가…우리의 온 마음을 다하여 믿는" 교리)였음은 분명하다.

이 사소한 궤적이 그 무렵 프란시스 쉐퍼가 견지했던 입장에 대한 공정한 설명을 제공해 준다. 10년 후 그는 이런 형태의 분리주의를 재

---

7 이 백서는 1942년 미주리 주 세인트루이스에서 개최된 성경장로교회(BPC) 총회에서 채택되어 읽혔고 필라델피아 주에 있는 BPC 총회의 출판위원회에서 출간되었다.

고한다. 그 재고는 분리 자체가 아니라 그와 그의 동료들이 자기들에게 동의하지 않는 이들에게 보였던 냉담함에 대한 것이다.

체스터에서 겨우 2년을 보낸 후, 쉐퍼 가족은 미주리 주 세인트루이스로 옮겨갔다. 그해는 1943년이었고 미국은 제2차 세계대전에 휘말려 있었다. 쉐퍼 가족은 세인트루이스에서 5년간 살았는데, 그것은 프랜의 목회에서 가장 긴 기간이었다. 당시 그는 서른한 살, 이디스는 스물여덟 살이었다. 1945년 5월 3일에 그들 부부의 셋째 딸 드보라가 태어났다. 제일성경장로교회는 도심에 위치한 까닭에 아주 다양한 것들을 즐길 수 있었는데, 그것이 쉐퍼 가족을 기쁘게 해주었다.

전쟁은 끝나가고 있었다. 하지만 프랜은 유럽에서 벌어지고 있는 중대한 사건들을 깊이 우려하고 있었다. 우리는 그가 구세계에 관심을 가졌던 여러 이유들을 추론해 볼 수 있다. 그의 독일계 조상이 그에게 전쟁의 상세한 상황에 특별히 관심을 갖게 했을 수도 있다. 혹은 대부분 독일에서 나타난 성경에 대한 고등비평의 문제를 우려한 것일 수도 있다. 더 나아가, 프랜은 그가 깊이 사랑했던 유대인들의 운명에 크게 안타까워했다. 종종 그는 반셈족주의에 반대하는 설교를 하고 글을 썼다. 또한 유럽에서 꽃핀 예술을 깊이 사랑했다.

그렇게 해서 그는 세인트루이스에서 목회자로서 열심히 일하고는 있었으나, 마음은 유럽으로 기울고 있었다. 제일성경장로교회에서 사역하는 동안 또한 쉐퍼 부부는 어린이 사역을 폭넓게 지속해 나갔다. 보이스카웃과 걸스카웃의 기독교적 형태를 만들어낸 것은 물론이고, 굉장한 열정과 상상력으로 여러 형태의 집회와 여름성경학교 등을 통해 어린이들과 그 부모들에게 다가갔다. 그들의 이런 노력들 중 하나로 1945년에 시작된 "그리스도를 위한 어린이"(Children for Christ)라는 프로그램은 훗날 정규 사역으로 발전했다.

스위스로

우리는 다음 몇 년 동안에 벌어진 사건들을, 비록 그것들 하나하나가 더 충분한 조명을 받아야 마땅하기는 하지만, 몇 개의 짧은 단락으로 요약하려 한다. 1947년 여름, 당시 맥킨타이어와 분리주의자들의 관할하에 있던 장로교해외선교독립위원회(IBPFM)가 프랜을 유럽으로 보내 그곳 교회들의 상황을 살피게 하는 계획에 동의했다. 그들의 관심사는 신정통주의는 물론이고 점증하는 신학적 자유주의에 의한 교회의 침식이었다. 특히 프랜에게 주어진 임무는 그런 신학적 흐름을 알지 못하는 교회 어린이들의 상황을 살피는 것이었다. 이디스와 딸들은 여름을 보내기 위해 케이프 코드로 갔다. 그리고 쉐퍼 가족의 친구인 엘머 스믹이 프랜의 목회적 책임을 대신하기로 했다.

여행은 길고 힘들었다. 그해 여름 석 달 동안 프랜은 유럽 전역을 여행하며 수많은 인터뷰를 했다.[8] 이 기간에 그는 앙드레 라모르트 (André Lamorte)와 빌헬름 비서트 후프트(Willem Visser't Hooft), 라인홀드 니버(Reinhold Niebuhr), 오 할레스비(Ole Hallesby), G. C. 베르카우어(G. C. Berkouwer), 마틴 로이드 존스(Martyn Lloyd-Jones) 같은 다양한 배경을 지닌 여러 영향력 있는 신학자들과 만나거나 그들에 관한 이야기들을 들었다. 흥미롭게도, 훗날 마틴 로이드 존스는 1966년에 복음주의자들에게 WCC에 속한 교단에서 떠나라고 촉구함으로써 분리주의를 옹호했는데, 이것은 대표적인 영국 복음주의 성공회 신자인 존 스토트(John Stott)와의 잘 알려진 분쟁의 시작을 의미했다. 하지만 프란시스 쉐퍼를 만났을 때 그는 자신이 그 분리주의 운동에서 보았던 친절함

---

8 이에 대한 상세한 설명은 콜린 듀리에즈의 *Francis Schaeffer*, 64-70을 보라. 『프랜시스 쉐퍼』(홍병룡 역, 복 있는 사람, 2009).

의 결여에 강력한 유보 입장을 표명했다. 그리고 그것은 프랜이 결국 동의하게 될 진단이었다. 미팅 약속이 없을 때 프랜은 오랜 꿈을 이루면서 박물관을 방문해 유럽 도시들의 건축을 연구했다. 귀국길에 그가 탔던 비행기 DC-4의 날개에 이상이 생겼다가 기적적으로 구출된 사건이 벌어졌는데, 그것은 내가 라브리에서 보낸 첫날밤에 들었던 기도 응답에 관한 생생한 예가 되었다.

프랜은 완전히 지친 상태로 돌아왔다. 이디스의 지속적이고 사랑어린 간호를 통해 다시 건강을 회복한 후에 그는 미국 전역의 여러 교회들을 순회하면서 자기가 유럽에서 배워온 것을 이야기했다. 이런 설명회를 통해 현대 신학과 관련해 유럽의 지적 분위기에 대한 비판이 일어났다. 그리고 결국 그런 생각들은 몇 가지 표준적인 강좌로, 그리고 그 다음에는 책들로 구체화되었다.

프랜은 개 교회의 목회자로서의 역할을 크게 즐겼다. 하지만 또한 여러 교회에서 수많은 초대를 받았고, 그것들은 자기들에게 와서 도와달라는 "마케도니아 사람의 부름"이라고 할 만한 소리를 들었다. 프랜과 이디스는 그 부름에 응답해 중대한 결정을 내렸다. IBPFM을 섬기는 방식으로 유럽 선교사가 되기로 한 것이다. 장기적인 계획은 스위스에서 살면서 그곳에서 프랜이 지난여름 유럽 여행 기간 중에 시험 삼아 해보았던 사역들을 수행하는 것이었다. 그들은 주님이 그들을 어떤 방식으로 이끄시든 간에 그들이 처한 상황에서 IBPFM을 대표하라는 주님의 부르심에 순종키로 했다.

프랜은 세인트루이스에서 마지막 설교를 했고, 쉐퍼 가족은 1948년 2월에 그들의 모든 살림을 모아 필라델피아로 떠났다. 그곳에서 그들은 유럽으로 떠나기 전에 쉐퍼의 어머니인 베시와 6개월간 함께 지내기로 했다. 베시와 함께 생활하는 것은 힘든 경험이었다. (그로부터

20여 년 후에 베시는 스위스로 가서 쉐퍼 가족과 함께 살았다. 그리고 내 아내 바바라는 라브리에서 베시를 돌보는 일을 돕는 일을 맡았다.)

필라델피아에서 보낸 이 기간 중에 발생한 한 사건은, 비록 유쾌한 것은 아니지만, 미래를 예시하는 듯 보였다. 프리실라가 이상한 병에 걸려 심하게 구토를 하기 시작했다. 필라델피아 아동병원의 의사들은 그 병의 정체를 알 수 없어 당황했다. C. 에버렛 쿱이라는 서른두 살의 의사가 진찰실로 들어와 프리실라를 살펴보더니 자신이 한창 연구하고 있는 질병인 '장간막 림프선염'에 걸렸다는 진단을 내렸다. 그 의사는 대부분의 경우, 그 병이 의학적으로는 설명이 안 되는 어떤 이유로 맹장을 떼어내면 치유된다는 것을 배워서 알고 있었다. 이디스는 쿱 박사에게 자신들이 선교사가 되기 위해 스위스로 떠날 예정이라고 말했다. 당시 쿱은 제10장로교회를 통해 이제 막 신자가 된 상태였다. 그는 직접 수술을 집도했다. 그가 프리실라의 수술침대를 손수 밀고 수술실로 들어가기 직전, 당시 내쉬빌을 여행하고 있던 프랜이 보낸 전보가 도착했다. 그는 딸에게 이렇게 썼다. "사랑하는 프리실라, 네 아래에 영원하신 팔이 있음을 기억하거라. 사랑하는 아빠가."[9] 쿱 박사는 이 놀랄 만한 믿음에 깊은 감동을 받았다. 훗날 그는 프랜과 만나서 우정을 나눴고 결국 "인류에게 무슨 일이 일어났는가?"(Whatever Happened to the Human Race?)라는 제목의 영화에 함께 출연하기에 이르렀다.

쉐퍼 가족은 1948년 8월에 유럽행 배에 올랐다. 그들의 첫 과제는 칼 맥킨타이어가 주도해 결성하고 있던 국제기독교교회협의회(International Council of Christian Churches, ICCC)라는 새로운 단체의 출범

---

9 Edith Schaeffer, *The Tapestry*, 282.

을 위해 암스테르담에서 열리는 회의를 준비하는 것이었다. 그 단체는 미국기독교교회협의회(ACCC)의 국제적인 확장이 될 것이었다. 또한 앞서 언급한 세계교회협의회(WCC)에 대한 일종의 보수적인 대안이 될 참이었다. 공교롭게도 WCC 역시 ICCC 대회가 열린 직후에 바로 그 암스테르담에서 출범할 예정이었다(그래서 맥킨타이어가 그 단체를 괴롭히기 위해 일부러 그곳에서 대회를 열려 했다고 여기는 사람도 있었다).

회의가 열리는 동안 프랜은 한스 로크마커라는 청년을 만났다. 당시 그는 암스테르담 대학에서 예술사를 공부하면서 고갱과 합성예술 이론에 관한 논문을 쓰고 있던 대학원생이었다. 훗날 로크마커는 암스테르담 대학의 교수가 되었다. 로크마커는 금세 프랜의 가장 가까운 친구가 되었다. 두 사람은 한스의 약혼녀 앵키 호이트커가 비서로 일하고 있던 ICCC 사무실에서 처음 만났다. 한스는 일이 끝나면 그녀를 집으로 바래다줄 참이었다. 그는 프랜을 발견하고는 그 미국인에게 자신은 이미 굉장한 전문 분야인 재즈 음악에 관해 말할 수 있을 거라고 생각했다. 그들은 밤늦게까지 암스테르담의 거리들을 배회하면서 재즈뿐 아니라 여러 가지 다른 주제들을 계속해서 이야기했다. 그들은 앵키를 바래다주는 것은 까맣게 잊은 채 다음날 새벽 4시가 되어서야 돌아왔다.

나는 그 두 사람의 우정을 여러 해 동안 생각해 왔다. 처음에 나는 미술과 음악에 대한 쉐퍼의 지식이 대부분 로크마커 덕분일 것이라고 확신했다. 하지만 점차 쉐퍼가 그 자신의 노력으로 미술에 관한 엄청난 이해를 쌓았다고 믿게 되었다. 더 나아가, 하나님께서는 로크마커 부부의 삶의 어느 때에 프랜과 이디스를 사용하셨다. 그때 그들 부부는 네덜란드에 있는 '분리된' 교회들의 문화로 발생한 영적 고갈의 시기를 통과하던 중이었다. 프랜과 로크마커는 여러 해 동안 서로에게 영감을 주었다. 언젠가 프랜은 나에게 자기와 한스가 너무 가까워서 그들의 가장 훌륭한 사상들 중 몇 가지를 도대체 누가 먼저 생각해 낸 것인지 확신할 수 없을 정도라고 말한 적이 있다! 친한 친구들끼리 그렇듯이, 그들은 서로 안달하기도 했다. 언젠가 한스는 나에게 프랜이 그의 저서에서 자기에게 감사를 표하지 않은 것에 좌절했다. 그래서 그는 자기가 쓴 한 논문에서 프랜에게 감사를 표하지 않는 방식으로 대응할 계획을 세우기도 했다. 유치해 보이는가? 신경쓰지 말라. 그들은 더는 그럴 수 없을 만큼 가까웠다. 1977년 로크마커가 갑자기 죽은 후에 추도식에서 프랜은 그들이 함께 보낸 시간들을 회상하며 "흐느껴 울었다."[10]

암스테르담에서의 행사를 마친 후, 쉐퍼 가족은 보 주에 있는 로잔으로 이사했다. 그들은 여러 곳에서 "그리스도를 위한 어린이" 분회를 시작하기 위해 유럽 전역을 돌아다녔다. 그들은 교회들에 자유주의와 신정통주의의 위험을 끊임없이 경고했다. 새로 발견한 즐거움인 스키가 그들을 샴페리에 있는 산골로 이끌어갔다. 그것은 아이들에게는 아주 좋은 변화였다. 쉐퍼 가족은 1949년 여름을 그곳에서 보내기 위해 샬레(Chaelet, 알프스에서 흔히 볼 수 있는 산장 - 역주)를 하나 빌렸다. 곧 그들은 샴페리를 깊이 사랑하게 되었고, 결국 그곳으로 영구 이주하기로 했다. 그해 11월에 시작해 다음 몇 해 동안 그 사랑스러운 산골에 있는 샬레 데 프렌이 그들의 집이자 사역을 위한 베이스캠프가 되었다.

그 기간에 프랜은 계속해서 유럽 여러 지역을 방문했다. 쉐퍼 부

---

10 Edith Schaeffer, *Dear Family*, 257; 1977년 5월 1일자 편지; 또한 Duriez, *Fancis Schaeffer*, 76-80에 이 두 사람의 첫 만남과 그것의 의미에 대한 적절한 설명이 실려 있다.

부는 또한 자신들의 샬레에서 젊은이들을 위한 여러 활동을 시작했다. 정기적으로 그곳을 찾는 이들 중에는 그 지역의 주민들과 여러 루트를 통해 알게 된 사람들은 물론이고, 인근에 있는 어느 교양학교(a finishing school)[11]의 여학생들이 포함되어 있었다. 집에서 시작한 이 사역은 생동감이 넘쳤다. 차와 과자, 따스한 불, 그리고 그곳에 온 손님이 누구든 그와 더불어 벌이는 기독교적 세계관과 인생관에 관한 진지한 토론이 있었다. 그 지역의 어느 교회에서 이루어지던 모임도 점차 정기적인 것이 되어가기 시작했다. 프랜은 크리스마스이브에 샴페리에 있는 교회에서 설교를 해달라는 초청을 받았는데, 이것은 쉐퍼 가족이 계곡 저편으로 이사한 후에도 오래도록 계속된 전통이었다. 어느 해엔가 내가 부모님과 함께 그곳에서 스키를 즐기고 있었을 때, 무언가 일이 발생할 것을 소망하며 부모님을 모시고 그 예배에 참석했다. 하지만 안타깝게도 부모님은 특별한 인상을 받지 못했다. 그날 프랜은 거듭해서 "역사적 시공간 속에서 탄생한 아기 예수"를 강조하는 다소 긴 메시지를 선포했다. 나는 그 설교가 아주 매력적이라고 여겼던 반면, 부모님은 그가 다른 세상에서 온 사람이 아닐까 하고 생각하셨다.

마침내 쉐퍼 부부는 그들의 마을에서 "그리스도를 위한 어린이"의 분회를 시작했다. 놀랍게도 그들이 집에서 그 사역을 시작하도록 독려한 것은 프랜의 아이들이었다. 아이들은 쉐퍼 부부에게 그런 프로그램을 다른 곳에서는 하면서 집에서 하지 않는 것은 '사기'라고 했다. 분명히 어린이들과 그리고 어른들을 포함한 학생들과의 그런 만

---

11 오늘날에는 교양학교라는 것을 찾아보기 힘들지만, 그 시절에 상류층 집안의 딸들은 상스럽다고 간주되던 대학 대신 교양학교로 보내졌다.

남은 프랜의 변증학 발전을 위한 토론의 장을 제공해 주었다.

그들이 머물던 샬레 데 프렌이 어떤 이에게 팔렸다. 그들은 새로운 보금자리를 마련해야 했다. 샬레 비주는 그들에게 전보다 훨씬 더 넓고 안락한 환경을 제공해 주었다. 그곳에서 쉐퍼 가족은 일을 계속해 나갔다. 프랜은 유럽의 흐름을 날카롭게 읽고 있었다. 그는 로마가톨릭교회가 변화 직전에 있다고 확신했다. 그는 성모의 '승천'(교황이 발표한 두 번째의 무오한 성좌 선언[ex cathedra], 첫 번째 것은 1864년에 발표된 마리아의 "무염시태"[無染始胎]였다)에 관한 선포가 있던 날 로마에 있었다. 그리고 그 거대한 군중이 어떤 중대한 변화를 맞이할 준비가 되어 있다고 확신했다. 아니나 다를까, 1962년부터 1965년까지 계속된 제2차 바티칸 공의회는 종교의 현대화(aggiornamento)를 이뤘다. 프랜은 가톨릭교회의 변화의 바람이 그가 개신교 안에서 계속해서 비난하고 있는 새로운 현대주의와 다르지 않다고 믿었다. 다른 경향으로는 세속화와 상대주의가 있었다. 프랜은 이것을 철학에서뿐 아니라 현대미술에서도 보았다. 그는 미술이야말로 유럽을 휩쓸고 있는 사상과 경향들의 분명한 풍향계라고 믿었다.

위기

1940년대 말과 1950년대 초에 프랜은 그의 사역 후기에 나타나게 될 사람과 변증학, 그리고 (가장 중요하게) 영성에 대한 접근법의 특징을 이루는 여러 생각들의 씨앗을 발아시켰다. 그에게 위기가 닥쳐온 것은 바로 이 기간이었다. 그것은 그가 지금까지 경험했던 것 중 가장 중요한, 그리고 그의 삶 후반부의 내용을 형성하고 결국 라브리 사역으로까지 이어질 중요한 사건이었다. 여러 가지 이유로 이때 프랜은 깊은 회의에 빠져들었다. 이 영혼의 어두운 밤 한가운데서 자신이 취해야 할 유일하게 정직한 방법은 자신의 신학과 기독교적 헌신 전체를 재고하는 것이라고 여겼다. 설령 그것이 결국 사실이 아님을 깨닫게 되는 한이 있을지라도 말이다.

이때 그는 때때로 낙심에 빠졌다. 하지만 이 경험은 단순히 심리적인 문제에 불과한 것이 아니었다. 의심할 바 없이, 다음과 같은 몇 가지 요소들이 그 위기를 유발했다. 첫째, 그가 존경하는 교수였던 앨런 맥래가 쉐퍼가 유럽으로 가기로 한 결정에 분노까지는 아니지만 크게 실망했다. 맥래는 맥킨타이어 박사를 따라 웨스트민스터와 OPC를 떠났던 인물로 프랜에게는 멘토와 같은 존재였다. 전기 작가인 베리 한킨스(Barry Hankins)는 프랜이 이 선생의 영향력 밖으로 나아갈 필요가 있었다고 주장한다. 그가 보기에 그 선생은 유럽의 극장이나 어린이들에 대한 사역의 중요성을 온전히 이해하지 못하고 있었다. 맥래의 비판은 프랜을 불안하게 만들고 있었다.[12]

둘째, 그리고 더 중요하게 점차 쉐퍼 부부는 다양한 사람들, 특히 자기들이 동의하지 않았던 이들에 대한 자신들의 대응방식이 결코 사랑스럽지 않았다는 것을 깨닫기 시작했다. 그들은 자신들의 믿음에 하나님의 권능의 온전한 실재에 대한 인식이 결여되어 있다고 인식하고 근심했다. 프랜은 "그 운동"이 사랑을 희생해서라도 교리를 수호하는 것을 강조하고 있음을 점점 더 우려했다. 그들은 분리를 옹호하는 과정에서 사람들에게 불친절했고 종종 자유주의나 불신앙과 맞서는 일보다 동료 그리스도인들과 싸우는 일에 더 많은 에너지를 쏟았다. 그들은 줄곧 주님을 섬겨왔지만 그런 섬김에 수반하는 주님이 주시는 기쁨을 느끼지 못했다.[13]

---

12 Hankins, *Francis Schaeffer and the Shaping of Evangelical America*, 37.

셋째, 그리고 덜 중요하게, 20세기의 가장 영향력 있는 신학자인 칼 바르트(Karl Barth)를 만난 것이다. 프랜은 바르트의 신정통주의(신현대주의)와 맞서려고 그 위대한 인물을 만나러 가려 했다. 그는 친구인 제임스 버스웰과 함께 1950년에 바르트를 방문했다.[14] 그 후에 프랜은 바르트에게 자신이 암스테르담에서 열릴 대회에서 읽기로 되어 있는 신정통주의에 관한 논문 한편[15]을 보내면서 또 다른 방문을 허락해 주기를 요청했다. 하지만 그로부터 며칠 후 바르트는 프랜에게 아주 신랄한 비난이 담긴 답장을 보냈다. 그는 프랜의 신학을 "범죄학"이라 불렀고 그의 태도를 맹렬하게 비난했다. 바르트는 대화는 서로 마음을 연 사람들 사이에서만 가능한 것이라고 주장하며 추후의 어떤 대화도 거부했다. 콜린 듀리에즈는 이 편지가 다가오는 위기를 유발하는 데 한몫했을 것이라고 추측한다. 비록 프랜이 신정통주의에 대한 비판을 누그러뜨린 적은 결코 없었으나, 바르트가 준 이 충고는 그를 깊이 뒤흔들었음에 틀림없다.[16]

위기는 1951년 이른 봄에 찾아왔다. 프랜이 설명하는 바에 따르면, 그에게 가장 크게 문제가 되었던 것은 '실재'(reality)였다. 약 두 달 동

---

13 Francis Schaeffer, "The Secret of Power and Enjoyment of the Lord: The Need for Both Purity and Love in the Christian Life," *The Sunday School Times*, 1951년 6월 16일과 23일. 또한 우리는 Dennis, *Letters of Francis A. Schaeffer*, 특히 제1부 "The Reawakening of Spiritual Reality"에서 쉐퍼의 영적 위기와 그것에 대한 승리에 관한 감동적이고 다사로운 통찰을 발견할 수 있을 것이다.

14 올리버 버스웰(J. Oliver Buswell, 1895-1977)은 메이첸과 더불어 정통장로교회(OPC)를 설립한 이들 중 하나였다. 하지만 그는 맥킨타이어와 쉐퍼 등과 함께 OPC를 떠나 성경장로교회(BPC)를 만들었다. 버스웰은 휘튼 칼리지의 총장으로 일했고, 나중에는 커버넌트 칼리지와 커버넌트 신학교의 학장이 되었다.

15 PCA 역사센터의 원고 컬렉션 no. 29, box 134에 보관되어 있다.

16 Duriez, *Francis Schaeffer*, 101. 프랜은 바르트가 나치에 맞선 일을 칭송했다. 하지만 이것이 그의 바르트에 대한 기본적인 비판을 누그러뜨리지는 않았다(*CW*, 5:189). 『프란시스 쉐퍼』(홍병룡 역, 복 있는 사람, 2009).

안 그는 매일 산길을 걷거나 샬레 비주의 건초 창고 안에서 왔다 갔다 하면서 실재를 찾고자 했다. 그는 자신이 '기독교의 모든 문제'를 재검토해야 한다고 믿었다.[17] 항상 쉐퍼를 지지해 왔던 이디스에게 이것은 분명히 아주 어려운 시기였다. 그녀는 만약 프랜이 기독교가 사실이 아니라고 생각하기에 이른다면 그것을 집어던지고 말 것임을 알고 있었다. 그러나 결국 프랜은 성경이 진리라는 것, 그리고 그리스도에 대한 자신의 젊은 날의 헌신이 옳은 것이었음을 다시금 믿게 되었다. "마침내 태양이 비췄다. 나는 내가 젊은 시절에 불가지론에서 성경을 믿는 기독교로 옮겨가기로 한 결정이 옳았음을 알게 되었다."[18] 그때 이후 그는 복음의 진리뿐 아니라 (더 중요하게) 그것의 권능에 대해서까지도 강력하게 헌신했다. 그는 그리스도의 사역에는 유일회성이라는 측면이 있으나 또한 현재의 실재로까지 이어지는 현재적 가치도 있다고 믿었다.

프랜이 그 내적 싸움에 뛰어든 것은 '진정한 영성'(true spirituality)을 찾기 위함이 아니었다. 오히려 그의 싸움은 더 근본적인 것, 즉 기독교가 참인가 하는 것이었다. 하지만 그 싸움을 통해 분명하게 드러난 것은 그리스도인의 삶에 관한 그의 결론들과 밀접하게 연관되어 있었다. 그리고 그런 결론들은 이후로 그의 말과 글의 중요한 주제가 되었다. 진리는 사랑과 조화되어야 했다. 이제 프랜은 자유로운 사람이었다. 그는 다시 시를 쓰기 시작했고 그동안 그를 잠식했던 어두운 분위기를 떨쳐버렸다. 언젠가 그는 내게 이렇게 말했다. "나는 '제2의 축

---

17 Edith Schaeffer, *The Tapestry*, 354-55.
18 Francis A. Schaeffer, "Why and How I Write My Books," *Eternity Magazine*, 1973년 3월 24일, 64. http://www.schaleteagle.org/library/biblio/sec-02/730300FS.htm에서 찾을 수 있음.

복'(second blessing, 중생한 그리스도인이 성장하는 중에 하나님의 은총으로 경험하는 두 번째 변화, 즉 성결을 가리킨다. 요한 웨슬리가 만들어낸 용어다 - 역주)이라는 신학을 믿지 않아. 하지만 그것을 경험했다네!"

이디스는 네 번째 아이를 낳았다. 프란시스 어거스트 쉐퍼 5세는 1952년 8월 3일에 태어났다. 어린 시절 대부분 프랭키로 불렸던 그는 지금은 프랭크라고 불리기를 좋아한다. 두 살이 채 못 되었을 때 그 불쌍한 아이는 걷는 데 문제를 겪었고 구역질을 동반하는 근육위축을 경험했다. 쉐퍼 가족이 겪은 가장 어려운 시험 중 하나는 프랭키가 소아마비에 걸렸음을 알게 된 것이었다. 여러 탁월한 전문가들이 그 병이 악화되는 것을 막아주었다. 내가 프랭키를 처음 만났을 때 그 아이는 열두 살이었고 종종 부목(副木)을 착용해야 할 만큼 다리를 절었다. 하지만 곧 건강해졌고 여느 젊은이들처럼 활동적이 되었다. 프랭키의 소아마비와 관련된 이야기는 이디스가 쓴 『이디스 쉐퍼의 라브리 이야기』(홍성사, 2001)에 감동적으로 실려 있다.[19]

1953년에 쉐퍼 가족은 안식년을 맞았다. 그들은 새로 태어난 아기와 함께 생필품을 챙겨 17개월(1953년 5월-1954년 9월)을 예정으로 미국으로 돌아왔다. 그 무렵에 프랜은 자신이 새로 발견한 영적 실재로 고무되어 있었다. 그가 행한 설명회는 대부분 성화에 초점을 맞추고 있었다. 훗날 이런 담화들은 하나로 묶여 『참된 영성』이라는 책으로 출판되었다.[20] 그 무렵 그가 행한 가장 강력한 설교들 중 하나는 "불의 혀"(Tongue of Fire)였는데, 이것은 성령을 통한 은사의 경험이 아니라 구하는 자는 누구나 얻을 수 있는 그리스도의 사역의 현재적 가치를

---

19 *Edith Schaeffer, L'Abri*, 63-71. 『이디스 쉐퍼의 라브리 이야기』(양혜원 역, IVP, 2001).
20 Francis A. Schaeffer, *True Spirituality* (Wheaton, IL: Tyndale, 1972).

가리키는 표현이었다. 그와 동시에 그는 모든 종류의 사기 행각을 비난했다. 또한 그는 이런저런 신학적 경향과 현대미술에 대해서도 말했는데, 의심할 바 없이 그것은 몇몇 청중의 의심을 샀다.

이때 성경장로교회는 큰 혼란을 겪고 있었다. 혼란의 원인이 된 쟁점들 중 하나는 점점 더 권위적이 되어 가는 칼 맥킨타이어의 일처리 방식이었다.[21] 교단은 1956년에 결국 둘로 쪼개졌다. 한쪽에는 맥킨타이어가 이끄는 콜링즈우드 노회가 있었고, 다른 쪽에는 개혁장로교회 복음주의 노회(RPCES)가 있었다. 프랜은 이 두 번째 그룹에 참여했다. RPCES는 커버넌트 칼리지와 커버넌트 신학교, 세계장로교선교회(WPM)를 창설했다. RPCES는 결국 1982년에 미국장로교회(PCA)로 합병되었다.

그러는 동안 쉐퍼는 유럽을 섬기는 새로운 교단인 국제장로교회(International Presbyterian Church, IPC)을 창설하기로 결심했다. 오늘날까지도 존재하는 IPC는 샴페리에서 모이는 모임을 공식화하기 위해, 그리고 미래에 유럽 전역에 좀 더 광범위한 장로교 운동을 확산시키기 위해 결성되었다. 참으로 프랜은 이 교회가 어떻게든 라브리 사역을 잠식하기를, 그리고 여러 개혁교회들에서 드러난 장애물들을 넘어서기를 바랐다.[22]

이 시기에 프랜은 전보다 훨씬 더 의도적으로 그리스도인의 삶을 생각했다. 그리고 마침내 그를 앞으로 이끌어줄 만한 것을 발견했다. 어느 날 그가 이디스에게 물었다. 만약 하나님께서 성경에서 기도와

---

21 분명히 프란시스 쉐퍼에게 영향을 주었던 맥킨타이어의 신학에 관한 논의를 위해서는 Markku Ruotsila, "Carl McIntire and the Fundamentalist Origin of the Christian Rights," *Church History 81*, no. 2 (2012): 378-407를 보라.
22 오늘날에도 몇 개의 활발한 IPC 소속 교회들이 존재한다.

성령의 역사에 관한 구절을 모두 제거하신다면, 그런 것들을 비신화화 하는 방식으로가 아니라 신적 편집을 통해서 그렇게 하신다면 어떻게 될까? 그것은 사람들의 삶에 어떤 실제적 차이를 만들어낼까?[23] 앞으로 살펴보겠지만, 이들 부부는 이 질문과 그에 대한 대답을 통해 점차적으로 그들이 내리는 모든 결정과 관련해 참으로 주님께 의지하는 습관을 갖게 되었다. 이 새로 발견한 실재가 그들이 안식년을 마친 후 스위스로 되돌아가는 어려움을 감내하도록 이끌었다. 스위스로 돌아가기 위해 그들은 부족한 재원을 충당하고 그들이 속한 선교 팀 내에서 쉐퍼가 하는 일에 비판적인 사람들을 설득하는 일 등 여러 장애물을 극복해야 했다.

그러나 주님을 신뢰하기로 새롭게 결단하고 결의한 그들에게 문이 열렸다. 그리고 쉐퍼 가족은 그들이 사랑하는 샬레 비주로 돌아와 전처럼 그들의 집에서 여러 사람을 맞아 토론을 벌이고 유럽 전역을 다니며 연설하는 일을 계속해 나가게 되었다. 쉐퍼 가족이 그들 일생의 사역을 의도적인 환대에 초점을 맞추는 것으로 여기기 시작한 때가 바로 이 때였다. 프랜은 자신들의 사역을 "라브리"(앞서 언급했듯이, 시편 91:1-2에서 따온 "피난처"라는 의미다)라고 부르기로 했다.

퇴거

그들이 스위스로 돌아온 직후, 그들의 삶을 변화시킨 사건이 발생했다. 1955년 2월 14일(발렌타인데이였다!)에 쉐퍼 가족은 두 통의 공문서를 받았다. 하나는 그들에게 3월 31일까지 발레 주를 떠나라는 명령이었고, 다른 하나는 그 나라를 완전히 떠나라는 명령이었다. 공문

---

23 Edith Schaeffer, *The Tapestry*, 356.

서가 그들의 추방을 명령하며 제시한 이유는 그들이 "샴페리 마을에 끼친 종교적 영향"이었다. 당시 스위스는 공식적으로는 종교적 관용을 표방했으나 여전히 몹시 종파적인 입장을 견지하고 있었다. 샴페리 마을의 장로들 중 몇 사람이 당국에 이 미국인 가족(프랜과 이디스, 그들의 자녀들)이 그 마을에 최악의 컬트 종교들 중 어떤 것들의 활동과 유사한 부정적인 영향을 주고 있다고 고발한 것이다. 그동안 쉐퍼 가족은 그 어떤 불법적인 일도 하지 않기 위해 극도로 조심해 왔다. 하지만 대부분 로마가톨릭 교도인 마을 사람들 중 어떤 이들에게 "그리스도를 위한 어린이" 사역은 분명히 문젯거리로 인식되었다.

또한 그들을 내쫓으려는 움직임을 초래한 핵심 사건이 하나 있었다. 샴페리의 유력한 주민인 그 지역 전기회사의 사장, 조지 엑스헨리(Georges Exhenry)라는 이가 쉐퍼 가족을 통해 개신교 복음주의자들이 주장하는 역사적 기독교를 믿는 신자가 된 것이다. 심지어 엑스헨리는 다시 세례를 받고 새로 결성된 국제장로교회(IPC)에서 장로 안수를 받기까지 했다. 그때까지만 해도 스위스의 보수적인 가톨릭 주에서 개신교 신자가 나온다는 것은 상상하기 어려운 위법행위였다(우리로서는 낯설지만 분명한 사실이다). 쉐퍼 가족의 접근법이 여러 컬트 종교의 지도자들이나 복음주의자들의 강력한 선전 기법을 조금도 닮지 않았다는 사실은 아무런 차이도 만들지 못했다.

이때 프랜은 이 상황을 타개하기 위해 택할 수 있는 두 가지 방법이 있다고 여겼다. 하나는 할 수 있는 한 모든 단체와 접촉하고 그들의 상원의원에게 전보를 치는 것이었다. 다른 하나는 무릎을 꿇고 기도하면서 하늘에 계신 아버지께서 하시는 일을 지켜보는 것이었다. 그들은 기도를 택했다. 기도하는 동안 프랜은 헛소문을 저지하기 위해 그들의 스위스인 개신교 친구들 중 한 사람에게라도 이 문제를 알리고 도움을 청해야 한다는 생각을 하기에 이르렀다. 쉐퍼 가족이 자신들의 상황을 알리자 그 친구가 믿기 어려운 반응을 보였다. 그런 일은 스위스에서는 일어날 수 없는 일이었다! 그 친구는 쉐퍼 가족에게 온 공문서를 보여달라고 했다. 그 문서들을 살펴 본 그는 실망스럽게도 그 문서가 사실임을 알게 되었다. 하지만 그는 그 문서들 중 작은 글자로 인쇄된 부분에서 무언가를 찾아냈다. 그 가족에게는 열흘의 탄원기간이 주어져 있었던 것이다. 또한, 만약 프랜이 와서 서명을 한다면, 로잔의 외국인 담당 경찰서(Foreign Police) 서장이 적절한 형식으로 그 탄원서를 작성해 줄 수 있다는 것이었다. 놀라운 일들이 뒤따랐다. 제네바에 있는 미국인 영사가 그들 가족에게 수도 베른으로 가서 그들의 상황을 미국 대사관에 알리라고 조언했다. 그곳에서 쉐퍼 가족은 총영사를 만났는데, 알고 보니 그는 프랜의 고등학교 동창이었다.

그 친구가 쉐퍼 가족을 대사에게 소개해 주었다. 스위스는 미국인들의 문제와 관련해 미국과 조약을 체결하지 않은 나라들 중 하나였고, 그로 인해 그 어떤 주라도 직권으로 아무런 이유도 제시하지 않은 채 미국인을 추방할 수 있었다. 하지만 대사는 그 경우가 아주 특별하다고 여겼고 스위스의 외국 담당 경찰청장에게 그 건에 대한 심사를 요청했다. 그런 절차를 거쳐 마침내 그들은 스위스에 머물 수 있는 유일한 길을 찾아냈다. 거주지를 스위스 내의 개신교 주로 옮기는 것이었다. 만약 그들이 그해 5월 30일까지 그렇게 할 수만 있다면, 그리고 그곳에서 그들 소유의 부동산을 구매할 수 있다면, 그들은 스위스 정부에 자기들이 그 나라에 머물게 해달라고 탄원할 수 있었다!

그들이 실제로 어떻게 해서 위에모에 재정착하게 되었는지에 대한 이야기는 이디스가 쓴 책 『이디스 쉐퍼의 라브리 이야기』와 *The Tapestry*에 감동적으로 기록되어 있다. 쉐퍼 가족은 계곡 건너편, 즉 보(Vaud)라는 개신교 주(그들이 처음 살았던 로잔이 그 주의 수도다)의 주올론과 빌라 중간 지점에 위치한 위에모(Huémoz)라는 작은 마을에 있는 샬레 레 멜레즈에 재정착할 수 있었다. 이디스는 자기들이 그 샬레(결국 그곳이 라브리 사역의 중심지가 될 것이다)를 구입하기 전에 세 가지 장애물(물론 돈 문제가 포함되어 있었다)을 넘어서야 했던 것을 이야기한다. 사실 이디스에게 이것은 훨씬 더 어려운 일이었다. 그녀는 그렇게 이사를 하는 것이 옳다고 확신했으나, 프랜이 그런 생각에 전적으로 동의하지 않았기 때문이다.

그래서 그녀는 첫째로, 이것이 하나님의 뜻임을 알려주는 분명한 징표를 구했다. 그녀는 1,000달러가 기적적으로 도착하게 해달라고 기도했다. 다음날 우편함에 바로 그 액수의 수표를 동봉한 편지 한 통이 도착했다. 그 수표를 기증한 이의 설명에 따르면, 그는 쉐퍼 가족의 긴급한 필요를 느꼈다. 그래서 그 편지가 제때 도착할 수 있도록 악천후를 무릅쓰고 우체통을 찾아가 그 편지를 넣었다는 것이다. 둘째로, 쉐퍼 가족에게는 보증금 8,000스위스 프랑이 필요했다. 이것은 당시로서는 아주 큰돈이었고, 인간적으로 보자면, 쉐퍼 가족으로서는 엄두가 나지 않는 액수였다. 그러나 다음 몇 주 동안 그들에게 도착한 후원금들을 모두 헤아려보니 총액이 8,011스위스 프랑이었다. 셋째로, 그들은 잔금을 치르기 위해 나머지 돈이 필요했다. 하지만 5월 30일까지 그들은 필요한 것보다 3프랑이 더 많은 돈을 마련했다!

이제 그들은, 비록 미래가 어떻게 될지 알지 못했으나, 훗날 "피난처"(L'Abri)가 될 집에서 살게 되었다. 하지만 그들은 한 가지 장애물을 더 넘어서야 했다. 스위스에서 나가라는 명령이 여전히 유효한 상태였던 것이다. 당시 그들이 택할 수 있는 유일한 절차는 탄원이었다. 다행히도 위에모에 사는 그들의 새 이웃 중 한 사람이 스위스 정부의 실행기구인 스위스 7인 연방위원회 위원들(급진적으로 민주적인 스위스는 그 일곱 명의 사람들이 매해 대통령직을 돌아가며 맡는 방식으로 운영된다) 중 한 사람의 누이였다. 하나님의 섭리였을까? 폴 샤데(Paul Chaudet)가 그 문제를 조사했고, 결국 쉐퍼 가족은 보 주에 정착하는 데 필요한 정부의 허가를 얻어냈다. 공식 허가는 6월 21일에 났다!

그로 인해 쉐퍼 부부는 자기들이 지난 몇 년 간 해왔던 사역으로 부르심을 받고 있음을 강렬하게 의식했다. 하지만 그들은 점차 자신들의 선교 방식에 불편함을 느끼기 시작했다. 6월 5일에 프랜은 장로교 해외선교독립위원회(IBPFM)에서 물러나기로 결정했다. 쉐퍼에게 이것은 중대한 전환점이었다. 쉐퍼 부부는 이제 자신들의 사역이 더 이상 IBPFM의 목적과, 심지어 프랜 자신이 그것을 형성하는 데 일조했던 유럽 중심의 사역과도 부합하지 않는다고 느꼈다. 대신 그들은 자기들이 그동안 해온 놀라운 여행을 계속하라는 부르심을 받고 있다고 여겼다. 그들은 자신들의 목표를 "우리 세대에 하나님의 현존을 드러내는 것"으로 여겼다.

그렇게 해서 라브리 사역은 '믿음 사역'(a faith mission), 즉 기금을 요청하지 않고 모든 것을 기도를 통해 주님께 맡기는 사역이 되었다. 프

---

24 Duriez, *Francis Schaeffer*, 132. 프랜은 자신의 신학을, 비록 종종 하이퍼 칼비니즘(hyper-Calvinism)과 동일시하지는 않았으나, 개혁주의라고 부르는 것을 주저하지 않았다. '근본주의'(fundamentalism)이라는 용어는 그 나름의 역사와 의미를 갖고 있다. 훗날 압력을 받았을 때, 프랜은 다시 자신을 근본주의자라고 부를 수 있었다. 이때 그가 의미한 것은 자신이 위대한 근본주의자들 위에 서 있으며 자신의 교회론이 가시적 교회의 순수성을 선호한다는 것이었다(근본적인 것들의 목록은 다양하다. 하지만 대개 다음과 같은 것들을 포함하고 있다. 성경의 축자영감, 예수 그리스도의 동정녀 탄생, 대속, 예수의 육체적 부활, 그리고 예수의 인격적이고 가시적인 재림). 엄격히 말하자면 쉐퍼는 더는 분리주의자가 아니었지만, 분리주의자들은 가시적 교회의 순수성을 믿었고 다원주의와 에큐메니즘에 비판적이었다. 프랜은 결국 국제장로교회(IPC)와 개혁주의장로교회 복음주의 노회(RPCES)에서 모두 이중의 신임을 얻었다. 『프랜시스 쉐퍼』(콜린 듀리에즈, 홍병룡 역, 복 있는 사람, 2009).

랜과 이디스는 늘 이것이 부르심에 응답해 살아가는 '하나의' 방법일 뿐 '유일한' 방법은 아님을 강조했다. 이런 주의는 아무리 강조해도 지나치지 않다. 하지만 쉐퍼 부부의 이런 믿음은 그들과 함께 지냈던 우리에게 강력한 증언이 되었다. 더 나아가, 그때부터 쉐퍼 부부는 더 이상 자신들을 '분리주의자들'과 동일시하지 않았다. 이런 사실에 근거해 듀리에즈는 북미의 시각으로 보자면, 이제 그들은 개혁주의적 근본주의자(Reformed fundamentalist)가 아니라 복음주의적 그리스도인(evangelical Christian)이 된 것이라고 결론짓는다.[24]

3. 라브리와
그 너머

___

나는 라브리에서 많은 이들이 변화되는 것을 보았다. 많은 이들이 그리스도인이 되었다. 물론 어떤 이들은 그렇지 않았다. 하지만 나는 대부분의 사람들이 그곳에서 자신들이 사랑을 받았다는 의식을 지니고, 자존감과 하나님의 존재에 대해 분명히 인식했으며, 신적 차원과 인간적 차원에서 모두 소통의 실재성에 대한 의식을 지니고 그곳을 떠났다고 생각한다.

마리아 월포드-델루

위에모에서의 삶

위에모로 이사하는 일과 장로교해외선교독립위원회(IBPFM)를 떠나는 일은 결코 쉽지 않았다. 하지만 그로 인해 이제 쉐퍼 부부는 여러 가지 방법으로 온전히 그들의 핵심적 소명에만 매달릴 수 있게 되었다. 그 소명은 지난 몇 년간 그들이 발전시켜 온 것으로, 온갖 배경을 지닌 이들을 자기네 집으로 환영해 들이고 그들에게 기독교 신앙을 소개하는 것이었다.

이디스가 『이디스 쉐퍼의 라브리 이야기』에서 묘사하듯이, 놀랄 만큼 다양한 배경을 지닌 이들이 산을 타고 올라오기 시작했다. 당시 로잔 대학에서 공부하고 있던 프리실라가 탐구심으로 가득 찬 학생 친구들을 초대해 자기 부모가 성경적 세계관을 설명하는 것을 듣게 했다. 참으로 라브리는 처음부터 국제적이었다. 유럽의 여러 나라들은 물론이고 미국과 아시아, 아프리카, 라틴아메리카, 그리고 심지어 호주에서까지 사람들이 몰려왔다. 그들은 입에서 입을 통해 라브리에 대해 듣거나 혹은 우연한 기회에 프랜의 강의를 알게 되었다. 훗날 사람들은 프랜이 출판한 책들을 읽고 그곳으로 오게 될 것이다. 라브리는 사람들이 찾아가 다양한 기간 동안 거주하며 삶의 의미에 관한 철학적 토론을 벌일 수 있는 곳으로서 명성을 쌓아나갔다.

이디스는 라브리의 목표를 이렇게 묘사한다. "우리의 삶과 사역에서 하나님의 실존을 예증으로 드러내 보이는 것."[1] 이 예증에는 기도에 기초해 살아가는 것이 포함되어 있다. 이디스는 특히 네 가지 탄원에 대해 말한다.

1. 우리는 우리의 재정적·물질적 필요를 기도를 통해 하나님께만 아뢰고 사람들에게 후원금을 요청하지 않는다. 우리는 하나님께서 그분이 택하신 사람들의 마음에 그들이 이 사역에서 감당해야 할 몫에 대한 의식을 심어주실 수 있다고 믿는다. (기도 요청이 뉴스레터만큼이나 호소력 있다는 것에 유의할 필요가 있다.)

2. 우리는 하나님이 우리에게 그분이 택하신 사람들을 보내주시고 다른 모든 이들은 물리쳐 주시기를 기도한다. 우리에게 홍보 책자 같은 것은 없다. 그리고 이 책은 우리의 사역에 관한 첫 번째 책이다.

3. 우리는 우리 스스로 위원회 미팅 같은 어떤 현명하거나 효율적인 방

1 Edith Schaeffer, *L'Abri* (London: Norfolk Press, 1969), 13. 『이디스 쉐퍼의 라브리 이야기』(이디스 쉐퍼, 양혜원, IVP, 2001).

식으로 우리 미래를 계획하기보다 하나님께서 우리의 사역을 계획하시고 또한 매일 우리에게 그분의 계획을 알려주시기를 (그리고 우리를 보호하고 인도해 주시기를) 기도한다.

4. 우리는 통상적인 통로로 사역자들에게 간청하기보다 하나님께서 그분이 택하신 사역자들을 보내주시기를 기도한다.[2]

나중에 우리는 하나님의 인도에 대한 라브리의 접근방식에 대해 살필 것이다. 여기서는, 비록 그동안 이런 언급들 중 몇 가지 사항에 약간의 변화가 발생했기는 했으나(예컨대, 오늘날 라브리에는 웹사이트와 라브리 대회를 알리는 소책자 같은 것들이 있다), 그 본질은 처음부터 지금까지 변치 않고 남아 있음을 언급하는 것으로 만족하자. 이 초기에 라브리 가족은 형성 중에 있었다. 이디스는 정기적으로 350여 통의 편지들을 보냈다. 세월이 흐르면서 그 편지들은 1,000통이 되었다.[3] 우리 중 많은 이들은 이디스야말로 라브리를 지탱하는 '숨은 예술가'라고 믿었다. 그동안 나는 그녀와 알고 지내는 영예를 얻었고 그녀가 보여준 사랑과 헌신에 늘 감사하고 있다.

라브리의 일상에는 그룹 토론, 위에모와 로잔 두 곳에서 열리는 성경 공부, 격주로 이루어지는 밀라노 여행(쉐퍼 부부의 친구인 우드슨 부부가 그곳에서 라브리 형태의 사역을 하고 있었다), 주간 기도, 주일 예배, 그리스도를 위한 어린이 사역, 그리고 식사와 산책과 특별한 모임 때 이루어지는 수많은 대화 등이 포함되어 있다. 내가 가장 감동적으로 기억하는 것

---

2 Ibid., 16.
3 Edith Schaeffer, *With Love, Edith: The L'Abri Family Letters, 1948-1960* (San Francisco: Harper & Row, 1988); *Dear Family: The L'Abri Family Letters, 1961-1986* (San Francisco: Harper & Row, 1989)를 보라.

들 중 하나는 식사 후에 프랜과 다른 이들과 함께 파넥스 도로를 따라 걷는 것이었다. 그 도로는 우리를 이웃 마을로 이끌었는데, 그 길을 따라 걸으며 프랜이 그리스도인의 삶의 아름다움을 이야기할 때면, 소수의 게스트 무리가 그를 따르며 그의 말에 주의 깊게 귀를 기울였다. 숨이 멎을 만큼 놀라운 주변 풍경들이 그의 메시지에 힘을 실어주었다. 그런 환경 속에서 무신론자들은 큰 기회를 얻지 못했다!

　라브리에서의 생활은 쉽지 않았다. 무엇보다도 그곳은 늘 추웠다. 프랜은 지독하리만큼 검소했다. 그는 어떤 이가 벽난로에 한꺼번에 너무 많은 나무를 넣지 않도록 늘 조심시켰다. 또한 그곳은 쉐퍼 가족의 집이었다. 그들은 의도적으로 그곳을 찾는 누구에게나 그곳을 개방했다. 하지만 그로 인해 그들이 지불한 비용은 아주 컸다. 사역을 시작하고 3년이 지나자 그들의 결혼선물이 모두 사라졌다. 청소와 설거지와 눈을 치우는 일도 끝없이 계속되었다. 이디스는 가사 일과 편지 쓰는 일로 바빠 늘 밤늦게까지 깨어 있었다. 프랜은 연구하고, 여행하고, 설교하고, 무엇보다도 그들의 집을 찾아오는 점점 더 많은 사람들과 대화를 나누느라 늘 바빴다. 그는 대부분의 시간에 지친 듯 보였다. 그는 날마다 그 일을 계속해 나가기 위한 동기를 부여받기 위해 애를 썼다. 모처럼 휴가를 얻은 어느 날, 그는 언덕 아래로 소풍을 갔다가 돌아오면서 주님께 언덕 위에서 자기를 기다리고 있는 싸움을 계속 해나갈 힘을 얻게 해주시기를 간구했다. 그는 가끔 우리에게 "내가 이 일을 계속할 수 있을지 모르겠어"라고 말했다. 하지만 그는 해냈다.

　라브리는 프랜과 이디스와 그들의 직계 가족만 운영한 것이 아니다. 수많은 이들이 찾아와 그 사역을 도왔다. 그들 각자는 특별한 재능으로 그곳을 섬겼고 그 결과, 특별한 방식으로 공동체를 형성해 나갔다. 따뜻한 마음을 지닌 이상적인 영국인 교사인 도널드 드류는 그 공동체에 여러 가지 스타일을 더했다. 또한 그는 라브리 전통 안에서 쓰인 영화에 관한 첫 번째 책들 중 하나를 출판했다.[4] 쉐퍼 부부는 또한 그레이시라는 이름을 가진 어느 장애인 여성을 받아들였는데, 그녀는 라브리 사역의 몇 가지 측면에 큰 도움이 되었다. 아프리카계 미국인 사진작가인 실베스터 제이콥스는 쉐퍼의 사역을 통해 크게 도움을 받았을 뿐 아니라, 아주 훌륭한 사진들로 라브리의 삶을 기록해냈다.[5] 후아니타 엘우드는 위에모와 그리고 국경 너머 프랑스에서 라브리의 삶에 지칠 줄 모르는 활력을 불어넣었다. 오스 기니스와 그의 아내 제니는 총명함으로 라브리의 변증학의 발전에 기여했다. 데이비드와 제인 웰스는 라브리의 문화를 크게 증진시켰다. 피에르와 다니엘 베르투는 엑시엥 프로방스에 있는 개혁신학교로 옮겨가기 전까지 위에모에서 특별한 리더십을 발휘했다. 제람과 비키 바즈는 영국의 그레이트햄에서 라브리 사역을 이끌었을 뿐 아니라 세인트루이스에 있는 커버넌트 신학교에서 쉐퍼의 변증학을 가르치면서 그것에 그들 자신의 특별한 문학적, 목회적, 인간적 색채를 더했다.

"버디"라고 알려진 셰일라 버드는 라브리에 주어진 특별한 선물이었다. 훈련된 사회사업가이자 심리학자인 그녀는 주류의 이성적인 변증학에 영적 카운슬링이라는 매우 필요한 영역을 덧붙여 주었다. 은퇴한 오페라 가수인 제인 스튜어트 스미스와 작가이자 익살꾼인 베티 칼슨은 위에모에서 가장 생동감 있는 살레들 중 하나를 이끌었다. 래리와 낸시 스나이더는 스위스에서 사역했고 그 후에는 계속해서 미네

---

4 Donald Drew, *Images of Man: A Critique of the Contemporary Cinema* (Downers Grove, IL: InterVasity, 1974).

5 Sylvester Jacobs, *Portrait of a Schaefer* (Downers Grove, IL: InterVasity, 1973).

소타 주 로체스터에 있는 라브리를 이끌었다. 딕과 마디 키즈는 스위스에서 사역을 시작했다가 얼링으로 간 후, 그 후에는 다시 매사추세츠 주 사우스버러에서 지역 라브리를 창설했다. 아마도 딕은 라브리가 배출한 가장 창의적인 정신의 소유자일 것이다. 프랜과 이디스라는 열정의 소유자들의 그늘 속으로 기꺼이 들어가기는 했으나, 이런 알려지지 않은 영웅들이야말로 라브리의 삶을 번성하게 한 주역들이다. 그리고 이들 외에도 많은 사람들이 있었다. 지금도 젊은 리더들이 그 사역의 여러 부분을 감당하면서 쉐퍼 부부를 뿌듯하게 만드는 방식으로 그 사역을 발전시키고 있다.[6]

독특한 변증학

쉐퍼는 그 기간 동안에도 계속해서 그의 변증학을 발전시켜 나갔다. 프랜은 총명하기는 했으나 학자는 아니었다(적어도 엄밀한 의미에서의 학자는 아니었다). 그는 그가 읽은 책들의 이곳저곳에서, 그리고 그가 만난 사람들로부터 이런저런 개념들을 취했다. 언젠가 어느 영국 잡지사가 그에게 글을 한 편 써달라고 부탁했다. 하지만 그 잡지사는 그 글에 이런저런 각주를 붙여 더 학술적으로 보이게 만든 후에야 겨우 잡지에 실었다! 프랜의 변증학에 여러 해설서들이 출판되어 나왔다. 내가 보기에 그 중 가장 탁월한 것은 브라이언 폴리스(Bryan Follis)가 쓴 *Truth with Love*(사랑을 지닌 진리)다.[7] 하지만 대개 나는 쉐퍼가 작업

---

6 창설자의 존재가 없는 라브리는 결코 이전과 동일할 수 없다고 여기는 어쩔 수 없는 순수주의자들이 있다. 내 견해는, 내가 라브리로 보냈던 이들이 증거해 주듯이, 그곳에 여전히 활력이 넘치고 있다는 것이다. 물론 그곳에서 논의되고 있는 이슈들 중 어떤 것은 초기와는 다르다. 그것은 자연스러운 일이다.

7 Bryan A. Follis, *Truth with Love: The Apologetics of Francis A. Schaeffer* (Wheaton, IL: Crossway, 2006).

했던 방식을 제대로 맛보려는 이들에게 직접 그의 책들을 읽고 그의 말을 녹음한 테이프들을 들어보라고 권한다.[8]

프랜의 역사서술은 융기와 쇠락의 패턴을 보여준다. 그에게 있어 서구의 전환점은 19세기에 있었던 "절망의 선"(line of despair)이었다. 그 선 아래에서 철학자들과 예술가들은 통일된 세계관을 거부하고 비이성적인 것을 수용했다. 그의 변증학은 얼마간 절충주의적이었다. 그는 어떤 개인의 세계관의 토대에 존재하는 전제들(presuppositions)의 역할을 강력하게 믿었다. 비록 그가 완전하게 초월적인 방법을 사용하지는 않았지만, 그는 어떤 이의 기본적인 헌신과 그의 실제적인 삶 사이에 존재하는 모순, 즉 불신앙적인 철학을 지니고 하나님이 지으신 세상에서 성공적으로 사는 것의 불가능성을 확인하는 예리한 방법을 갖고 있었다.[9] 내가 개인적 서론에서 언급했듯이, 그는 가장 영리한 사람들과 논쟁할 수 있었고, 시간이 허락된다면 그들의 철학적 입장이나 실제적 삶 속에 내재된 긴장을 찾아낼 수 있었다.

여기서는 그의 방법을 보여주는 세 가지 예를 살피는 것으로 충분할 것이다. 버나드 베렌슨(Bernard Berenson, 1865-1959)은 르네상스 미술

---

8 앞으로 우리는 쉐퍼의 핵심적인 작품들 중 몇 개를 간략하게 살필 것이다. 쉐퍼의 책들에 익숙하지 않은 이들은 *Death in the City* (Downers Crove, IL: InterVarsity, 1969; 재발행, Wheaton, IL: Crossway, 2002)부터 시작하기를 권한다. 녹음 기록 전체가 존재하지는 않으나 비교적 완전한 자료가 L'Abri Ideas Library에 있다. http://www.labri-ideas-library.org/lecture-list.asp?s=5. 『도시 속의 죽음』(프랜시스 쉐퍼 전집, 제4권, 박문재 역, 크리스챤다이제스트, 2007).

9 칸트에서 시작된 초월적 논법은 추론과 의미는 궁극적인 (초월적) 원리를 전제하지 않고는 가능하지 않다고 주장한다. 반 틸은 그의 "전제주의적 변증학"을 발전시키기 위해 그런 접근법을 기독교화했다. 다른 여러 특성들 중에서도 전제주의는 모순의 불가능성을 주장한다. 쉐퍼는 이런 접근법을 사용했으나 그것을 다른 것들과 결합했다. 그는 일관성을 위한 객관적 기준과 증거가 있으며 또한 그런 것들은 자명하다고 여겼다. Don Collett, "Van Til and the Transcendental Argument," in *Revelation and Reason: New Essays in Reformed Apologetics*, ed. K. Scott Oliphint and Lane G. Tipton (Phillipsburg, NJ: P&R, 2007), 258-78을 보라.

에 관한 20세기 최고의 전문가였다. 그는 플로렌스 외곽에 있는 하버드 소유의 빌라인 아이 타티(I Tatti)에서 살았다. 쉐퍼에 따르면, 그는 참으로 '현대적인' 사람이었고, 프란시스 코스텔로의 아내인 메어리를 훔쳐갈 만큼 자유로운 사람이기도 했다. 그 두 사람은 코스텔로가 죽을 때까지 동거하다가 그가 죽은 후 결혼했다. 하지만 그 새 커플은 서로의 혼외정사를 정당한 것으로 인정하기로 결정했고, 실제로 자주 그렇게 했다. 언젠가 베렌슨은 그 문제와 관련해 어떤 이로부터 잔소리를 듣자 이렇게 응수했다. "당신은 우리 본성의 동물적 기초를 망각하고 있는 것이오." 그와 동시에 그는 대부분의 현대 미술을 증오했는데, 무엇보다도 그는 그것이 짐승같다고 여겼다! 쉐퍼는 그에 대해 이렇게 말한다. "베렌슨 같은 사람조차 그의 체계와 더불어 살아갈 수 없다.…그가 자기가 어떤 존재라고 말하든 간에, 그는 여전히 인간이다."[10]

두 번째 예는 지그문트 프로이트(Sigmund Freud, 1856-1939)로부터 나온다. 쉐퍼는 프로이트를 모든 관계를 섹스로 환원시킨 합리주의자로 묘사한 후, 그럼에도 그가 참된 사랑에 대한 욕구를 제거할 수 없었음을 증거를 들어 제시한다. 프로이트는 자신의 약혼녀에게 곧 있을 만남과 관련해 편지를 쓰면서 이렇게 말했다. "당신이 나에게 올 때, 나의 어린 공주여, 나를 비이성적으로 사랑해 주오." 쉐퍼는 이것이야말로 그동안 쓰인 편지들 중 가장 슬픈 편지 중 하나라고 덧붙여 말한다. 이 편지에서 인간이 그 자신의 감정에 정죄되고 있기 때문이다. 즉 하나님의 형상인 그의 존재가 그 자신을 배신하고 있는 것이다.[11]

---

10 Francis A. Schaeffer, *The God Who Is There* (Downers Grove, IL: InterVarsity, 1968), 65.『존재하시는 하나님』(쉐퍼 전집 제1권, 문석호 역, 크리스찬다이제스트사, 2007).

세 번째 예는 철학사에서 잘 알려진 것이다. 스코틀랜드의 계몽주의 회의론자였던 데이비드 흄(David Hume, 1711-1786)은 기적들과, 1세기 사람들의 감각적 인상 외에는 다른 증거를 찾을 수 없는 일들에 대한 성경의 증언들을 부인했다. 그는 철저한 허무주의자에 가까웠다. 하지만 그는 그의 급진적인 회의주의를 끝까지 밀어붙이지 못한 것으로 유명하다. 그의 책 『도덕에 관하여』(이준호 역, 서광사, 2008)에서 흄은 "나도, 그리고 다른 어떤 사람도 회의주의의 견해를 진지하고도 지속적으로 고수할 수 없었다.…나는 식사를 하고, 서양 주사위 놀이를 하고, 친구들과 대화하며 즐거워한다."[12]

프랜의 탁월한 공헌들 중 하나는 그가 사용한 독특하고 신선한 어휘였다. 전문용어를 사용하는 일에 놀랄 만큼 구애 받지 않던 프랜은 (사실 그는 전통 신학이 건전하고 정확한 용어들을 제공하고 있는 곳에서조차 그러했다) 새로운 용어들을 주조해 냈다. 듀리에즈는 프랜이 사물을 설명하는 신선한 방식이야말로 현대 미술에 대한 완전한 답이라고 주장하는데, 그 이유는 그것이 익숙한 것을 익숙하지 않게 만드는 데 있다.[13] 그런 사실에 대한 몇 가지 예들 중에는 그가 기독교를 "참된 진리"(true truth)라고 부르는 것이 포함되어 있다. 그는 하나님의 초월성을 말하는 대신 그분을 "존재하시는 하나님"(the God who is there)이라고 불렀다.

쉐퍼 사상의 일부는 리얼리즘에 푹 잠겨 있었다. 그가 의기양양하

---

11 Francis A. Schaeffer, *True Spirituality* (Wheaton, IL: Tyndale, 1972), 127. 『참된 영성』(쉐퍼 전집 제3권, 박문재 역, 크리스챤다이제스트사, 2007).

12 Francis A. Schaeffer, *Whatever Happened to the Human Race?* (Old Tappan, NJ: Revell, 1979), 133. 『인류에게 무슨 일이 일어났는가?』(쉐퍼 전집 제5권, 박문재 역, 크리스챤다이제스트사, 2007).

13 Colin Duriez, *Francis Schaeffer: An Authentic Life* (Wheaton, IL: Crossway, 2008), 154. 『프랜시스 쉐퍼』(콜린 듀리에즈, 홍병룡 역, 복 있는 사람, 2009).

게 발견한 사실들 중 하나는 부활하신 그리스도께서 다메섹 도상에서 사울(곧 바울이 될)에게 히브리어로 말씀하셨다는 것이다. 그것이 어째서 중요한 것일까? 성경에 히브리어에 대한 언급이 있다는 것은 주님이 특정한 시간과 장소에서 아주 분명하게 바울에게 말씀하셨다는 것을 의미하기 때문이다. 사실 어쩌면 주님은 바울에게 히브리어의 변종이 자 십중팔구 예수께서 세상에 계실 때 사용하셨을 언어인 아람어로 말씀하셨을 수도 있다. 그러나 어느 쪽이든 요점은 같다. 그것은 이것이 신비한 것(numinous)에 대한 불합리한 경험이 아니라 실제 역사 속에서 발생한, 따라서 이성으로 접근이 가능한 경험이라는 것이다.

프랜은 신비주의와 자유주의 신학에 맞서 참된 종교적 경험의 객관적 실재를 옹호하기 위해서는 무슨 말이든 서슴지 않았다. 프랜은, 만약 당신이 갈보리 십자가 아래 있고 손으로 그 십자가를 문지른다면, 그 십자가의 가시에 찔릴 것이라고 말한다![14] 그는 사람의 인성 (humanity)을 말하는 "인간의 인간다움"(mannishness of man)을 강조했다. (그 시대의 사람답게 그는 인간에 대해 말할 때 자주 총칭적 단어인 man을 사용했다. 훗날 그는 자기가 여성을 모욕할 의도가 아니었다고 설명했다. 또한 때때로 그는 남자들과 여자들에 대한 성경의 언급들을 발견하고는 잠시 멈춰서 하나님께서 그 두 가지 성 모두에게 친절을 보이신 것을 기뻐했다.[15]) 그는 우리에게는 "도덕적 움직임"(moral motions)이 있다고 말했는데, 그것은 우리가 베렌슨이나 프로이트나 흄처럼 우리의 참된 윤리적 자아를 감출 수 없다는 의미였다. 그는 우리가 역사 속에서 행동할 때 열매가 열리고 결과가 나타난다고 설명하면서 역사

---

14 Schaeffer, *True Spirituality*, 34-35, 38-39. 『참된 영성』(쉐퍼 전집 제3권, 박문재 역, 크리스챤 다이제스트사, 2007).
15 *CW*, 1:x; 2:350.

는 '여성적'이라고 주장했다.

라브리가 형성되던 이 중차대한 시기에도 쉐퍼는 늘 새로운 열정을 지니고 여러 가지 문제들을 탐구하는 일을 계속해 나갔다. 종종 그는 심지어 자신이 말을 하고 있는 동안에도 깊이 감동을 받았다. 때로 그는 토론이나 설교 때 눈물을 쏟기도 했다. 그의 삶은, 듀리에즈의 표현처럼, '참된 삶'이었다.

넓어지는 영향력

라브리 사역은 여러 방식으로 확장되었다. 1956년에 한스와 앵키 로크마커가 그들의 가족과 함께 스위스를 찾아왔다. 그로부터 얼마 후에 라브리의 네덜란드 지부가 출범했다. 그와 유사하게, 1964년에 래널드와 수잔 (쉐퍼) 매컬리가 이끄는 영국 라브리가 시작되었다. 위에모에서든 다른 어느 곳에서든, 라브리의 특별한 사역은 미디어를 포함해 사람들의 주목을 끌었다. 1960년에 「타임」(Time)은 "지성인들에 대한 선교"(Mission to the Intellectuals)라는 제목으로 라브리의 사역을 소개하는 기사를 실었다. 아주 정확한 표현이었다. 하지만 사실 라브리는 그 이상이었다. 라브리는 전형적인 복음주의 운동에 이끌리지 않는 이들에게 다가가고 있었다.[16]

사람들이 어떻게 라브리에 가게 되었는지에 관한 이야기들은 헤아리기 어려울 정도로 많다. 큰 뜻을 품은 불교 신비주의자였던 마크 말룩스는 유럽에서 인도로, 그리고 아시아에 있는 다른 나라들로 여행

---

16 이와 관련된 한 가지 통찰력 있는 지적이 Michael Hamilton, "The Dissatisfaction of Francis Schaeffer," *Christianity Today*, Mach, 3, 1997에 실려 있다. Hamilton은 쉐퍼가 부유하고 유명한 이들과 골프를 치는 것을 상상하느니(골프는 빌리 그래함에게는 정당한 활동이었다) 차라리 테레사 수녀가 최고급 백화점에서 모피 코트를 사는 것을 상상하는 편이 낫다고 익살스럽게 말한다.

하는 중이었다. 그는 코르푸에 있는 어느 해변에서 미국인 히피 여성을 만나 이야기를 나눴는데, 그녀가 라브리를 "며칠간 공짜로 묵을 수 있는 곳, 특히 가진 돈이 적은 경우에 적당한 곳, 비록 그곳 사람들 대부분이 어떤 종교적 여행을 하고 있기는 하나 경치가 아름답고 분위기가 좋은 곳"이라고 소개하는 것을 들었다.[17] UN의 통역관이었던 헬렌 쿠퍼는 성경이 동물들에게 잔인한 태도를 보이고 있는 점(구약에 등장하는 동물 희생 제사 같은) 등을 포함해 기독교 신앙에 여러 반대 의견을 갖고 있었다. 그녀는 제네바 대학에서 만난 한 친구에게 도전을 받아 위에모로 올라왔다. 프랜은 그녀와 여러 시간 이야기를 나눴고, 마침내 그녀가 착용하고 있는 가죽 구두에 관한 이야기를 했다! 폴과 짐 그리고 또 다른 짐은 남부 출신으로 독일에 주둔하는 병사들이었다. 그들은 군대의 소문을 통해 라브리에 대해 들었다. 오랜 세월 동안 이와 같은 이야기들은 수도 없이 늘어났다.

1964년에 내가 라브리에 도착했을 때, 그 공동체에는 레 멜레즈 외에도 다섯 개의 샬레가 있었다. 그것들 각각은 쉐퍼 가족이 운영하고 있었는데 그들이 그곳을 찾는 방문객과 학생들을 접대했다. 나는 대부분 남자들과 함께 조와 리네트 마틴이 운영하는 베다니 샬레에 묵었다. 조는 그리스도 안에서의 내 첫 번째 개인 지도 교사였다. 그는 내가 하는 질문들에 인내심을 갖고 대답했다. 하지만 그가 늘 나에게 기독교적 답을 주었던 것은 아니다. 오히려 자주 그 답을 찾을 수 있는 곳을 알려주었다. 그 사람 덕분에 나는 한때 완전히 잃어버렸던 신앙을 되찾을 수 있었다. 나는 그 끈기 있고 관대한 이가 나처럼 어린 학생에게 보여준 친절함에 늘 감사하고 있다.

---

17 Marc Mailloux, *Discovery on the Katmandu Trail* (Columbus, GA: Quill, 1978), 5.

미래에 내 아내가 될 바바라가 라브리에 왔을 때, 그녀는 다른 여자들과 함께 샤데 부인이 부분적으로 소유하고 있던 보 시트 샬레에 묵었다. 샤데 부인의 오빠는 쉐퍼 가족이 스위스에서 영주권을 얻도록 주선한 사람이다. 그곳의 운영자들은 갓 결혼한 데이비드와 제인 웰스였는데, 그들은 남다른 환대를 베푸는 헌신된 가족이었다. 웰즈 부부는 오늘날까지도 우리의 좋은 친구로 남아 있다. 바바라는 어느 날 저녁에 자신이 라브리의 훌륭한 방식을 따라, 예고 없이 불쑥 찾아온 손님을 위해 그녀의 침대에서 매트리스를 빼낸 채 침대용 나사선 스프링 위에서 자라는 말을 들었던 것을 기억하고 있다!

또한 보 시트 샬레는 우리가 공부하는 곳이었다. 라브리는 여러 기증자들로부터 신학 서적들을 제공 받았다. 또한 라브리에는 한 세트의 테이프 레코더가 있었는데, 라브리의 구성원들은 그것으로 녹음한 강의들을 듣고 연구해야 했다. 라브리는 보 시트 샬레에 있는 학습 센터에 파렐 하우스(Farel House)라는 이름을 붙였다. 그것은 16세기 프랑스어권에 속해 있던 스위스의 대부분을 복음화한 열정적인 프랑스 출신 종교개혁가, 윌리엄 파렐(William Farel, 1489-1565)을 기념하기 위한 것이었다. 아이러니하게도, 처음에 프랜은 테이프 레코더가 기계적이고 인위적이라고 여겨 그것의 사용을 거부했다. 그 후 어느 날, 어떤 이가 시설 한 곳에 마이크를 숨겼고, 그렇게 밀조된 녹음이 라브리의 메시지를 퍼뜨리는 데 사용되었다. 나중에 그 사실을 안 프랜은 격노했다. 하지만 곧 그는 청중을 늘리는 것에 따르는 큰 이점을 보게 되었다!

라브리에서의 전형적인 하루는 조기 기상, 아침식사, 오전 공부 네 시간, 긴 점심식사, 공동체 부근에서의 노동 네 시간 등으로 이루어졌다. 대개 저녁에 우리는 저녁 식사를 마친 후 긴 산책을 했고, 적어도 일주일에 두 번씩은 특정 주제의 강연을 들었다. 우리에게 할당된 육체노동은 시늉만 내는 것이 아니었다. 그것은 지적 연구만큼이나 중요한 학습으로 간주되었다. 라브리로 돌아갈 때마다 나는 늘 그 마을 바로 아래 세웠던 돌벽 이야기를 들었다. 그곳에 나의 표식을 남겼고, 그곳은 내 마음에 표식을 남겼다!

1964년 가을에 훌륭한 채플이 건립되었다. 그것은 라브리 사람들이 교회 건물에서 예배를 드릴 수 있게 되었음을 의미했다. 이제 우리는 아늑한 거실에서 모이지 않게 되었으나 가정 예배의 느낌을 유지하기 위한 여러 노력이 이루어졌다. 예배 도중에 아기들이 까르륵거리며 웃었다. 우리 대부분은 마룻바닥에 앉았다. 이디스는 벽에 등을 기대고 앉아 아이들에게 설교 예화를 들려주었다. 모든 것이 다소 비형식적이었다. 프랜 외에는 아무도 넥타이를 매지 않았다(설교는 엄중한 일로 간주되었다. 설교는 길고, 사려 깊고, 신중하게 구성되었다. 따라서 설교자는 그에 걸맞은 옷을 입었다!). 남쪽으로 내려다보이는 산등성이의 광경이 눈이 부실 정도였기에, 설교자는 모든 사람의 주목을 끌 만큼 멋진 모습이어야 했다! 교회는 네덜란드 잔담에 있는 어느 유명한 회사로부터 아주 멋진 오르간 한 대를 기증받았다. 결국 파렐 하우스는 그 채플의 아래층으로 옮겨가게 되었다. 그렇게 해서 국제장로교회(IPC)는 예배를 드리고 여러 일을 도모하기 위해 함께 모일 장소를 마련하게 되었다. 이것은 라브리와 그 교회가 동일한 것이 아님을 분명하게 해주었다. 그 아름다운 건물에서 여러 특별한 행사들(결혼식, 세례, 장례식, 그리고 콘서트와 다양한 강연들)이 열렸다.

라브리의 특징을 이루는 다양한 강조점들과 주제들은 대개 성경적 기독교에 대한 쉐퍼의 확신에서 나왔으나 또한 그곳 사람들의 독특한 경험에서 나오기도 했다. 프랜은 1960년대의 문화와 상호작용하면서 진가를 발휘하기 시작했다. 특히 그 시대에 대응하는 일에서 설득력이 있었다. 확실히 쉐퍼 부부는 "이 때를 위하여"(에 4:14) 부르심을 받았다. 나는 그 소란스러운 시절에 삶의 형성기를 보내면서 당시에 발생하고 있던 불안전한 변화들을 직접 목격했다. 혼란스럽고, 새롭고, 위험하고, 창의적이던 그 10년은 다른 그 어느 시대와도 같지 않았다.[18] 종종 우리 부모들(그들은 대공황과 그 이후에 발생한 세계 대전을 경험한 "가장 위대한 세대"에 속해 있다)은 근면과 도덕을 위한 그 어떤 타당한 이유도 제시할 수 없었다. 쉐퍼가 없었더라면, 우리 중 많은 이들은 오늘 우리가 어디에 있는지 알 수 없었을 것이다.

그 시절에 프랜이 다룬 문제들 중에는 1964년에 버클리 대학에서 시작된 자유 발언 운동(Free Speech Movement)이 들어 있었다. 자유 발언 운동은 히피 현상과 환각제에 대한 매료의 점증으로, 자발적으로 발전해 나가다가 마침내 허버트 마르쿠제(Herbert Marcuse)가 이끄는 뉴레프트(New Left) 운동으로 변화되었다. 쉐퍼에게 그 모든 것은 의미에 대한 추구를 대표하는 것으로 보였다. 그는 혼란에 빠진 성인들이 그런 것을 추구하는 것은 의미와 가치를 위한 기초가 없기 때문임을 설명하는 일에 시간을 쏟았다. 또한 대중문화에 대한 프랜의 관심은 그를 위해 여러 문을 열어주었다. 보수적인 목회자였음에도 그는 밥 딜런과 제퍼슨 에어플레인, 비틀즈 등의 음악은 물론이고 테리 서던과 켄 케시의 소설들에도 놀랄 만큼 정통해 있었다.

앞서 언급했듯이, 이 기간에 프랜은 몇 차례 미국을 방문했다. 그는

---

18 1960년대는 역사상 가장 광범위하게 분석된 시기들 중 하나다. 그에 대한 두드러진 설명을 위해서는, Todd Gitlin, *The Sixties: Years of Hope, Days of Rage* (New York: Bantam, 1993); Os Guinness, *The Dust of Death: A Critique of the Establishment and the Counter Culture and the Proposal for a Third Way* (Downers Grove, IL: InterVarsity, 1973)을 보라.

하버드와 예일 같은 세속 대학들뿐 아니라 휘튼과 웨스트몬트 같은 기독교 대학들에서도 강연을 했다. 1965년 9월, 그는 휘튼 대학의 영적 강조 주간에 강연을 했다. 그 무렵 프랜은 그의 기본적인 변증학을 "20세기 세상에 역사적 기독교 전하기"(Speaking Historic Christianity into the Twentieth-Century World)라는 제목의 강연 시리즈로 구체화해 놓고 있었다. 그때 그 학교에 다녔던 내 친구에 따르면, 그 주간의 강연에는 학생들의 참석이 의무화되어 있었고, 영적 강조에 관한 강연 시리즈들은 대개 학생들의 관심을 끄는 방법을 알지 못하는 진지한 선교사들이나 다른 복음주의 인사들이 도맡아 왔었다. 그러니 학생들에게 그 강연은 새로울 게 없는 것이었다. 따라서 많은 학생들이 강연 시간 내내 「타임」이나 그와 유사한 다른 읽을거리들을 뒤적거리고 있는 모습을 보게 될 것이었다. 그런데 프랜이 "절망의 선"을, 그리고 잉그마르 베르히만과 페데리코 펠리니가 만든 영화가 실존주의를 얼마나 강력하게 표현했는지를 말하자 서서히 잡지가 접히고 놀란 표정의 학생들이 삶을 변화시키는 강연 내용에 귀를 기울였다. 어떤 학생이나 교수도 결코 들어보지 못한 내용이었다. 그곳에 복음주의자 프란시스 쉐퍼가 있었다. 스위스의 하이킹 용 반바지를 입고 저먼타운풍의 느릿느릿한 말투로 유럽의 아방가르드 영화와 20세기의 에토스를 지닌 다른 증거들을 읽어내는 법에 대해 말하는 쉐퍼가 거기 있었다.

휘튼 대학은 실제로 그 강연의 내용을 인쇄해서 배포했다. 그리고 강연의 결과물인 그 책자들을 살펴본 프랜은 그 자료들을 책으로 출판해야 한다는 주변 사람들의 주장에 설득되었다. 그렇게 해서 나온 책이 그의 실제적인 두 번째 책인 『존재하시는 하나님』(프란시스 쉐퍼 전집 제1권, 문석호 역, 크리스챤다이제스트사, 2007)이다. 사실 그 이전에도 그는 라브리에서 만들어진 텍스트들과 몇 개의 논문들을 출판한 바 있었다.

『기초 성경공부』(프란시스 쉐퍼 전집, 제2권, 문석호 역, 크리스챤다이제스트사, 2007),
Empire Builders for Boys(소년을 위한 제국 건설자)와 *Empire Builders
for Girls*(소녀를 위한 제국 건설자) 같은 것들이다. 하지만 이제 그는 바야
흐로 수많은 책들의 저자로서의 경력을 쌓기 시작할 참이었다.

그가 상업적으로 출판한 최초의 책은 『이성으로부터의 도피』(프란시
스 쉐퍼 전집, 제1권, 문석호 역, 크리스챤다이제스트, 2007)였다. 그 책은 다양한 이
분법이 특징인 서구 역사에 대한 안내서로, 얼마간 헤르만 도예베르
트의 『서양 문화의 뿌리』(크리스챤다이제스트사, 1994)를 떠올리게 한다.[19]
그의 다른 책들처럼 이 책 역시 그가 했던 강연의 결과물이었다(이 경
우에는 영국에서 한 강연이었다). 그 다음으로 휘튼 대학에서의 강연을 확대
한 『존재하시는 하나님』이 뒤따랐는데, 그는 이 책을 통해 그의 기본
적인 변증학을 설명했다. 그가 펴낸 책들의 다양성은 놀랄 만하다. 예
레미야서에 대한 강연을 모은 책인 『도시 속의 죽음』(프란시스 쉐퍼 전집,
제4권, 박문재 역, 크리스챤다이제스트사, 2007)은 구약의 예언서에 대한 주석이
라기보다는 기독교 이후 세계에 대한 변증학에 필요한 진리와 사랑의
결합을 주장하는 압도적인 책이다. 그의 가장 독창적인 책들 중 하나
는 『오염과 인간의 죽음』(프란시스 쉐퍼 전집, 제5권, 박문재 역, 크리스챤다이제스트
사, 2007)인데, 이것은 복음주의자들이 환경에 관해 진지한 관심을 보이
기 시작하기 훨씬 이전에 쓰인 생태학 전문 서적이다.

책들은 계속해서 쏟아져 나왔다. 앞으로 우리의 성찰을 위한 기본

---

19 Toronto: Wedge, 1979. Duriez는 *Francis Schaeffer*, 172-75에서 이 두 작가의 관계를 면밀
하게 분석한다. 그는 쉐퍼가, 비록 직접 질문을 받았을 때는 그 영향이 어떻게 해서 생겼는지에 대
해 모호하게 말하기는 했으나, 반틸 같은 이뿐 아니라 도예베르트 같은 암스테르담의 철학자들까지
포함하는 여러 사상가의 영향을 받았다고 결론을 내린다. 『프랜시스 쉐퍼』(홍병룡 역, 복 있는 사람,
2009).

텍스트가 될 『참된 영성』은 그가 몇 차례 반복했던 설교 시리즈에 기초를 두고 있다. 쉐퍼는 기본적인 변증학에 관한 처음 두 권의 책에 세 번째 책인 『존재하시며 말씀하시는 하나님』(프란시스 쉐퍼 전집, 제1권, 문석호 역, 크리스챤다이제스트, 2007)을 덧붙였다. 그 세 책은 지식의 문제와 관련된 일종의 삼부작을 이룬다.[20] 다음 몇 년 동안 프란시스 쉐퍼는 약 22권의 책 혹은 소책자들을 출판했고, 그것들은 25개가 넘는 언어로 번역되어 문자 그대로 수백만 권이 팔려나갔다. 여러 가지 방식으로 쉐퍼와 기독학생회 출판부(InterVarsity Press)는 서로에게 좋은 친구였다. 쉐퍼의 책들은 그 유서 깊은 출판사에 새로운 생명을 주입해 주었다. 동시에 기독학생회 출판부는 그에게 그가 다른 방식으로는 얻을 수 없었을 무대와 신뢰를 제공해 주었다. 그리고 앞서 언급했듯이, 크로스웨이 출판사(Crossway Books)가 1982년에 그의 전집(가장 나중에 나온 것 한 권을 제외하고 그의 책 전부를 포함하고 있다)을 출간했다.

이디스 역시 다작하는 작가였다. 이디스는 자신의 이름으로 나온 가족 편지들을 포함해 8권의 책을 썼다. 이디스의 책들은 대개 라브리에서의 삶의 내부와 관련된 것이었다. 그 무렵에 우리 중 많은 이가 감명 깊게 읽었던 이디스의 책은 *What Is a Family?*(가족이란 무엇인가?, 1975)였다. 이디스가 가장 아름답게 쓴 책들 중 하나는 피아노에 관한 은유를 사용해 그리스도인의 삶을 묘사했던 *Forever Music*(음악은 영원히, 1986)이라는 작품이다. 이디스가 쓴 날카로운 시선의 책들 중에 *Affliction*(고통, 1978)이 있다. 그 책에는 "왜, 왜, 왜?"와 "금이 간 찻주

---

20 Francis A. Schaeffer, *The Francis A. Schaeffer Trilogy: The Tree Essential Books in One Volum* (Wheaton, IL: Crossway, 1990). 그 세 권의 책에 대한 안내를 얻으려면 *Introduction to Francis Schaeffer: Study Guide to a Trilogy* (Downers Grove, IL: InterVarsity, 1990)을 참고하라.

전자" 같은 장들이 포함되어 있는데, 그 장들에서 이디스는 때때로 몹시 고통스러워하면서 우리가 그리스도인의 삶을 살아나가면서 어떻게 고통을 겪는지, 그리고 하나님께서 어떻게 그 고통을 (비록 우리가 당시에는 그 사실을 알지 못할지라도) 선하게 사용하시는지에 대해 설명한다. 또한 이디스는 *Christianity Is Jewish*(기독교는 유대적이다, 1977) 같은 성경에 관한 책들도 썼는데, 그 책은 종말론에 관한 그녀 나름의 독특한 견해들과 더불어 기독교 신앙의 히브리적 뿌리를 옹호하는 작품이다.

프랜과 이디스가 펴낸 이런 책들은 당시에는 물론이고 지금도 여전히 사람들에게 큰 영향을 끼치고 있다. 지금도 많은 사람들이 비록 쉐퍼를 직접 만난 적도, 라브리에 가본 적도 없으나 쉐퍼의 책들을 통해 삶의 변화를 얻었다고 말한다. 그와 같은 증언들 중 가장 일반적인 것은 그동안 문화에 대해 생각하는 것이, 혹은 아주 조금이라도 관심을 보이는 것이 옳은 일임을 알지 못했던 그리스도인들의 증언이다.

쉐퍼가 개입했던 가장 특별한 일들 중 하나는 영화 제작이었다. 나는 이 책의 1장에서 내 자신이 그 영화들 중 하나를 제작하는 일에 개입했다고 말한 바 있다. 당시 복음적인 영화들은 대체로 예측할 만했고 단순했다. 다시 말하지만 프랜을 이 매체에 뛰어들게 하기 위해서는 설득이 필요했다. 앞서 언급했듯이, 그가 만든 첫 번째 영화 "그렇다면 우리는 어떻게 살아야 하는가?"(How Should We Then Live?)는 부분적으로는 프랭키의 설득력 덕분에 나올 수 있었다. 앞서 보았듯이, 프랭키와 다른 몇 사람은 쉐퍼가 케네스 클라크가 출연한 BBC와 PBS의 합작 시리즈인 "문명화"(Civilisation)라는 작품[21]이 역사 속의 많은 일들에 대해, 특히 종교개혁에 대해 불공정한 정보를 퍼뜨리고 있는 것에 우려하고 있음을 알아차렸다. 설득을 당한 프랜이 영화 제작에 동의하자 연구 팀이 꾸려지고, 원고가 작성되고, 촬영이 시작되었다.

촬영은 말 그대로 세계 전역에서 이루어졌다. 프랜은 1974년부터 방대한 서양사를 연구해 오고 있었다. 그리고 이제 그 모든 것이 하나의 작품 속으로 모일 수 있게 되었다.

그 영화와 책은 여러 가지 인용들로 정교하게 장식되었고 우리를 고대 그리스로부터 현대를 망라하는 여러 장소와 삽화들의 세계로 이끌어갔다. 그 작품들이 제시하는 역사는 '흥함과 망함'이라는 스토리라인을 따른다.[22] 로마에서 시작되는 그 영화의 에피소드들은 자신들의 인간됨에 중요한 의미가 있는 문제들에 무관심했던 백성과 로마 황제들(혹은 그 어떤 다른 폭군들)의 억압적인 통제 위에서 정부와 문화를 세우고자 하는 시도가 왜 실패할 수밖에 없는지를 보여준다. 중세 시대에 기독교화의 과정은 교회와 사회의 이례적인 종합으로 이어졌으나, 결국 지속될 수 없었다. 르네상스는 인간의 영광을 재확인하기 위한 시도였다. 그 후에, 분명히 프랜이 가장 자신 있어 하는 주제인 종교개혁이 등장했다. 종교개혁은 성경적 기독교가 착근할 수 있었던, 그리고 사람들에게 이전에는 결코 알려지지 않았던 자유와 인간애를

---

21 그 작품은 1969년에 BBC에서 처음 방영되었고 그 다음 해에는 PBS를 통해 미국 전역에 방영되었다.

22 이것은, 문화와 문명에 대한 구분과 같은 몇 가지 범주들을 제외한다면, 오토 스팽글러(Otto Spengler)가 두 권으로 된 그의 책 *Decline of the West*(1918, 1923)에서 사용했던 "주기적인" 접근법과 다르지 않다. 쉐퍼는 에드워드 기번(Edward Gibbon)의 *Decline and Fall of the Roman Empire*(1776-1788)를 직접 언급하고, 오늘 우리가 쇠퇴기의 로마가 겪었던 것과 동일한 징후들을 경험하고 있다고 주장한다(*How Should We Then Live?* [Old Tappan, NJ: Revell, 1976], 227). 『로마제국쇠망사』(에드워드 기번, 강석승 역, 동서문화사, 2007), 영화의 몇 곳과 또 다른 곳에서 그는 자기가 상황이 더 나빠질 것을 예상하고 있다고 말한다. 예컨대, "Ash Heap Lives"(한 편의 설교이자 *No Little People*의 한 장의 제목)에서 그는 "다음 20년에서 50년은 우리가 지내온 지난 몇 년을 어린아이들의 장난처럼 보이게 만들 것이다"(*CW*, 3:181). 어느 곳에서도 쉐퍼는 특정한 문화론을 전개하지 않는다. 다만 때때로 그는 현실주의 철학자인 Charles S. Peirce(1839-1914)와 비슷한 목소리를 낸다. 다른 곳에서 그는 분명히 비형식적이고 "문화적인 삶," "일반적인 문화," "문화적 합의" 같은 것들에 관해 이야기한다.

가져다준 사건이었다.

현대의 쇠퇴는 계몽주의에서 시작되었고, 그 후로 절망의 선과 온갖 종류의 붕괴로 이어지는 과정을 겪었다.[23] 더 기술적인 차원에서 그 영화는, 비록 그것이 케네스 클라크에 대한 분명한 대응을 드러내기는 했으나, BBC와 PBS 시리즈가 갖고 있는 세련된 전문성을 결여하고 있었다. 그로 인해 쉐퍼는 그 영화를 공영방송에서 방영하려는 꿈을 접을 수밖에 없었다. 프랭크 쉐퍼는 당시의 상황을 자신들이 미디어에 무시되는 순교를 당했다고 다소 냉소적으로 보고한다.[24] 사실 내가 생각하기에도 프랜에게 그 일은, 비록 그가 자기 영화의 단점을 보는 객관성이 분명히 부족했음을 감안하더라도, 굉장히 실망스러운 일이었다. 아마도 그 영화의 가장 큰 장점은 시도 그 자체였을 것이다. 그때까지는 그 어떤 복음주의자도 그런 일을 시도하지 않았기 때문이다.

이 영화 작업이 초래한 한 가지 결과는 쉐퍼와 라브리의 관계가 아주 급격하게 변한 것이었다. 이디스는 자신들이 영화 제작자로 일했던 기간의 어려움을 이야기한다. 개인적으로 그것은 영화 제작의 '긴박함', 즉 여행과 조기 기상, 분장, 원고 외우기, 계속되는 편집 등에 굴복하는 것을 의미했다. 그것에 견주어 본다면, 라브리는 '정상적'이었다.[25] 1975년에 시작되어 1977년에 끝난 영화 촬영과 그 이후에 있

---

23 예술사가들은 쉐퍼의 이런 환원주의적인 접근법에 이의를 제기할지도 모른다. 그의 접근법은 결국 "이런 경향은 성경적이다; 저것은 실제적 아름다움을 갖고 있으나 인간적이다; 이 음악에는 해답이 결여되어 있다" 같은 말들을 포함한다. 하지만 그의 이런 노력이 예술가들에 대한 마니교의 흰색 모자와 검은색 모자 식의 리스트가 되지 않게 해주는 것은 프랜이 여러 해 동안 그런 작품들을 개인적으로 깊게 연구한 것에서 나오는 그의 분명한 열정이다.

24 Frank Schaeffer, *Crazy for God: How I Grew Up as the Elect, Helped Found the Religious Right, and Lived to Take All (or Almost All) of It Back* (New York: Carroll & Graf, 2007), 254.

었던 북미와 유럽에서의 수많은 세미나는 쉐퍼 부부가 전처럼 위에모에 머물러 있을 수 없음을 의미했다. 라브리 초기에 라브리를 찾는 사람은 언제든 그곳에서 프랜이나 이디스를 만나 개인적인 대화를 나눌 수 있었다. 하지만 이제 쉐퍼 부부는 위에모로부터 언덕 하나를 더 올라간 곳에 위치한 작은 샬레로 이사했고, 사람들은 그들 부부가 그곳에 머무는 동안 사전 약속을 한 후에야 비로소 그들을 만날 수 있었다. 쉐퍼 부부는 라브리의 정신을 전과 동일하게 유지하기 위해 할 수 있는 모든 일을 했다. 하지만 라브리는 변화될 수밖에 없었다. 그리고 모든 변화가 다 나쁜 것은 아니었다.

그렇게 여행을 해야 했던 기간에 몇 가지 비통한 일이 불어 닥쳤다. 1977년에 이디스의 아버지, 조지 세빌이 101세의 나이로 죽었다. 한스 로크마커가 55세의 나이에 여러 가지 프로젝트들을 미완성으로 남긴 채, 그리고 프랜과의 일생의 우정을 끝내면서, 갑자기 죽었다. 세 번째 충격은 죽음은 아니었으나 여전히 힘든 것이었다. 그것은 화재였다. 채플과 파렐 하우스를 비롯해 모든 것이 불타버렸다. 결국 아주 많은 비용을 들여 채플과 프렌트롭 오르간을 재건해야 했다. 여러 모로 아주 힘든 시기였다.

공공정책 속으로

프란시스 쉐퍼는 점점 더 공공정책과 법률에 관심을 갖게 되었다. "그렇다면 우리는 어떻게 살아야 하는가?"의 마지막 에피소드에서는 프랭키의 굉장한 설득에 힘입어, 1973년 1월 22일에 있었던 "로 대 웨이드 사건"(Roe v. Wade)에 대한 미국 대법원의 판결을 논평했다. 그

---

25 Edith Schaeffer, *Dear Family*, 240-41.

사건에서 대법원은 7 대 2로 여성의 "사생활 보호권"이 여성이 임신 후 첫 3개월 동안에는 정부의 간섭 없이 태아의 운명을 결정할 수 있으며, 두 번째 3개월 동안에는 만약 산모의 건강에 문제가 없다면 낙태를 할 수 있으며, 오직 세 번째 3개월 동안에만 정부가 태아의 상태에 관심을 가져야 한다는 것을 의미한다고 가결했다.[26] 필요에 의한 낙태에 늘 반대해 왔던 쉐퍼는 이 사건을 국가가 자행하는 "자의적 절대권"의 행사에 해당한다고 주장했다. 그는 "우리 사회"(Our Society)라는 장에서 이 판결은 국가가 태아에게서 인간됨의 지위를 벗겨버린 것이라고 주장했다. 쉐퍼는, 로 대 웨이드 사건은 법률적으로 문제가 있을 뿐 아니라 의학적으로도 적절하지 않다고 여겼다. 그는 이 기념비적인 실수를 시민전쟁 이전까지 존재했던, 흑인들은 온전한 인간이 아니라는 자의적인 선언에 비교했다.[27]

쉐퍼는 옳고 그름에 대한 기독교적 합의가 사라진 사회는 그 사회를 향해 열려 있는 두 가지 대안들 중 하나를 선택할 수밖에 없다고 주장했다. 첫째는 무엇이든 자기들이 좋게 여기는 대로 살아가는 쾌락주의다. 쾌락주의에 빠진 사회는 각자 나름의 방식을 추구하는 이들 간의 충돌을 해결할 길이 없기에 결국 산산이 부서지고 만다. 둘째는 51퍼센트의 법칙이다. 이 경우에 법과 도덕은 평균이라는 기초 위에서 작동하는데, 그로 인해 '합법적으로' 선거에서 승리하고 권좌에 올라 사회를 파괴하는 히틀러 같은 이의 등장을 막을 길이 없다. 옳음

---

26 기능적으로 이것은, 만약 도 대 볼튼의 판결에 부합하는 의견이 제시되기만 한다면, 감정과 가족, 심리 같은 요소들을 포함하는 '건강'에 대한 주관적 해석에 의지해 그 세 기간 모두 여성의 요구에 따라 낙태를 허용해야 한다는 것을 의미했다.

27 Schaeffer, *How Should We Then Live?*, 223. 『그렇다면 우리는 어떻게 살아야 하는가?』(프란시스 쉐퍼 전집 제5권, 박문재 역, 크리스찬다이제스트사, 2007).

은 통계의 문제가 된다. 프랜은 엄격한 진단을 내린다. "만약 사회를 판단할 그 어떤 절대적인 것도 존재하지 않는다면, 그때는 사회가 절대적인 것이 된다."[28] 쉐퍼는 잠재적인 폭군들은 지식인들, 혹은 적어도 '과학기술 엘리트'의 일부일 가능성이 있다고 단언한다. 거기서부터 그는 상상할 수 있는 다양한 엘리트 통치자들을 상정해 나가는데, 그들 중 전통적인 성경적 종교에 우호적인 이들은 아무도 없다.

프랜은 두 번째 영화 시리즈를 만들었다. 이번에는 그의 오랜 친구인 에버렛 쿱과 함께였다. 어린 시절에 소아마비에 걸렸던 프랭키를 치료해 주었던 쿱 박사는 로널드 레이건 대통령 시절에 미국 공중보건국의 의무국장 자리에 오른 인물이다. 쿱은 유아살해와 안락사는 물론이고 치료 목적의 낙태에 반대하는 입장을 취해 왔고, 삶과 죽음의 문제에 관한 강한 어조의 전문 서적인 *The Right to Live and the Right to Die*(살 권리와 죽을 권리, 1976)라는 책을 쓰기도 했다. 첫 번째 시리즈와 달리, 이 새로운 영화는 새로 설립된 프랭키 쉐퍼 V 프로덕션에서 제작되었고, 당시 떠오르고 있던 도덕적 다수(Moral Majority, 미국의 기독교 우파 단체 - 역주)의 여러 원천들에서 기금을 지원 받았다. 전처럼 영화와 함께 책이 출간되었다. 영화 "인류에 무슨 일이 일어났는가?"(Whatever Happened to the Human Race?)는 태아와 노인에 대한 점증하는 경시 태도에 맞서 인간 생명의 중요성을 진지하게 옹호하는 작품이었다.

꼭 언급해야 할 것이 있다. 그것은 프란시스 쉐퍼가 점차 미국의 종교적 우파에 공감하게 되었다는 것이다. 여기서 적어도 나로서는, 그 문제와 관련해 이런저런 판단을 내리기가 어렵다. 독일의 시사주간지 *Der Spiegel*(슈피겔)에 실린 그다지 알려지지 않은 기사 하나는, 프

---

28 Ibid., 224.

랜이 "도덕적 다수를 대표하는 철학자"였다고 주장하면서 심지어 그를 "성경의 아야톨라[Ayatollah, 이슬람 신학의 최고 권위자에게 붙이는 칭호 – 역주])라고 부르기까지 했다.[29] 분명히 이것은 정확한 내용이 아니다. 분명히 프랜은 종교적 우파와 어떤 관계를 맺고 있었고 심지어 영향을 끼치기까지 했다. 그리고 프랭크 쉐퍼가 자기 아버지를 설득해 이 그룹에 속한 이들 중 몇 사람과 제휴하게 했던 것 역시 분명한 사실이다. 하지만 나는 프랭크가 쓴 *Crazy for God*의 줄거리가 전체적으로 수용하기 어려운 것이라고 여긴다. 프랭크는 그 책에서 자신을 마치 자신의 아버지와 동급인 것처럼, 또한 자기들이 기독교 세계관의 정치화된 형태를 널리 퍼뜨리는 데 서로 협력했던 것처럼 보이게 만들고 있다. 프랭크는 자기가 아버지 프랜이 세상의 주목을 얻고 제리 폴웰, 팻 로버트슨, D. 제임스 케네디 같은 인물들(모두 미국 기독교 우파를 대표하는 인물들이다 – 역주)과 관계를 맺는 데 영향을 주었다고 주장한다. 또한 그는 자기 아버지가 그런 새로운 제휴들을 대부분 좋아하지는 않았으나 미국 문화를 변화시키기 위해 절망적으로 애쓰고 있던 그들이 자신을 이용하도록 허락했다고 주장한다. 프랭크는 그 모든 것이 자기 쪽의 큰 잘못이었다고 설명한다.[30]

분명히 프랭크는 종교적 우파를 자극하고 그의 아버지를 개입시키는 데 한몫했다. 하지만 그동안 프랜은 폭정을, 그리고 인간의 삶에

---

29 *Der Spiegel*, 1983년 5월 16일, 192-99.
30 그의 논쟁적인 책의 부제는 그 책의 내용을 드러내 보인다. *How I Grew Up as the Elect, Helped Found the Religious Right, and Lived to Take All (or Almost All) of It Back*. 그 책에 대한 몇 가지 도움이 될 만한 서평들이 있다. 가장 비판적인 것은 Os Guinness, "Fathers and Sons," *Books and Culture 14*, no. 2 (March/April 2008): 32-33이다. 나는 Gregory Reynolds, "Too Frank by Half: What Love Should Have Covered," *Ordained Servant Outline*을 아주 높이 평가한다. http://www.opc.org/os.html?article_id=132에서 찾을 수 있다.

냉담한 문화의 운명을 우려해 왔다. 또한 그는 늘 어떤 프로그램들이나 사회주의의 책동들에 굴복하기보다는 단순한 삶을 살고 직접 주님을 의지하는 일에 관심을 쏟았다. 내가 라브리에 있는 동안 프랜이 신정론자인 루서스 러쉬두니(Rousas J. Rushdoony, 1916-2001)에 대해 강연을 한 적이 있다. 그때 프랜은 미국 헌법에 대한 러쉬두니의 보수적인 평가를 지지했다. 우리 중 많은 이들이 프랜이 라브리가 우리 세대의 외침들에 대해 창조적으로 대응하던 1960년대에 전성기를 누렸다고 보지만, 그 시절에도 프랜이 이런저런 정치적 주제들에 완전히 무관심했던 것은 결코 아니다. 비록 그런 주제들이 훗날보다는 문화에 대한 그의 일반적인 비판 아래에 포괄되어 있기는 했지만 말이다.

언젠가 걱정이 되어서 나는 그가 종교적 우파에 충성을 보이는 일에 관련해 그와 공개 토론을 벌인 적이 있다. 그때 그는 예상대로 자기는 어떤 이들과 '동맹'(allies)이 되지 않으면서도 그들의 '공동 참전자'(cobelligerent)가 될 수 있다고 말했다.[31] 또한 쉐퍼는 비록 도덕적 다수(Moral Majority)가 자유와 법률에 대해 취하고 있는 입장을 존중하기는 했으나 어느 의미에서도 복음주의 우파 지도자들의 봉 노릇을 하지는 않았다.[32] 곧 살피게 되겠지만, 『그리스도인의 선언』(프란시스 쉐퍼 전집, 제5권, 박문재 역, 크리스챤다이제스트사, 2007)에서 그는 미국의 정치에 대한 자신의 접근법을 비교적 상세하게 설명한다. 그는 "레이건 혁명" (Reagan revolution, 미국의 40대 대통령, 레이건이 공화당을 대중 정당으로 탈바꿈시키고 보수주의에 생명을 불어 넣었던 것을 가리키는 용어 - 역주)을 낙태 반대 운동을 펼치는 그리스도인들에게 열린 기회의 창으로 보았다. 하지만 또한 그

---

31 *CW*, 4:30.
32 *CW*, 5:450.

는 신중하게 경고했다. "우리는 기독교를 우리의 국기로 감싸서는 안 된다."[33]

앞서 언급했듯이, 이미 프랜은 역사학자 마크 놀(Mark Noll)과 조지 마스덴(George Marsden)과 함께 미국의 헌법 제정자들이 어느 정도나 의식적인 그리스도인들이었는지에 대해 활기찬 토론을 벌인 적이 있다.[34] 당시의 상황이 전반에 걸쳐 '기독교적 합의'를 이루기에는 너무 복잡했다고 믿는 놀은 헌법 제정자들에 대한 프랜의 역사 인식의 문제점을 지적했다. 하지만 그때 쉐퍼는, D. 제임스 케네디(James Kennedy)의 방식을 따라, "옛날이 더 나았다"고 주장하던 게 아니었다. 토론 기간 내내 쉐퍼는 기독교 신앙이 보수적이 아니라 혁명적이라는 점을 알리고자 했다. 보수적인 사람들은 현 상황의 일부이지만, 혁명가들은 조류를 거슬러야만 하는 소수파다.[35]

『그리스도인의 선언』의 끝부분에서 프랜은 그리스도인들의 불복종 문제를 살핀다. 프랜은 불복종은 오직 국가가 그들의 양심을 해치는 무언가를 요구하고 불복종 외에 다른 대안이 없을 경우에 한한다고 주장한다. 시민 불복종과 관련해 그는 대체로 권위 있는 종교 개혁자

---

33 CW, 5:485-86. 또한 그는 다른 곳에서 "애국적 충성이 기독교와 동일시되어서는 안 된다"라고도 말했다(CW, 4:71).
34 쉐퍼의 기독교적 확신과 기독교 우파의 등장의 상관성을 적절하게 이해하려면 미국의 종교 역사 속으로 좀더 깊이 들어갈 필요가 있다. 쉐퍼 같은 이의 등장을 위해서는 1970년대 이후의 최근 역사만이 아니라 적어도 시민전쟁에서부터 시작되는 광범위한 역사적 배경이 필요했다. Dayman A. Johnso, "Francis A. Schaeffer: An Analysis of His Religious, Social, and Political Influence on the New Christian Right" (MA thesis, California State University, 1990)을 보라. 최근에 나온 두 가지 연구 결과 역시 주목할 만하다. Daniel K. Williams, *God's Own Party: The Making of the Christian Right* (New York: Oxford University Press, 2010); Darren Dochuk, *From Bible Belt to Sunbelt: Plain-Folk Religion, Grassroots Politics, and the Rise of Evangelical Conservatism* (New York: W. W. Norton, 2010).
35 CW, 4:70.

들(루터와 츠빙글리, 칼뱅)의 입장에 동조하는데, 그들은 신앙을 위한 인내와 기꺼운 죽음을 옹호하고, 폭력적인 저항은 오직 마지막 수단으로만 허용했던 이들이다(사실 그때조차 그런 저항은 국가가 허용하는 범위 내에서 이루어져야지 절대로 자경단의 정의 같은 것이 되어서는 안 되었다). 프랜은 정부가 올바른 일을 행하도록 압력을 행사하기 위한 몇 가지 방법을 제안한다. 하지만 그는 그리스도인들에게 반란을 권하는 데까지 나아가지는 않는다.[36] 분명히 그의 추종자들 중 몇 사람은 그의 이런 경고에 충분히 귀를 기울이지 않았다.

프랜은 생애 말년에 성경 해석과 교회의 분리 문제를 두고 벌였던 초기의 싸움으로 되돌아간 것 때문에 가까운 지인들과 가족들에게서 비난을 받았다. 생애 말년에 그가 종종 성경의 무오류성과 교회의 순수성 같은 문제들을 언급하고 글로 쓴 것은 사실이다. 하지만 프랜은 라브리의 전성기인 1960년대에도 자신의 정치적 입장과 상관없이 그런 주제들과 관련해 발언을 했었다. 말년에 그는 전보다 훨씬 더 교회의 분리는, 만약 그것이 필요하다면 사랑과 관용으로 수행되어야 한다고 주장했다.

말년

"인류에게 무슨 일이 일어났는가?"를 촬영하는 동안 이디스는 프

---

36 쉐퍼는 묻는다. "오늘날 이 모든 것은 우리에게 실제로 무엇을 의미하는가? 나는 이렇게 답해야 한다. 사실 나는 그것이 이 순간에 실제로 우리에게 의미하는 모든 것을 확신하지 못한다고." (*A Christian Manifesto*, in *CW*, 5:493). 아마도 그런 불확실성 중 일부는 또한 그가 "법이 잘못된 경우" 시민 불복종이 필요하다고 했던 휘튼 칼리지의 창설자 조나단 블랜차드(Jonathan Blanchard)와 오벌린 칼리지의 총장 찰스 피니(Charles Finney)를 칭찬했기 때문일 것이다(*CW*, 5:453). 그는 미합중국 헌법 제정자들의 행동을 시민 불복종의 기준으로 여긴다.

랜의 몸무게가 현저하게 줄어드는 것을 알아차렸다. 1978년에 미네소타 주 로체스터에 있는 메이요 병원을 방문했을 때, 프랜은 림프종으로 인한 커다란 종양이 몸 안에 자라고 있음을 알게 되었다. 종양은 악성이었고 화학요법이 시작되었다. 그의 병은 몇 달 간 완화되었으나, 이내 재발했다. 또 다른 화학요법이 뒤따랐다. 하지만 그런 고통조차 그의 열정을 가로막지 못했다. 그 모든 와중에 쉐퍼 부부는 로체스터에서 새로운 라브리를 시작했다. 비록 그들의 집은 스위스에 그대로 있었으나, 로체스터에서 대규모 회담의 형태로든 혹은 거실에서의 전통적인 작은 모임의 형태로든 라브리 사역을 계속해 나갔다. 그리고 그 사역은 오늘날에도 계속되고 있다.

어떤 이가 프랜에게 이제 은퇴하라고 권했을 때, 그는 웃었다. 그는 성경의 무오류성의 문제에 관한 책을 한 권 더 썼다. 『위기에 처한 복음주의』(윤두혁 역, 생명의 말씀사, 1995)이라는 책이었다. 사실 어떤 이들은 이 책에서 프랜이 원래의 분리주의로 되돌아가고 있는 것과, 아마도 자신의 삶이 얼마 남지 않았음을 알고 약간 절망적이 되고 있다는 것의 증거를 찾을 수도 있을 것이다. 그는 변화가 일어나는 것을 보지 못해 좌절하고 있었다. 하지만 내가 보기에 성경에 대한, 그리고 그것과 역사 및 과학적 데이터의 상호작용에 대한 그의 기본적인 입장은 이 마지막 책에서도 이전과 조금도 다르지 않았다.

프랜은 6년 동안 암과 싸웠다. 1984년에 있었던 그의 마지막 공적 여행 기간에 그는 13개의 도시를 돌면서 타협적 복음주의의 위험에 대해 강연했다. 그는 너무 쇠약해져서 자주 들것에 실려 다음 장소로 이동해야 했다. 사역 기간 내내, 그리고 다른 어느 때보다도 그 시기에 프랜은 죽음을 비정상적인 것으로 여겼다. 암에 걸린 후에 종종 그는 자신이 잠시라도 "우울한 죽음의 신"에 굴복하지 않고 적극적인 의료 처치를 온전하게 신뢰하는 신학에 감사함을 느낀다고 말했다. 하지만 결국 그의 희망은 죽은 자의 부활에 있었다. 임종 시에 그와 함께 있던 이들(물론 대부분 가족들이다)은 그가 마지막까지 죽음과 싸웠다고 증언한다. 반쯤 의식이 없는 상태에서조차 그는 다음번 연설 약속을, 연설문 노트를 잃어버리지는 않았는지를, 그리고 무엇보다도 그동안 자기가 자신의 메시지를 충실하게 선포해 왔는지를 걱정했다. 물론 그는 분명히 그렇게 해왔다. 그는 1984년 5월 15일에 세상을 떠났다. 그와 같은 사람을 다시는 보지 못할 이 세상을.

진정한
영성

4. 근본적인
것들

────────

만약 우리의 교리가 참된데 우리의 삶이 잘못되었다면, 우리의 죄는 얼마나 무서운 것인가! 왜냐하면 우리가 진리 위에 서 있었는데도 그렇게 된 것이기 때문이다.

J. 그레샴 메이첸

창세기

프란시스 쉐퍼라는 인물과 그의 시대를 간략하게 살폈으니, 이제는 그리스도인의 삶에 대한 그의 견해에 대한 논의로 나아가 보자. 이 장에서 우리는 그의 견해의 토대를 형성하고 있는 근본적인 것들(fundamentals) 중 몇 가지를 살필 것이다. 그리고 다음 두 장에서는 그의 책, 『참된 영성』을 면밀하게 살필 것이다. 그 후에 우리는 기도와 인도, 고난, 교회, 그리고 문화적 개입 등에 관한 그의 견해를 논할 것이다.

프란시스 쉐퍼의 삶에서 (특히 라브리 사역과 관련해) 가장 풍성한 열매를 맺었던 시간들이 그가 1951-1952년 사이에 겪었던 영적 위기(앞에서 우리는 그와 관련해 간략하게 언급한 바 있다)의 결과였다는 점은 널리 인정되고 있을 뿐 아니라, 쉐퍼 자신에 의해서도 확증되고 있는 사실이다. 그가 『참된 영성』의 머리말에서 말하듯이, 그 위기는 온통 '실재'(reality)의 문제에 집중되어 있었다. 그 위기와 그것의 결과에 관한 당사자의 설명을 들어보자.

나는 그 위기가 있기 여러 해 전에 불가지론에서 벗어나 그리스도인이 되었다. 그 후에 나는 10년간 미국에서 목회자로 지냈고, 그 후 몇 년간 아내, 이디스와 함께 유럽에서 사역을 해오고 있었다. 그 시기에 나는 역사적 기독교의 입장과 가시적 교회의 순수성을 옹호해야 한다는 무거운 부담을 느꼈다. 그런데 점차 나에게 한 가지 문제가 심각하게 다가왔다. 그것은 실재의 문제였다. 이 문제에는 두 부분이 있었다. 첫째, 나로서는 정통적 입장을 고수하는 많은 이들 가운데서 성경이 그토록 분명하게 기독교의 결과가 되어야 한다고 말씀하는 일들의 실재를 찾아보기가 어려웠다. 둘째, 내 자신의 실재가 내가 처음으로 그리스도인이 되었던 초기에 있었던 것보다 줄어들었다. 나는 솔직하게 뒤로 돌아가서 나의 입장 전체를 다시 생각해야 한다는 것을 깨달았다.[1]

계속해서 그는 우리가 이 책 2장에서 살펴본 과정, 즉 기독교적 인생관과 세계관 전체를 재검토한 과정을 묘사한다. 프랜은 걷고 또 걸었고, 성경이 주장하는 내용을 면밀하게 살펴보았다. 또한 그는 복음의 메시지를 받고자 하는 자신의 동기를 정직하게 들여다보았다.

나는 종종 프랜이 그 경험에 대해 언급하는 것을 듣기는 했으나, 사실 그 문제와 관련된 상세한 내용은 알려진 것이 거의 없다. 아마도 우리로서는 그것을 사적인 문제로 남겨두는 것이 최선일 것이다. 프랜의 기질을 아는 우리로서는 그것이 아주 어려운, 사실상 위기로 가

---

1 CW, 3:195

득 찬 과정이었으리라고 추측할 뿐이다. 만약 그때 그가 복음이 참된 것이 아니라고 판단했다면, 분명히 그는 기독교의 모든 것을 내던지고 말았을 것이다. 그 외에 그가 달리 무엇을 했을지는 생각만 해도 걱정스럽다. 이디스는 *The Tapestry*에서 프랜의 이 "건초 다락" 경험을 간략하지만 의미심장하게 묘사한다. 이디스는 프랜이 한 말을 다음과 같이 인용한다.

> 이디스, 나는 실재의 부족으로, 즉 성경이 주님의 백성들에게서 나타나야 한다고 말씀하는 것을 보지 못한 것 때문에 마음이 갈가리 찢어지는 느낌이오. 지금 나는 "그 운동"[The Movement]을 함께 하고 있는 이들에 대해서만 말하고 있는 것이 아니오. 사실 나는 내 자신에게도 만족하지 못하고 있소. 내가 해야 할 유일하게 정직한 일은 다시 생각하는 것, 즉 기독교의 모든 문제들을 재검토하는 것 같소. 그것이 사실인지 묻는 것 말이오. 나는 내가 불가지론자였던 때로 돌아가 처음부터 다시 시작해야 할 필요가 있소.[2]

이디스는 이 경험을 존 번연(John Bunyan)의 『천로역정』에 나오는 "절망의 수렁"과 비교한다. 이어서 이것이 전적으로 프랜 개인이 해결해야 할 문제였고, 당시에 자기로서는 언제 묻고 언제 침묵해야 할지를 헤아리는 지혜가 필요했다고 말한다. 그러나 결국 프랜은 하나님이 실재하신다는, 성경은 참되다는, 그리스도인의 삶은 실재적인 것이 될 수 있다는 절대적인 확신을 갖고 다시 일어섰다. 그 후에 그

---

2 Edith Schaeffer, *The Tapestry: The Life and Times of Francis and Edith Schaeffer* (Waco, TX: Word, 1981), 354-55.

는 비슷한 곤경에 처한 수많은 사람을 도왔는데, 그 자신이 그 모든 어려운 길을 먼저 걸어보았기 때문이었다. 그는 그 길고 어두운 기간을 벗어났고 소망과 확신으로 가득 찼다. 결국 기독교는 전적으로 참된 것이었다! 그가 설명하듯이, 이것이 라브리의 실제적 근원이었다. 변증학적 답변들은 중요하다. 하지만 그리스도의 구속 사역의 현재적 가치를 아는 것이야말로 가장 중요하다.

아주 분명한 것 하나는, 이 위기가 우리 삶을 위한 그리스도의 완성된 사역의 현재적 의미를 그가 전에는 결코 해본 적이 없던 방식으로 살펴보게 했다는 사실이다. 영성에 관한 쉐퍼의 견해는 그의 생애 전체를 통해 발전되었다. 하지만 이 경험이야말로 그중에서도 가장 중요한 이정표였다.

복음의 기본들

삶에서 하나님의 은혜를 다시 경험한 다른 이들과 달리, 프랜은 자신의 경험을 모든 이를 위한 규범이나 기준으로 만들어 '신성시하려' 하지 않았다. 때로 프랜은 성화의 문제를 다루면서 이렇게 말했다. "성화는 어떤 행위가 아니라 하나의 과정이다. 그리고 어느 그리스도인이 그의 현재의 삶 속에서 그리스도의 의미와 그분의 사역에 대한 새로운 지식을 얻을 때, 그리고 그가 그 지식에 따라 행동하기 시작할 때, 대개 그의 삶속에서는 이런저런 위기가 나타기 마련이다."[3] 하지만 이것은 결코 어떤 규범적인 경험이나 누군가를 더 높은 차원으로 올려주는 질적 도약을 의미하지 않는다.

『참된 영성』의 시작 부분에서 쉐퍼는, 만약 어떤 이가 그리스도인

---

3 *CW*, 4:177.

이 아니라면 그 사람에게 그리스도인의 삶은 없다는, 아주 단순하지만 근본적인 주장을 한다. "우리가 유념해야 할 첫 번째 사항은 어떤 이가 그리스도인이 되기 전에는 그가 그리스도인의 삶을 살거나 진정한 영성에 대해 무언가를 아는 일이 불가능하다는 점이다."[4] 계속해서 그는 그리스도인이 되기 위한 유일한 길은 종교적 경험을 통해서가 아니라 "그리스도를 구주로 받아들임으로써"라고 설명한다. 우리가 고등 교육을 받았거나, 생각이 많은 사람이거나, 단순한 사람이거나 상관없이, 첫 번째 단계는 예외 없이 동일하다. 쉐퍼는 자신의 그런 주장을 옹호하기 위해 예수께서 하신 '배타적인 말씀'을 인용한다. "나로 말미암지 않고는 아버지께로 올 자가 없느니라"(요 14:6).[5]

쉐퍼에게 근본적인 것은 어떤 것들이었을까? 그는 『참된 영성』의 다음 몇 문단에서 그것들을 개략한다. 첫째, 모든 사람은 참된 도덕적 죄책 때문에 하나님과 분리되었다. 여기서, 그리고 그의 저작들 전반에서 쉐퍼는 참된 도덕적 죄책과 죄책감(그것들은 전혀 같지 않다)을 분명하게 구분한다. 그는 계속해서 실제 세계에 대한 객관적 반응을 호소한다. 비록 믿음의 문제들에 과도하게 반응하면서 주지주의적 입장을 보이는 것이 될 수도 있었으나, 프랜은 자신의 주된 사명을 '참된 진리'(true truth)를 옹호하는 것으로 여겼다. 이 독특한 표현은 인상적이다. 쉐퍼의 의도는 진리의 모든 개념을 철저하게 옹호하는 것이었다. 얼핏 과잉처럼 보이는 것은 그에게는 진리가 가장 중요하다는 사실을

---

4 *CW*, 3:199.

5 *CW*, 3:199. 쉐퍼는 그의 저작들 대부분에서 성경 본문으로 흠정역(KJV)을 사용하지만, 그가 새로운 번역본들에 불만을 가졌던 것은 아니다. 마찬가지로, 그는 기도할 때 Thee나 Thou 같은 단어들을 사용하지만, 사실 그는 일상어를 사용하는 데 능했다. 이 책에서 때때로 나는, 그것이 현대 독자들에게 유익하다고 판단할 경우, ESV를 사용할 것이다(이 번역서에서 사용된 성경 본문은 모두 개역개정역이다 - 역주).

주장하기 위한 하나의 방법이었다. 우리는 모두 거룩하시고 공평하신 하나님 앞에서 '실수로'가 아니라 '의도적으로' 죄를 지었다.

둘째, 오직 예수 그리스도의 대속, 즉 시간과 공간 안에서 그분의 죽으심만이 이런 상황을 치유할 수 있다. 우리의 참된 죄책은 "우리 편에서 그 어떤 것도 더함이 없이"(이것 역시 그의 저작의 일관적인 주제다) 오직 그리스도의 완성된 사역의 기초 위에서만 제거될 수 있다.[6] "우리가 하나님을 믿으면서 그렇게 나아올 때, 성경은 우리가 하나님에 의해 의롭다 하심을 받았다고 말씀한다. 죄책은 사라지고 우리는 애초에 우리가 창조되었던 목적인 하나님과의 교제를 회복한다."

셋째, 쉐퍼는 믿음의 본질에 대해 설명한다. 그것은 어둠 속에서의 '키에르케고르적인' 도약이 아니라, 역사 속의 십자가 위에서 그리스도께서 완성하신 사역을 받아들이기 위해 '믿음의 빈손'을 들어올리는 것이다.[7]

라브리에서 쉐퍼는, 어떤 이가 그리스도인인지 여부를 알지 못한 상태에서 그가 복음에 관심을 표하거나 그것에 몰두할 경우, 대개 다음과 같은 네 가지 질문을 던졌다.

1. 당신은 하나님이 존재하시며 그분이 인격적인 하나님이시라는 것을 믿는가? 또한 당신은, 지금 우리가 하나님이라는 단어나 개념에 대해서

---

6 *CW*, 3:200.

7 *CW*, 3:200. 그동안 쇠렌 키에르케고르(Søren Kierkegaard)의 신앙주의(fideism)에 대한 쉐퍼의 해석은 논쟁거리가 되어왔다. 예컨대, Ronald W. Ruegsegger, "Schaeffer on Philosophy," in *Reflections on Francis Schaeffer*, ed. Ronald W. Ruegsegger (Grand Rapids: Zondervan, 1986), 118-20을 보라. 키에르케고르를 정통의 옹호자로 여기는 것은 정당하다. 하지만 그의 입장은 아주 모호하기에 우리는 "불합리한 것"에 대한 그의 몰입이 실존주의를 향한 길을 냈다고 여기는 이들을 충분히 이해할 수 있다. 우리는 키에르케고르가 그런 혐의에 대해 자신을 열어 놓았다고 말할 수 있을 것이다.

가 아니라 거기에 계시는 무한하고 인격적이신 하나님에 대해 말하고 있음에 유념하면서, 예수 그리스도가 하나님이시라는 것을 믿는가?

2. 당신은, 지금 우리가 죄책감에 대해서가 아니라 참된 도덕적 죄책에 대해 말하고 있음에 유념하면서, 당신이 하나님 앞에서 죄를 지었음을 시인하는가?

3. 당신은 예수 그리스도께서 시간과 공간 안에서, 즉 역사 안에서 십자가에 달려 죽으셨다는 것, 그리고 그분이 죽으셨을 때 우리의 죄에 대한 하나님의 징벌을 감당하는 대속 작업이 온전하게 성취되고 완성되었다는 것을 믿는가?

4. 당신은, 우리에게 주신 하나님의 문서화된 말씀인 성경 안에 존재하는 그분의 약속에 기초해, 당신 자신이 행한 혹은 앞으로 행할 무언가를 신뢰하는 대신, 당신의 개인적인 구주이신 그리스도께 당신을 맡기고 있는가, 혹은 맡긴 적이 있는가?[8]

진리의 권위

복음의 이런 기본적인 내용들은 그의 저작 전반에서 발견된다. 그리고 기독교 세계관이 이런 복음 이야기 이상을 포함하고 있음은 분명하다. 쉐퍼는 종종 진리가 구원의 문제보다 앞선다고 말했다. 그렇다면 진리란 무엇인가? 프란시스 쉐퍼는 철두철미 복음주의자였다. 또한 쉐퍼는 역사적 신앙을 가진 개신교도였기에 그의 항소 법원은 성경이었다. 성경은 우리에게 최종적이고 충분한 지식을 제공한다. 그것은 (교회나 자연 신학이 아니라) 오직 그것만이 우리에게 권위 있는 것이기 때문이다.[9] 성경은 하나님의 무오류한 말씀이다.[10] 쉐퍼는 1982

---

8 *CW*, 1:147.

년 3월에 쓴 "무오류가 어떤 차이를 만드는가?"(What Difference Does Inerrancy Make?)라는 제목의 글에서 현대 복음주의가 성경의 무오류성에 약화된 입장을 보이는 경향에 대해 경고했다.[11] 그 글은 당시의 윤리적인 문제들, 특히 낙태에 초점을 맞추고 있다. 성경이 무오류하다고 여기지 않을 경우, 우리는 계속해서 변화하는 타락한 문화에 맞서는 데 필요한 능력을 잃어버린다.[12] 사실 그런 경우에는 역으로 문화가 성경을 심판하기 시작한다. 같은 글에서 그리고 그의 작품 전반에서 쉐퍼는 우리에게 성경의 권위를 정확하게 믿는 것과 성경을 따라 사는 것이 서로 다른 일이며 또한 동등하게 중요하다는 점을 상기시킨다.

쉐퍼는 그의 저작 전체를 통해 성경의 권위를 옹호한다. 그의 변증학의 주된 관심사는 우리가 성경의 메시지를 오직 종교적 범위 안에서만 참될 뿐 과학과 역사가 나름의 주장을 펼칠 수 있는 영역에서는 틀릴 수도 있다는 식으로 양분해서는 안 된다는 것이다. 성경의 '종교적' 진리는 매일의 삶에 관한 진리와 동일한 성격을 갖고 있다. 만약 성경이 예수님의 육체적 부활을 확언한다면, 그분의 육체는 그분이 묻혔던 곳에서는 결코 발견되지 않을 것이다. 궁극적으로 히브리적인, 그리고 성경적인 관점은 진리의 기초를 창조와 특별 계시 모두를 통해 자신을 드러내시는 하나님의 성품에 두고 있다.[13]

쉐퍼는 성경 해석학을 깊이 연구한 적은 없지만 종교개혁가들이 가

---

9 *CW*, 1:218.
10 *CW*, 1:86-89; 2:23, etc.
11 "What Difference Does Inerrancy Make?," *The Church at the End of the Twentieth Century*의 부록 B. *CW*, 4:103-10.
12 *CW*, 4:106.
13 *CW*, 5:391-92.

르쳤던 성경의 유비를 믿었다. 성경의 유비란, 성경은 하나의 책이므로 성경의 어느 한 부분이 다른 부분을 설명할 수 있다는 것이다. 그런 까닭에 쉐퍼는 그의 책 『기초 성경공부』에서 이렇게 선언한다. "성경에 관한 놀라운 일들 중 하나가 그것의 통일성이기에 이 통일성을 염두에 두지 않고 행해진 성경 연구는 전혀 쓸모없다."[14] 설교에서 그리고 성경에 기반을 두고 확대된 연구 활동에서 쉐퍼는 "성경적-신학적 접근법"(biblical-theological approach)보다는 "주제적 접근법"(thematic approach)을 사용한다. 즉 그는 어느 특정한 본문을 원래의 문맥이나 그리스도에서 절정에 이르는 구속사의 역사적 전개와의 관계에서 다루기보다는 성경의 여러 구절을 다루면서 누적되는 효과와 같은 무언가를 만들어낸다.[15] 흔히 낡은 접근법으로 알려져 있기는 하나, 그런 식의 "증거 본문 방법"(proof-text method)은 결코 잘못된 것이 아니다. 왜냐하면 성경은 그 다양성 안에 근본적인 통일성을 갖고 있기 때문이다. 참으로 쉐퍼는 성경의 통일성에 철저하게 몰두했다. 개인적인 경건 시간을 이용해 그는 매일 구약 넉 장과 신약 한 장을 읽었다. 하지만 성경의 통일성에 대한 그와 같은 집중은 우리에게서 성경의 특정 부분의 풍성한 문학적 구조나 구속사의 흐름 중 특정한 시기에 존재하는 계시의 장소를 빼앗아갈 수도 있다. 또한 그것은 성경 계시의 인간적 측면을 과소평가할 수도 있다. 쉐퍼가 성경 안에 있는 인간적 요소를 인식했던 것은 분명하지만, 그것은 그의 우선적 관심사가 아니었다.

물론 그는 가장 광범위한 의미에서 구속사의 점진적 성격, 즉 옛 언

---

14 *CW*, 2:321.
15 예컨대, Geerhardus Vos, *Biblical Theology: Old and New Testament* (Grand Rapids: Eerdmans, 1948)와 같은 방식이다.

약과 새 언약의 관계를 인정했다.[16] 하지만 그는, 성경이 분명하게 허락하지 않는 한, 그것을 토대로 구약의 인물들에게 예표론을 적용하는 것에 반대했다. 예컨대 쉐퍼는 요셉에 대해 논하면서, 성경이 그와 같은 예표론에 침묵하고 있다는 이유로 요셉을 그리스도의 예표(판박이 혹은 모형)로 부르려 해서는 안 된다고 말한다. 하지만 "그럼에도, 요셉과 그리스도 사이에는 놀랄 만한 유사성이 존재하기에 우리가 그것을 통해 배우는 것을 무시해서는 안 된다."[17] 이어서 그는 그런 연관성들을 확인해 나간다.[18]

쉐퍼의 관심사는 합리적인 성경을 옹호하는 것이었다. 그는 자주 성경이 '명제적으로'(propositionally) 말한다고 주장했다. 그는 성경의 모든 진술이 명제인 것은 아님을 인정하지만, 여전히 성경의 명확성을 강력하게 변호한다. 하나님은 우리에게 '믿음의 도약'을 요구하지 않으시고 오히려 '명제적 소통' 방식으로 말씀하신다.[19] 『존재하시며 말씀하시는 하나님』의 부록에서 쉐퍼는 이렇게 묻는다. "명제적 계시는 난센스인가?"[20] 그 질문의 답은 "절대 아니다"이다. 그 이유는, 창조주 하나님은 인격적이며 무한하신 반면, 우리 인간은 인격적이며 유한하기 때문이다.[21] 만약 하나님이 인간과 소통하기로 작정하신다면, 그분이 그렇게 하실 수 있는 것은 그분의 성품과 우리 성품의 연관성 때문이다. 또한 하나님은 그분의 인간 피조물들에게 관심이 있

---

16 실제로 쉐퍼는 전천년주의자의 방식을 따라 구약의 예언에는 두 가지 부분, 즉 하나는 영적이고 다른 하나는 국가적인 부분이 있다고 가르쳤다. 우리는 여전히 이 두 번째 부분이 성취되기를 기다리고 있는 중이다(CW, 3:160).

17 여기서 그는, 비록 그런 식의 비교를 반대하기는 하나, 세대주의자들의 "문자적-장소-가능성" (literal-where-possible) 방식을 따르고 있다.

18 CW, 3:68.

19 CW, 1:120.

20 CW, 1:345-49.

으시기에, 분명하고 명제적으로 소통하신다. 그런 소통 방식을 철회하는 것은 친절하지 않은 것이 될 것이다. 쉐퍼는 그가 선호하는 예를 하나 인용한다. 그 예에서 예수님은 사울에게 정상적인 단어와 구문을 사용해 히브리어로 명제적 계시를 제공하신다.[22] 이것의 중요성은, 우리가 앞에서도 살폈듯이, 계시가 인간의 언어로 이해할 만한 것이라는 점이다. 만약 하나님이 그분 자신을 언어를 통해 계시하지 않으셨다면, 사울은 어떤 "일급의 경험"을 했던 것일 뿐 참된 계시를 받은 것이 아닌 셈이 될 것이다.

하지만 그렇게 말한 후 쉐퍼는 성경이 타락한 피조물을 위한 책이라고 덧붙인다. 성경은 우리가 핵심 주제를 이해하기 위해 알아야 할 필요가 있는 것을 제공해 준다. 하지만 그것이 우리가 원하는 모든 상세한 내용을 전해주지는 않는다. 아마도 그러기 위해서는 아주 큰 도서관이 필요할 것이다! 그럼에도 과학이나 우주 같은 문제들을 다룰 때 그 책은 참되게 말한다. 쉐퍼의 표현대로 하자면, "그것이 무언가를 다룰 때는 언제든지 포괄적인 진리가 아니라 참된 진리를 갖고서 그렇게 한다.…역사를 다룰 때 그것은 내가 '참된 진리'라고 부르는 것, 즉 명제적이고 객관적인 진리에 대해 말한다."[23]

쉐퍼는 성경의 다양한 책들의 장르나 문학적 구조를 충분하게 살피지는 않으나, 그럼에도 상상력을 발휘해 성경을 이용한다. 예컨대, 언

---

21 쉐퍼는 이런 식의 정형화된 표현을 사용한 것으로 인해 얼마간 비난을 받았다. 반틸은 인성을 하나님과 인간 사이의 공통적 특성으로 여기는 것은 의미가 명료한 인식론이라는 인상을 주는 반면, 창조주와 피조물의 구분은 모든 차원에서 유지될 필요가 있다고 여겼다. 하지만 쉐퍼의 목적은 포괄적인 존재론을 구성하는 것이 아니라 이성적 계시를 받을 수 있는 인간의 독특한 능력을 옹호하는 것이었다.
22 *CW*, 1:347.
23 *CW*, 2:52.

젠가 그는 "하나님의 손"(The Hand of God)[24]이라는 주제로 설교를 했는데, 그때 그는 손이라는 은유를 사용해 하나님의 백성에게 다음 여섯 가지의 확신을 제공했다. (1) 하나님의 손은 창조하신다. (2) 하나님의 손은 보존하신다. (3) 하나님의 손은 징계하신다. (4) 하나님의 손은 자기 백성을 돌보신다. (5) 하나님의 손은 안전을 제공하신다. (6) 하나님의 손은 초청하신다. 각각의 경우에 쉐퍼는 하나님의 손을 그런 주제들과 연관된 성경 구절들을 인용한다. 전체적인 요점은 하나님은 인격적이시고 접근이 가능한 분이시라는 것이다.

다른 설교에서 쉐퍼는 엘리야와 엘리사를 비교한다.[25] 그는 이 두 위대한 예언자들을 전형적인 구속사적 방식으로 사용하는 대신 그들을 본보기로 만든다. 엘리야는 계속해서 위대한 통치자들 앞에 섰다. 반면 엘리사의 사역은 훨씬 더 조용했다. 그러므로 우리는 평범한 사역을 수행하는 것에 만족해야 하고 아주 특별하고 극적인 삶을 살려고 하지 않아야 한다.

세계관 영성

성경은 무엇을 가르치는가? 그것은 복음 이야기(gospel story) 이상이지만 최소한 복음 이야기를 포함한다. 쉐퍼는 학문적인 신학자는 아니었다. 우리는 그가 구원의 순서(ordo salutis, 우리와 그리스도의 연합 안에 있는 다양한 은총의 순서: 유효한 부르심, 중생, 믿음, 의인, 양자됨, 성화, 영화)에 대해 상세하게 설명하는 것을 보지 못한다. 쉐퍼는 딱딱한 조직신학을 연구하는 일에 관심이 없었다. 분명히 그는 교리적으로 개혁 신앙을 의식

---

24 *CW*, 3:15-26.
25 *CW*, 3:99-106.

하고 있었고 그 안에 머물러 있었다. 하지만 그는 늘 신선했다. 매우 자주 그는 교리들을 변증적·목회적 관심사를 표현하는 방식으로 설명했다. 예컨대, 그의 담화를 풀어 쓴 "몇 가지 절대적 한계들"(Some Absolute Limits)이라는 글에서 그는 예정과 자유의지 사이의 복잡한 관계에 대해 설명할 수도 있었다. 하지만 그렇게 하는 대신 그는 우연에 의해서도 그리고 결정론에 의해서도 지배되지 않는 하나님에 대해 말했다. 그는 역사에는 의미와 의의가 있다고 확언한다.[26]

그렇다면 프란시스 쉐퍼에게 성경적 세계관의 출발점은 무엇일까? 다음 몇 가지를 들 수 있다. 첫째, 성삼위 일체이신 하나님이 선재하신다. 프랜은 종종 사물들이 '시작 이전에' 존재했던 방식에 대해 말했다. 그는 요한복음 17장 5절과 24절 같은 구절들을 가리킨다. 그 구절들은 세상이 시작되기 전에 사랑과 영광, 목적 같은 것들이 있었다고 말한다. 역사 그 자체는 세상의 창조와 함께 시작되었으나, 성삼위 일체의 삶 속에는 "일련의 연속적인 사건들"이 있었다.[27]

그런 식으로 영원에 초점을 맞추는 것은 쉐퍼가 여러 가지 철학적 주장을 하도록 만들었다. 그에게 하나님의 영원성은 비인격적인 시작에 관한 그 어떤 개념과도 충돌한다. 하나님은 무한하시며 동시에 인격적인 분이시기에 범신론(거기에서는 신의 특질이 비인격적이다)은 전혀 타당하지 않다. 또 그것은 현대인들이 사랑이 어디로부터 오는가 하는 질문에 답을 할 수 있도록 만들어준다. 또 분명히 그것은 예수 그리스도를 영원하신 분으로, 그리고 세상에 속하지 않으신 분으로 묘사한다. 쉐퍼는 그리스도가 "창조 이전에 이미 계셨고 창조 시에 활동하셨다"

---

26 *CW*, 4:167-71.
27 *CW*, 2:9-14.

고 주장한다.[28]

둘째, 우주는 하나님의 피조물이다. 하나님은 보이는 것이든 보이지 않는 것이든 존재하는 모든 것을 만드셨다. 또한 그분은 그것을 선하게 만드셨다. 그분은 인간을 자신의 형상을 따라 지으셨다. 프란시스 쉐퍼에게 이것은 아주 중요한 교리다. 그는 인간의 고귀함과 특권에 대해 말하고 쓰는 일에 많은 시간을 쏟았다. 비록 그는 죄의 부패케 하는 능력을 분명하게 믿었으나, 인간에 대한 그의 가르침은 그가 생명의 권리를 침해하는 현대의 수많은 목소리들에 맞서 그 권리를 강력하게 옹호하는 자로 만들어주었다. 오늘날 사람들은 "나는 누구인가?"라고 묻는다. 하지만 그 질문은 닫힌 체계, 즉 무한하고 인격적인 하나님이 다스리시지 않는 우주 안에서는 답을 찾을 수 없다. 우리는 인성에 대한 답과 사랑을 위한 이유를 "하나님의 형상"(*imago Dei*)에서 찾는다. 또한 우리에게는 땅을 지배하라는 하나님의 명령이 주어져 있다.[29] 비록 쉐퍼는 그 '형상'을 조직적으로 다루지는 않으나, 하나님의 형상이 기능적이라기보다 구성적이라는 사실은 그것에 대한 쉐퍼의 진술을 통해 분명하게 드러난다. 쉐퍼는 『기초 성경공부』에서 창세기 1장 26절을 다루면서 하나님의 형상이 되는 것은 영광스러운 일이라고 말한다. 그 형상의 본질은 인간 안에 있는 네 가지 중요한 특성, 즉 도덕성과 합리성, 창조성, 사랑으로 요약된다.[30]

셋째, 역사 전체를 변화시키는 파국적 사건인 타락이 있었다. 창조와 타락의 구분은 쉐퍼의 신학에서 근본적인 것이었다. 그는 그 둘을 혼동하는 이는 누구든 계속해서 비난을 퍼부었다. 예컨대, 폴 틸리

---

28 *CW*, 2:13.
29 *CW*, 2:33-34.
30 *CW*, 2:329.

히(Paul Tillich)는 "인간은 타락한 인간과 동일하다"며, 만약 타락이 있었다면 그것은 "위쪽으로의 타락"이었다고 말했다.[31] 하지만 쉐퍼는 "죄로의 타락"이 역사 속에서 일어났다고 믿었다. 그 결과들은 우리 주변에 널려있고, 그것들은 강렬한 동시에 광범위하다. 변증가의 입장에서 쉐퍼는 늘 우리에게 성경은 사실을 사실대로 말하기 때문에 세상에서 가장 현실적인 책이라는 사실을 상기시켜 준다. 죽음은 타락의 결과다. 또한 죽음은 분리를 의미한다. 그것은 첫째, 인간과 하나님 사이의 분리, 둘째, 자아의 부분들과 다른 부분들 사이의 분리(일종의 영적 정신분열증), 셋째, 한 인간과 다른 인간 사이의 분리, 넷째, 인간과 (인간이 다스리기로 되어 있었으나 이제 오히려 인간을 집어삼키고 있는) 세상 사이의 분리로 나뉜다. 이제 모든 것은 비정상적인 것이 되었다.[32] 인간은 그의 형상(imago)을 잃은 것이 아니라, 그에게 원래 할당되었던 모든 과업들(tasks)과 갈등하고 있는 것이다.

넷째, 예수 그리스도는 쉐퍼의 모든 신학의 핵심이다. 예수님은 하나님의 아들이시다. 그분은 성육신을 통해 인간이 되셨다. 아마도 무심코 한 말로 보이는데, 쉐퍼는 하나님과의 관계에서 존재론적으로는 하나님과 모든 피조물 사이에 간극이 있으나, '성품'과 관련해서는 하나님과 인간은 하나라고 말한다.[33] 내가 "무심코"라고 말하는 이유는 우리가 쉐퍼가 한 이 말을 통해 창조주와 피조물 사이의 차이가 성경이 말씀하는 것처럼 크지 않다는 잘못된 인상을 받을 수도 있기 때문이다. 쉐퍼가 여기서 뜻한 것은 하나님의 형상이 우리와 하나님 사이의 관계를 가능하게 만든다는 것이다. 그리고 어쩌면 그는 그리스도

---

31 *CW*, 2:38.
32 *CW*, 2:59-71.
33 *CW*, 1:102-3.

와 그분의 교회 사이의 신비로운 관계를 옹호하고 있는 것일지도 모른다. 쉐퍼는 그리스도는 개미가 되실 수는 없었을 거라고 말한다. 그분이 인간이 되신 것은 우리가 하나님의 형상을 따라 지음을 받았기 때문이다. 같은 논리가 인간 사이의 소통에도 적용된다. 쉐퍼는 우리의 서로 다른 배경과 문화가 사람들 사이의 참된 소통을 가로막을 수 있다는 그 어떤 생각도 잘못이라고 지적한다.[34]

고전적인 방식을 따라 쉐퍼는 그리스도는 예언자이자 제사장이자 왕이시라고 말한다.[35] 그분은 낮아지셨고, 이어서 높아지셨다.[36] 그분은 두 번째 아담이시다.[37] 예수님은 자기 백성의 죄 때문에 죽으셨다. 이 죽으심은 대속적인 것이었다. 즉 예수님은 자기 백성의 죄를 짊어지고 그들을 대신해 죽으신 것이다.[38] 그리고 예수님은 죽음을 이기고 부활하셨다.[39] 쉐퍼는 부활의 역사성을 옹호하는 문제에 아주 많은 시간을 쏟는다. 이것은 그의 시대에 (그리고 물론 오늘날에도) 아주 중요한 싸움이었다. 그는 늘 부활은 "입증 가능한 역사" 안에서, 즉 과학적 탐구에 적용되는 것과 동일한 준거의 틀 안에서 일어났다고 주장했다.[40] 마지막으로, 그리스도는 인격적이고 가시적인 방식으로 이 세상으로 돌아오실 것이다. "인자의 임함"(마 24:37)이라는 표현에 대해 언급하면서 쉐퍼는 "임함"(coming)이라는 단어가 현재를 위한 단어라고 설명한다. 그는 이렇게 덧붙인다. "예수께서 세상에 나타나실 미래가

---

34 *CW*, 2:104.

35 *CW*, 3:338-44.

36 *CW*, 2:344-46.

37 *CW*, 2:74-76.

38 *CW*, 2:74-77; 3:45.

39 *CW*, 3:104-6.

40 *CW*, 5:401.

오고 있다. 역사적으로, 그리고 그분이 이 말씀을 하셨던 때, 즉 그분이 이 세상에 계셨을 때처럼 시간과 공간 안에 현존하는 방식으로 나타나실 때가 말이다."[41] 또한 피조 세계가 회복되고 우리의 몸이 죽음에서 부활할 날이 다가오고 있다.[42]

다섯째, 구원은 믿음의 빈손을 들어 올려 예수 그리스도를 받아들이고자 하는 이들에게 다가온다. 우리는 믿음 안에서 주님을 향해 돌아서자마자 의롭다 하심을 얻는다. "성경은 내가 참으로 그리스도를 나의 구주로 받아들일 때 하나님이 그 즉시 나를 의롭다고 선언하신다고 말씀한다. 심판관이신 하나님은 그리스도의 대속 사역의 토대 위에서 나의 죄책이 사라졌다고 사법적으로 선언하신다.…나의 죄는 그리스도 안에서, 역사 안에서, 시간과 공간 안에서, 십자가 위에서 벌을 받았다."[43] 의인(義認)을 논할 때 쉐퍼는 늘 변증가인 동시에 목회자였다. 그는 "우리가 갚아야 할 것은 아무것도 남아 있지 않다"고 선언한다. 의인에는 단계가 없다. 당신은 그리스도인이거나 아니거나 둘 중 하나다. 만약 당신이 그리스도인이라면, 의인은 과거에 일어난 셈이고, 따라서 죄책은 "영원히 사라진 것이다."[44]

여섯째, 성화(聖化)는 다른 문제다. 거기에는 단계가 있다. 성화는 우리가 다음에 다룰 논의의 주제가 될 것이다. 지금 우리가 기억해야 할 것은 앞서 보았듯이, 우리가 먼저 의롭다 하심을 얻지 못한다면 성화의 여행을 시작할 수 없다는 사실이다. 성화는 구원의 중요한 부분이 될 수 있다. 왜냐하면 그것은, 의인이 단번에 이루어지는 것과 달리,

---

41 *CW*, 2:93.
42 *CW*, 2:43.
43 *CW* 3:267.
44 *CW*, 3:267-68.

하나의 지속적인 과정이기 때문이다.[45] 분명 결혼생활에서 결혼식은 나름의 자리, 그것도 아주 놀라운 자리를 갖고 있다. 하지만 결국 그것은 오르막과 내리막이 있는 평생의 관계의 출발점에 불과하다.[46]

일곱 번째이자 마지막으로, 영화(榮化)가 있다. 신자들은 예수의 영화의 길을 따르면서 죽음에서 그리고 그 후에는 부활에서 영화롭게 된다.[47] 보편적인 부활은 예수 그리스도의 재림 때 일어난다. 신자들에게 생명으로의 부활은 새 하늘과 새 땅에서의 삶으로 이어진다. 잃어버린 바 된 자들에게 그것은 죽음으로의 부활이다.[48] 그의 저작 전반을 통해 쉐퍼는 땅으로의 이런 귀환이 시간과 공간 안에서 일어날 것이라고 주장한다. 쉐퍼는 그것을 "엄연한 사실"(brute fact)이라고 부른다.[49] 하지만 또한 그는 이 사실은 단순히 어떤 약속이나 명제에 불과한 것이 아니라 우리 현재의 삶에 의미를 부여하는 진리라고 주장한다.[50]

---

45 칼뱅이 그의 *Institutes*(기독교강요)에서 의인(3.11-16)에 앞서 성화(3.6-10)를 다루는 것은 흥미롭다. 의심할 바 없이 이에 대한 변증학적 이유가 있었기는 하나 – 그것은 프로테스탄트를 겨냥한 반율법주의에 대한 비난에 맞서기 위함이었다 – 또한 거기에는 신학적 이유도 있었다. 하나님의 무죄 방면(의인)을 단순히 받아들이는 것을 넘어서는 그리스도인의 삶(성화)이야말로 성경적 종교의 목표다.

46 쉐퍼는 종종 그리스도인의 삶을 설명하기 위해 결혼의 유비를 사용했는데, 그것이 미혼남녀에게 늘 인정되었던 것은 아니다. 비슷하게, 하나님의 부성(父性)에 관한 그의 가르침은 학대 당하는 아이들이 듣기에는 어려운 것이었을 수도 있다. 이것들은 유비들이며 따라서 제한적이다. 모든 인간관계는 하나님의 일에 대한 모델이 되기에는 적절하지 않다.

47 전통적인 프로테스탄트 신학은 대개 영화를 부활 때 일어나는 것으로 여긴다. John Murray, *Redemption Accomplished and Applied* (Grand Rapids: Eerdmans, 1955), 174를 보라. 하지만 그것은 또한 몸을 떠난 영혼을 "영광에 들어 간" 것으로 말하기도 한다. 『존 머레이의 구속』(장호준 역, 복 있는 사람, 2011).

48 앞서 언급했듯이, 쉐퍼는 역사적 전천년주의자였다. 하지만, 비록 어떤 이들이 그의 흥함과 망함 식의 역사 서술이 미래에 있을 큰 재난을 내다보고 있기에 전천년주의와 상관이 있다고 주장하고 있기는 하나, 쉐퍼 자신은 그의 작품들에서 그런 종말론 체계에 대해 거의 언급하지 않는다. 그동안 전천년주의 종말론과 쇠퇴론 사이의 가능한 연관성과 관련해 열띤 논쟁이 있어왔다. 그러나 쉐퍼가 그런 연관성을 긍정했다 할지라도, 우리에게는 그것을 입증할 만한 분명한 증거가 없다.

프란시스 쉐퍼는 복음의 메시지를 강력하게 믿었다. 하지만 그는 그것을 성경이 분명하게 가르치는 더욱 큰 세계관과 인생관 안에 위치시켰다. 대체로 프란시스 쉐퍼는 개혁적 절충주의자였다. 그는 분명하게 개혁주의 전통 안에 서 있었고 (짐작하건대) 신학교에서 프로테스탄트의 고전들을 공부했으나, 그의 견해와 표현들은 그 자신의 성찰과 그가 수많은 대화를 통해 배운 것들을 포함해 여러 가지 원천들에 의해 형성되었다. 그러므로 그가 기존의 정통적 방식으로 그러나 또한 굉장히 창조적인 방식으로 아주 근본적인 것들을 설명하는 것은 놀랄 일이 아니다.

실재의 윤곽

성화에 대한 프란시스 쉐퍼의 견해의 핵심에는 그의 삶과 사역 모두에서 가장 중요했던 주제, 즉 실재라는 주제가 있다. 이 주제는『참된 영성』에서 거듭해서 등장한다. 앞서 언급했듯이, 실재에 초점을 맞추는 것은 또한 쉐퍼의 여행의 중요한 일부였다. 그의 전집(全集)의 색인들을 잠깐만 훑어보아도 "실재"에 대한 언급이 거의 60번이나 나타난다. 그런 색인들이 가리키는 내용들 중 일부는 그 주제를 그저 지나가며 언급할 뿐이지만, 어떤 것들은 그 주제를 철저하게 다루고 있다. 프랜이 실재의 문제에 지속적으로 몰두했음은 분명하다. 이미 우리는 그의 삶에서 실재의 부족을 치유하는 것이 그가 라브리 사역을 시작

---

49 쉐퍼는 공식적인 철학 교육을 받지 않았기에 우리는 그가 Elizabeth Anscombe(이 용어를 만들어낸 사람이다)가 "엄연한 사실"(brute fact)과 "원론적 사실"(institutional fact)을 구분했던 것에 대해 알지 못했다고 상상할 수 있을 것이다. 또한 그래서 스승인 코넬리우스 반틸이 분명한 사실에 대해 가한 공격을 인정하지 않으려 했던 것일지도 모른다. 반틸은, Berkely와 함께 그리고 경험주의에 맞서, (하나님의 계시의 편재성으로 인해) 해석되지 않은 사실은 없다고 주장했다.
50 *CW*, 4:175.

하게 했음을 살펴본 바 있다. 그렇다면 그가 이 특별한 개념을 사용할 때 그것이 실제로 의미하는 것은 무엇이었을까?

1. 철학 및 기독교 변증학과 관련해, 프랜에게 실재는 세계와 그 뒤에 계시는 창조자에 대한 객관적 진리를 의미한다. 불신자들과 더불어 그들의 도덕성이나 '인간다움'(manishness)에 관한 믿음에 대해 토론을 벌일 때, 쉐퍼는 종종 "외부 세계의 객관적 실재"를 언급했다. 최종적 실재는 우연 혹은 심지어 성경도 아니라 하나님 자신이다.[51] 변증을 위해 그가 선호했던 전략은 어떤 이를 실재와 마주서게 하는 것이었다. 만약 어떤 이가 계속해서 불신앙을 고집한다면, 우리는 그를 부드럽고 확고하게 "그의 전제들의 논리적 귀결" 속으로 밀어 넣을 수 있다. 그러면 그것이 그를 현실 세계로부터 끌어내고 그에게 실재로부터 멀어지는 것이 얼마나 음울한 것인지를 보여줄 것이다.[52] 이에 대한 예는 널려 있다. 센 강 좌안에 있는 연인들은 우주에 관한 실제적인 무언가를 알고 있다.[53] 참으로 사랑은 실제적이다. 왜냐하면 그것이야말로 인간을 살아 있게 하는, 그리고 죽음 속으로 밀어 넣지 않는 실제적 이유이기 때문이다.[54]

더 나아가, 우리가 역사적 기독교의 입장을 신뢰할 수 있는 이유는 그것이 악에 대해 실제적 입장을 취하고 있기 때문이다.[55] 이런 현실주의가 없다면 희망도 없다. 기독교의 견해는 낙관적이거나 냉소적이지 않고 오히려 현실적이다.[56] 그리고 언급했듯이, 신학적 현실주의는

---

51 *CW*, 4:106.
52 *CW*, 1:133, 140-42.
53 *CW*, 1:24.
54 *CW*, 1:79.
55 *CW*, 1:45.
56 *CW*, 1:46.

또한 죄라는 실재를 포함하고 있다. 쉐퍼는 죄에 관한 성경의 야만스러운 정직성에 대해 자주 언급했다. 우리는 죄로 인해 충격을 받아야 하는가? 그래서는 안 된다. 왜냐하면 그것은 성경에서 거듭해서 예견되고 있기 때문이다.[57] 성경의 개념들은 단순한 상징들이 아니다. 오히려 그것들은 "존재하시고 자신에 관해 말씀해 오신 하나님"에 기초를 두고 있기에 실제적이다.[58] 과학이 성공할 수 있는 것은 실재하는 세상을 창조하신 바로 그 하나님이 또한 우리의 정신으로 하여금 그 세상을 인식하게 하셨기 때문이다."[59]

2. 쉐퍼는 신학과 세상에서의 삶에 관한 엄연한 사실들 중 어떤 것들은 오직 하나님 앞에서만 의미가 있다는 점을 즐겨 지적했다. 쉐퍼의 설교와 저작의 지속적인 주제는 초자연적인 것의 완전한 실재성이었다. 나중에 우리는 그의 견해들을 상세하게 살필 기회가 있을 것이다. 그러니 여기서는 그가 보이지 않는 세상이 (우리 중 많은 이들이 경험하는 것과 반대로) 현존할 뿐 아니라 거의 손으로 만질 수 있을 만큼 분명한 실재라고 주장하고 있다는 사실에만 주목하도록 하자.[60] 『참된 영성』에서 그는 한 장 전체를 "초자연적 우주"(The Supernatural Universe)라는 주제에 할애했고, 또한 『도시 속의 죽음』에서는 "우주와 두 개의 의자"(The Universe and Two Chairs)라는 주목할 만한 단락을 덧붙였다. 그 둘 모두는 눈에 보이지 않는 세계의 실재에 유념하며 살아가라는 호소였다.[61] 비그리스도인들은 '불신앙'(unbelief) 가운데서 살아간다. 그

---

57 *CW*, 3:29, 87.
58 *CW*, 1:61.
59 *CW*, 1:335.
60 *CW*, 2:156; 3.246.
61 *True Spirituality* (Wheaton, IL: Tyndale, 1972), 5장; *Death in the City* (Downers Grove, IL: InterVarsity, 1969, 재출간, Wheaton, IL: Crossway, 2002), 9장.

리고 그리스도인들은 자주 '비신앙'(unfaith), 즉 완전히 초자연적인 세계에 대한 기능적인 부인 속에서 살아간다. 기도부터 식사와 같은 더 평범한 활동에 이르기까지 "신앙의 의자"와 상관없는 것은 아무것도 없다. 식사라는 지극히 인간적인 활동은 그리스도인의 삶의 아름다움을 드러내는 의미로 충만해 있다. 미래에 우리의 부활한 몸이 하는 식사와 관련해 쉐퍼는 이렇게 말한다. "이와 관련된 놀라운 여러 가지 일들 중에서도 이것은 참되고 확고한 실재다."[62] 우리 중 많은 이는 복음서에서 제자들이 "여기 무슨 먹을 것이 있느냐"(눅 24:41)라고 말씀하시는 부활하신 예수를 보고 놀라는 광경을 묘사하는 대목을 좋아한다.

3. 쉐퍼는, 우리가 그리스도인의 삶에서 진보를 기대해야 한다고 가르쳤으나, 다른 한편으로는 완벽주의에 대해 강력하게 경고했다. 오직 그리스도의 성취라는 실재만이 우리를 우리가 있어야 할 곳에 머무르게 해줄 수 있다. 하나님의 완전하심이 기준이기는 하지만 부활의 이 편에 완벽주의는 있을 수 없다.[63] 쉐퍼는 결혼생활의 문제는 배우자들 중 한쪽이 "완벽 아니면 아무것도 아님"(perfection or nothing)을 기대하기 때문에 일어난다고 자주 지적했다. "완벽 아니면 아무것도 아님"은 필연적으로 "아무것도 아님"으로 이어질 수밖에 없다. 그리고 이것 역시 실재와 관련되어 있다. 일반적인 그리스도인의 삶의 경험에서 우리의 의식은 우리가 그리스도의 완성된 사역의 현재적 실재를 더 잘 이해할 때 안정을 얻을 수 있다.

---

62 *CW*, 2:155.
63 *CW*, 4:177; 3:288.

우리는 모두 실재의 문제와 싸운다.…만약 내가 믿음으로 그리스도의 보혈을 붙들면, 실재가 이곳에 머문다. 마치 성경이 완벽주의를 가르치기라도 하는 것처럼 살려고 애쓰지 않으면서 말이다.…그러나 여기에 용서 받은 죄의 실재가 있다.…교리가 중요하기는 하지만 실재는 단지 교리적인 것이 아니다. 실재는 주 예수 그리스도께서 십자가에서 완성하신 사역을 통해 얻어진 하나님과의 회복된 관계라는 토대 위에서 경험될 수 있다.[64]

4. 마지막으로, 만약 그리스도인들이 그 시대의 도전들과 마주하려면, 그들은 "두 개의 내용과 두 개의 실재"(two contents and two realities)를 인정해야 한다.[65] 이것은 쉐퍼가 견고한 실천과 견고한 교리의 필요성을 강조하기 위해 창안한 방법이다. 첫 번째 내용은 건전한 교리이고, 두 번째 내용은 정직한 질문들에 대한 정직한 답변들이다. 첫 번째 실재는 진정한 영성이고, 두 번째 실재는 인간관계의 아름다움이다. 형이상학적으로 말하자면, 물론, 오직 하나의 최종적인 실재가 있을 뿐이다.[66] 하지만 프랜은 사랑스러운 인간관계뿐 아니라 개인적 성화의 절대적 중요성을 강조하기 위해 그것들을 실재라고 부른다.

쉐퍼의 생각은 내가 언급했듯이, 현실주의 철학과 여러 가지 유사성을 갖고 있다. 하지만 그를 순수한 철학적 현실주의자 혹은 스코틀랜드의 상식철학(Common Sense) 계열의 현실주의자로 여기는 것은 잘못된 일이 될 것이다.

그가 "실재"라는 용어를 사용하는 방식은 (특히 그리스도인의 삶을 가리

---

64 *CW*, 3:297-98.
65 *CW*, 3:407-22.
66 *CW*, 4:289.

킬 경우) 어떤 틀에 매어 있지 않다. 그가 말하고자 하는 것은, 하나님이 실재하신다는 것이었다. 하나님의 현존은 우리의 경험을 통해 실제로 알려질 수 있다. 그에게 현실주의는 철학 논쟁에서 그랬던 것처럼 관념론이 아닌 영적 냉담함에 대한 해독제였다. 쉐퍼는 아키발드 알렉산더, 찰스 핫지, 그리고 벤자민 B. 워필드 같은 옛 프린스턴 변증학자들과 같은 의미에서 현실주의자라고 불려왔다. 하지만 쉐퍼가 그들의 견해를 의식적으로 지지했는지는 분명하지 않다. 게다가, "현실주의"라는 철학적 표찰은, 폴 헬셋(Paul Helseth)이 그의 최근 저서를 통해 주장하듯이, 옛 프린스턴 학파에게 잘못 적용된 듯 보인다.[67]

여하튼, 그리스도인의 삶에 대한 쉐퍼의 접근법에서 실재가 갖고 있는 결정적 중요성은 허풍이 아니다. 그는 하나님의 현존을 경험하기를, 그리고 자신이 다른 이들에게 그 동일한 실재 안에서 살아가는 길을 보일 수 있기를 진심으로 바랐다.

---

67 Paul K. Helseth, *"Right Reason" and the Princeton Mind: An Unorthodox Proposal* (Phillipsburg, NJ: P&R, 2010).

5. 그리스도인의 삶과 자유

그러므로 내가 하나님의 계명에 순종하는 것은 내 자신에 맞서는 것이 아니라 내 자신을 위하여 일하고 있는 셈이다. 하나님의 형상이라는 나의 본성에 맞춰 행동하고 있는 셈이다. 내가 옳은 일을 하는 것은 나의 참된 정체성을 세우고 있는 것이다. 즉 내 자신을 자유롭게 하고 있는 것이다.

래널드 맥컬리와 제람 바즈

현재의 자유

이 장의 주된 목적은 『참된 영성』에 등장하는 일련의 설교들의 첫 부분을 면밀하게 살피는 것이다. 우리가 참으로 운이 좋은 것은, 그리스도인의 삶에 관한 프란시스 쉐퍼의 견해를 이해하려면 마땅히 그의 작품 모두를 살펴봐야 하겠지만, 참고할 만한 아주 중요한 본문, 즉 그의 오랜 사역의 결과로서 그의 주된 성찰이 체계적으로 제시된 본문 하나가 있다는 사실이다. 『참된 영성』에서 우리는, 비록 쉐퍼에게 그리스도인의 삶과 연관된 문제들 중 핵심적 관심사가 '실재'였기는 하나, 그가 그 실재의 가장 구체적인 표현들 중 하나로 자유를 꼽고 있음을 발견한다.

이 설교 시리즈는 두 개의 큰 부분으로 나뉜다. 하나는 "죄의 굴레로부터의 현재적 자유"(Freedom Now from the Bonds of Sin)이고, 다른 하나는 "죄의 결과로부터의 현재적 자유"(Freedom Now from the Results of Sin)이다. 그러나 자유와 실재는 거의 같은 종류의 문제들이다. 왜냐하면 자유를 얻는 것이 복음을 실재로 만들어주기 때문이다. 이 두 가지 큰 범주들에 속한 각각의 장들을 통해 우리는 우리의 현재 삶에 복음의 원리들을 적용하는 것과 관련된 가르침을 발견한다. 약간 지나치게 세세해지는 위험을 감수하면서, 비록 아주 철저하게는 아니지만, 자유의 실재와 관련해 강조하는 것들을 중심으로 이 설교 시리즈를 살펴보자. 이 책의 각 장 제목들은 다음과 같다.

13장 교회에서의 실질적 치유

부록: 삶의 티끌

비록 각 장의 주제들이 서로 겹치는 부분이 없지 않으나, 이런 구
성의 논리는 단순하다. 대체적으로, 1부는 기초적인 성격을 갖고 있
다. 거기에서 쉐퍼는 그리스도인의 삶을 위한 성경적이고 신학적인
기초들에 대해 설명한다. 2부는 이런 원리들을 양심이나 인간관계 같
은 다양한 문제들에 적용한다. 쉐퍼는 이 순서가 뒤집어져서는 안 된
다고 주장한다. 기초가 "객관적으로 참된" 것으로 서지 않는다면, 우
리는 그리스도인의 삶 대신 심리학적 속임수와 "잔인한 환상"을 얻게
된다. 다시 한 번 프랜은 각 부의 시작 부분에서 그리스도인의 삶을
실천하기 이전에 복음이 수용되어야 한다는 핵심적 원리를 확실하게
정립한다.[1]

이제 이 탁월한 설교 시리즈의 주된 가르침을 차근차근 살펴보기로
하자.

두 가지 테스트

1부의 제목은 "죄의 굴레로부터의 현재적 자유"이다. 1장은 몇 쪽
에 걸쳐 중생을 통해 그리스도인이 되어야 할 필요를 강조한 후 "다
음으로 나는 무엇을 할 것인가?"라는 질문을 다룬다. 그 장은 인간 마
음의 문제를 소개한다. 쉐퍼는 많은 경우에 새로 그리스도인이 된 이
들은 "해야 할 일과 하지 말아야 할 일"의 목록을 받는다고 말한다.
비록 그런 목록이 그들의 정황 속에서는 나름의 충분한 이유를 갖고

---

1 *CW*, 3:199-201, 287-88.

있을지라도, 그리스도인의 삶은 일련의 금기사항들 이상이다.[2] 하지만 그런 목록에 대한 답은 반율법주의(antinomianism), 즉 우리는 그리스도 안에서 자유롭기에 우리가 원하는 대로 살아도 된다는 믿음이 아니다. "우리는 단순히 어떤 목록을 지키는 것을 통해서 진정한 영성에 이르거나 참된 그리스도인이 되지는 못한다. 그러나 또한 우리는 단지 그 목록을 거부하고 어깨를 으쓱거리며 느슨한 삶을 사는 것을 통해서도 그런 상태에 이르지 못한다."[3] 분리된 교회에서 형성된 그의 배경, 그리스도인의 자유에 관한 그의 확신, 그리고 이런 엄격한 접근법 중 몇 가지에 대한 그의 반응 등을 고려한다면, 그의 이런 이중적 강조는 이해할 만하다. 규칙들은 형식주의로 이어질 수 있다. 하지만 어떤 규칙들은 성결한 그리스도인의 삶을 위해 필요하다. 실제로 십계명은 평범한 목록이 아니다. 그것들은 사랑의 법을 대표한다.

하지만 근본적인 쟁점은 어떤 목록의 문제가 아니다. 설령 그것이 사랑의 법이라는 고차원적인 것이라 할지라도 그러하다. 오히려 그리스도인의 삶은 외적 실재가 아니라 내적 실재로 간주될 필요가 있다. 비록 우리가 쉐퍼를 (적어도 고전적인 의미에서는) 신비주의자라고 불러서는 안 되지만, 그는 계속해서 우리에게 양심과 동기, 살아 있는 믿음, 마음의 문제들을 가리킨다. 쉐퍼는 십계명의 정점이 탐욕을 금하는 계명임을 능숙하게 지적한다. 그 계명은 긍정적인 명령들을 표현하는 부정적인 방식이다. 그는 사랑과 탐욕이 모두 나름의 외적 표현을 갖고 있으나 "사랑은 외적이지 않고 내적이다"라고 주장한다. 우리는 사랑의 법의 이런 내적 측면과 관련해 그것이 우리를 재촉하시는 성

2 *CW*, 3:201.
3 *CW*, 3:202.

령의 음성이라고 말할 수 있다.[4]

쉐퍼는 우리 자신이 탐욕적인지 아닌지를 평가하는 데 도움이 될 만한 두 가지 테스트를 제안한다. 첫 번째 테스트는 하나님과 관련되어 있다. 나는 만족을 경험하고 있는가? 만약 내가 하나님을 충분히 사랑함으로써 만족을 경험하고 있다면, 그때 나는 적절하게 영적인 상태에 있는 셈이다. 쉐퍼에 따르면, 만족의 반대는 반항인데, 이것은 죄의 본질이다. 그는 이런 주장을 입증해 줄 여러 가지 성경적 증거들을 제시한다. 특히 로마서 8장 28절은 세상의 악에 사탕발림을 하는 것이 아니라 하나님께서 무서운 고난의 한가운데서조차 선을 이루신다는 사실을 우리에게 확신시켜 준다고 주장한다. 타락한 비정상적인 세상에서 우리는 여전히 우주가 인격적이며 하나님은 영적 전투에서 우리를 사용하실 권리를 갖고 계시다는 사실을 믿을 수 있다.[5]

두 번째 테스트는 우리의 이웃과 관련되어 있다. 나는 내 이웃을 질투하지 않을 만큼 사랑하는가? 질투와 관련해서 여러 가지 표현들이 인용된다. 나는 내 이웃의 불행에 은밀한 기쁨을 느끼는가? 쉐퍼는 우리가 모두 이런 죄에 아주 쉽게 빠진다고 주장한다. 우리는 실재를 깊이 탐구하면서도 그런 잘못에 빠질 수 있다.[6] 그리고 만약 우리가 정직하다면, 우리는 은밀한 질투심이 곧 우리의 외적 삶 속으로 스며들어와 우리가 이웃을 미워하고 중상하는 것으로 끝나게 할 수도 있음을 깨닫게 될 것이다. 다시 한 번 쉐퍼는 이 시험과 관련된 성경의 여러 경고들을 인용한다(고전 13; 갈 2:20; 롬 6 등).

---

4 *CW*, 3:204.
5 *CW*, 3:208. 흥미롭게도 칼뱅 역시 만족에 대해 유사한 생각을 갖고 있었다. *Institutes*, 2.8.46을 보라.
6 *CW*, 3:209.

그러나 마지막으로, 반항이나 질투 같은 부정적인 것들이 중요할 수는 있으나, 그것들이 이야기의 끝은 아니다. 끝은 긍정적인 것이 되어야 한다. 우리는 역사의 이 순간에 하나님과 교제해야 한다.[7]

죽음과 부활

이런 서론적 문제들을 다룬 후, 쉐퍼는 외적인 것에서 마음의 문제로 넘어가면서 진정한 영성을 얻기 위해 고려해야 할 가장 기본적인 두 가지 요소를 살핀다. 그것들은 죽음과 부활이다. 어느 면에서 프란시스 쉐퍼에게는 죽음과 부활(예수 그리스도 안에서, 그리고 그분을 통해서 새로운 삶을 얻는 것)이야말로 영적 삶의 핵심적인 동력이다.

프랜은 우리가 그동안 알아왔던 현실주의에 입각해 죽음의 엄연한 사실성을 강조한다.[8] 죽음은 그에게 아주 심각한 문제였다. 여기서 그는 로마서 6장 4-6절과 갈라디아서 2장 20절 같은 성경 구절들을 살피면서 두 가지 진리를 확언한다. 우리는 죽었다. 그리고 우리는 매일 죽어야 한다. "아니오"라고 말하는 것은 그리스도인의 삶의 핵심 동력이다. 그러나 그것의 궁극적 목적은 긍정적이다.

다시 말하지만, 이것[죽음 - 역주]은 그저 낭만적으로, 즉 우리 안에 있는 어떤 감정을 불러일으키는 식으로 다뤄져야 할 그 무엇이 아니다. 이것은 아주 강력한 부정적인 단어다. 우리는 하나님과 사람을 사랑하라

---

7 *CW*, 3:212.

8 "죽음"(death)이라는 단어가 프란시스 쉐퍼의 여러 작품들의 제목에 등장한다는 것은 주목할 만하다. 우선 우리는 *Death in the City*(1969)와 *Pollution and the Death of Man*(1970)을 떠올릴 수 있을 것이다. 하지만 그 외에도 "죽음"은 그의 저작 전반에서 표제가 되고 있다. 그의 가장 친한 친구이자 동료였던 한스 로크마커는 *Modern Art and the the Death of a Culture*(1970)라는 미술사에 관한 획기적인 작품을 썼다. 『현대 예술과 문화의 죽음』(김유리 역, IVP, 1993).

는 명령에 실제적 의미를 부여하기 위해 우리 자신에게 기꺼이 "아니오"라고 말해야 하며, 또한 사물들에 대해서도 기꺼이 "아니오"라고 말해야 한다.[9]

"아니오"라고 말하는 것은 불편할 뿐 아니라 관대함을 지향하는 문화를 거스르는 것이다. 하지만 사실은 오직 그것만이 앞으로 나아가는 유일한 길이다. 쉐퍼는 제자들이 영광 중에 계신 그리스도의 모습을 보았던 변화산에서 이루어진 예수와 모세, 엘리야가 나눈 대화의 주제가 죽음이었다는 사실(눅 9:27-36)에 확대된 주장을 펼쳐나간다. "당신은 그들이 계속해서 그리스도의 임박한 죽음에 관해 이야기하고 있었음을 알아야 한다."[10] 그리스도의 메시지의 핵심은 예수의 삶이나 기적이 아니라 그분의 죽음이다. 십계명 자체가 대부분 부정적인 명령으로 이루어져 있다. 그것은 우리의 자연적 성향을 부인함으로써 우리에게 고통을 주지만 우리가 앞으로 나가기 위한 옳은 길이다. "진정한 영성은 부정적인 것 앞에서 멈추지 않는다. 그러나 이해와 실천에 있어서 부정적인 것이 없다면 우리는 계속해서 전진할 준비가 되어 있지 않은 셈이다."

이제 우리는 죽음으로부터 부활로 나아간다. 쉐퍼는 음악과 관련된 멋진 예로 시작한다. 그는 우리에게 지금은 나팔을 불 때라고 말한다. 예수님은 거부 당하고 살해되셨다. 그리고 그 후에 부활하셨다! 다시 쉐퍼는 변화산 이야기(그가 참으로 좋아하는 이야기다)와 부활 후 예수의 현현에 관한 다양한 이야기들을 전하는 성경 구절들을 사용해 부활하신

9 *CW*, 3:216.
10 *CW*, 3:219-23.

구주의 확실하고도 역사적인 실재성을 강조한다. 다시 그는 예수께서 다메섹 도상에서 사울에게 나타나셨던 것과 밧모 섬에서 요한에게 나타났던 하늘의 환상에 관해 논한다.[11] 이것들은 이제는 신자들을 위해 실재가 되고 있는 그리스도의 완성된 사역에 대한 여러 증거들이다. 그러므로 우리가 그리스도를 받아들일 때 하나님은 우리를 죽었다가 부활한 자로 여기신다.[12] 그러므로 지금 우리는 마치 우리가 죄에 대하여는 죽고 하나님께 대하여는 산 것처럼 살아야 한다.[13] 우리의 삶은 자아의 포기나 소거가 아니라, 우리의 자아를 적극적으로 굴복시키는 것과 "영광스러운 피조물"이 되고자 하는 것에 달려 있다.[14]

4장은 부활의 현재적 실재성에 관한 확대된 고찰을 통해 이 주제를 확장해 나간다. 여기서 강조되는 것은 성령을 통한 그리스도와 우리의 결합이다. 다시 쉐퍼는 변화산 사건을 신자들의 부활을 논하는 성경의 몇 구절들에 비추어 살핀다. 그리스도인들은 참된 신비주의, 즉 단순한 수동성이 아니라 "적극적 수동성"(active passivity)의 신비주의를 경험할 수도 있다.[15] 쉐퍼는 마리아 이야기에 약간의 시간을 쏟는데, 그 이야기에서 마리아는 자기가 그리스도를 낳게 되리라는 말씀을 듣는다. 마리아는 그런 특권을 거부하거나 자신의 힘으로 그 일을 이루려 할 수도 있었다. 하지만 그렇게 하는 대신 이렇게 말했다. "주의 여종이오니 말씀대로 내게 이루어지이다"(눅 1:38). 쉐퍼는 이 구절에서 "적극적 수동성"이라는 개념을 끌어낸다. "분명히 그 능력은 내 자신

---

11 *CW*, 3:227-33.
12 *CW*, 3:235.
13 *CW*, 3:236-40.
14 *CW*, 3:240.
15 *CW*, 3:263.

의 것이 되어서는 안 된다. 그것은 믿음에 의해 그리고 성령의 중재를 통해 얻어지는, 십자가에 달리고 부활하고 영광을 얻으신 그리스도의 능력이다."[16]

비록 쉐퍼가 성화의 교리를 조직적이고 신학적으로 정확하게 해설하지는 않으나, 그의 설명은 본래의 당신이 되는 것에 대한 개혁주의의 강한 어조와 아주 유사하다. 종종 "직설법에서 명령법을 끌어내는 것"으로 간주되는 이 개념의 내용은 그리스도인인 우리가 새로운 피로물이 되어야 한다는 것이다. 우리는 죄에 대하여는 죽었고, 이제는 하늘에 있는 자리에 앉아 있다(고후 5:17; 골 2:20, 3:1을 보라). 그런 이유로 우리는 마치 이런 현실이 참된 것인 양 살아야 한다. 존 머리는 그리스도인들이 죄와 급격하게 단절되었고 이미 그리스도와 함께 부활했음을 설명하기 위해 "결정적 성화"(definitive sanctification)라는 말을 만들어냈다. 이 단회적이고도 영원한 은혜는 혁신적인 것이며, 우리는 이것을 법정적 성격을 지닌 의인(義認)과 혼돈하지 말아야 한다.[17] 하지만 "결정적인 것"이 됨으로써 그것은 우리에게 성화를 위한 동력을 제공해 준다.[18]

5장은 다시 실재라는 주제로 돌아간다. "초자연적 우주"라는 제목이 붙은 그 장은 눈에 보이지 않는 세계의 현존에 대한 쉐퍼의 지속적인 몰입을 다룬다. 이 주제에 대한 철저한 논의를 위해 우리는 『도시 속의 죽음』 9장에 등장하는 "우주와 두 개의 의자"(The Universe and Two

---

16 *CW*, 3:253.

17 John Murray, "Definitive Sanctification," in *The Collected Works of John Murray*, vol. 2, *Select Lectures in Systematic Theology* (Edinburgh: Banner of Truth, 1977), 277-84.

18 예컨대, Douglas Moo, *The Epistle to the Romans* (Grand Rapids: Eerdmans, 1998), 391; John Murray, *Principles of Conduct* (Grand Rapids: Eerdmans, 1974), 202-28을 보라.

Chairs)라는 제목의 에세이를 살펴볼 수 있을 것이다.[19] 그 에세이는 문이 닫힌 어두운 방 안에 있는 두 사람에 대한 예화를 통해 눈에 보이지 않는 세계의 실재를 탐구해 나간다. 그 방은 하나님이 만드신 우주를 대표한다. 한쪽 의자에 앉아 있는 사람은 물질적 세상 외에는 아무것도 인정하지 않는다. 반면에 다른 쪽 의자에 앉아 있는 사람은 눈에 보이지 않는 세계의 실재를 인정한다.[20] 이어서 에세이는 많은 그리스도인들이 결과적으로 "비신앙"의 의자에 앉아 있다고 꾸짖는다. 그럴 바에야 기능적으로 그들은 순전히 물질적인 세상에서 살아가는 편이 낳을 것이다.

여기 『참된 영성』 5장에서 쉐퍼는 그리스도인의 삶은 성경이 초자연적 세계에 대해 강조하는 것에 비추어 사는 삶이라는 자신의 견해를 강화해 나간다. 조금 이상하게 보일 수도 있는 개념, 즉 그리스도가 우리를 통해 열매를 맺는 신부라는 개념은, 만약 우리의 세계가 참으로 초자연적인 것이라면 이해할 만한 것이 된다(그는 이 주제를 7장에서 다시 다룬다). 쉐퍼는 초자연적 세계를 진지하게 다루는 문제를 가장 강력한 용어를 사용해 강조한다. 그에 따르면 오늘날 교회는, 은유를 섞어서 말하자면, "주입 혹은 함축을 통해" 자연주의의 천장이 우리를 내리덮도록 허락해 왔다.[21]

적극적 수동성

6장의 목표는, 비록 그리스도의 구속 사역이 완성되었고 우리가 새

---

19 *CW*, 4:287-99.
20 이 에세이에서 쉐퍼는 눈에 보이지 않는 세상은 보이는 세상만큼이나 자연스럽고 실재적이기에 "초자연적"이라는 용어조차 별 도움이 되지 않는다고 슬쩍 주장한다.
21 *CW*, 3:263.

하늘과 새 땅에서 있을 우리의 온전한 구속을 기대하고 있을지라도, 여전히 지금 이곳에서 이루어져야 할 많은 일이 있음에 대해 논하는 것이다. 우리는 십자가와 그리스도의 재림 사이의 기간을 삽입구로 간주해서는 안 된다. 라브리 이야기에 익숙한 이들은 이 장에서 그 비상한 사역을 정초(定礎)하는 데 필수적이었던 강조점들 중 많은 것을 인식하게 될 것이다. 프랜은 성령을 기다리지 않은 채 복음을 선포하는 것은 헛된 일이라고 말한다.[22] 우리는 프랜이 이디스에게 만약 성경에서 성령과 기도에 관한 모든 가르침들이 문자 그대로 제거된다면 그들의 삶에 어떤 일이 일어날지 물었던 날을 떠올릴 수 있을 것이다. 이 장에서 프랜은 그리스도인들에게 "역사 속의 그들의 지점에서" 하나님의 존재를 드러낼 것을 강력하게 촉구한다. 그는, 우리는 과거나 미래가 아니라(우리의 유산을 통해서는 제외하고) 현재에 그런 증거가 되어야 한다고 주장한다.[23] 또한 그는 구원은 의인에서 시작되지만 그럼에도 단회적이고도 영원한 무죄방면보다 훨씬 더 큰 의미를 갖는다고 말하면서 그 문제를 신학적으로 다룬다.

1부의 마지막에 해당되는 "열매 맺는 신부"라는 장은 쉐퍼의 저작들 중 다른 곳들에서 등장하는 주제를 훨씬 더 상세하게 묘사한다.[24] 열매 맺음은 요한복음 15장에 나오는 포도나무와 가지에 관한 예수님의 가르침과 연관되어 있다. 쉐퍼는 그런 유비들을 사용해 우리와 삼위일체 하나님의 일차적 관계를 보여주는 명백한 증거가 있어야 한다고 강조한다. 우리는 선한 열매를 맺을 수도 있고 나쁜 열매를 맺

---

22 *CW*, 3:266.

23 *CW*, 3:266-67.

24 예컨대, *The Church at the End of the Twentieth Century*, in *CW*, 4:47; *The Church Before the Watching World*, in *CW*, 4:133-49를 보라. 『20세기 말의 교회』(프란시스 쉐퍼 전집 제4권, 박문재 역, 크리스챤다이제스트사, 2007).

을 수도 있다. 쉐퍼는, 중세의 신비주의자들 중 어떤 이들과 크게 다르지 않은 방식으로, "나의 연인"인 그리스도에 대해, 그리고 그분에게 충성하거나 충성하지 않을 가능성에 대해 이야기한다.[25] 불충성은 영적 간음이며, 또한 그것은 죄다. 그것은 잘못된 남편을 통해 아이를 낳는 것이 될 수 있다.[26] 여기서 그는 한걸음 더 나아가서 그가 앞서 한 말들을 통해 드러난 핵심적 주제들을 강화한다. 우리의 실천은, 실존주의자들이 적절하게 인식했듯이, 매순간 이루어져야 하며, 그때마다 하나의 사건이 되어야 한다. 그는 마리아가 예시했던 "적극적 수동성"이라는 개념으로 되돌아간다. 그는 진정한 영성에 대한 그 어떤 기계적인 접근에 대해서도 반대한다.[27] 그런 것 대신 인격적인 교제가 있어야 한다.

우리가 열매 맺음과 매순간의 실천, "적극적 수동성"을 오해해 자신에게 기독교적 실존주의와 같은 무언가를 개발해야 한다는 부당한 압력을 가할 가능성이 있다. 개인적으로 나는 그런 것들에 대해 처음 들었을 때 그런 압력을 경험한 바 있다. 신참 그리스도인이었던 나는 매순간 하나님의 임재를 경험하고 실천하라는 압력을 받고 있다고 느꼈다. 나는 하버드 교정의 길을 따라 걸으며 내 두뇌를 일종의 전기접속 같은 방식으로 억지로 하나님 안으로 밀어넣으려 했던 것을 기억한다. 그것은 결코 건강한 것이 아니었다.

사정을 좀 더 잘 이해하게 되었을 때 쉐퍼가 우리에게 우리의 태도를 숙고할 것을 호소하고 있음을 깨달았다. 그것은 전적으로 옳았으

---

25 예컨대, Bernard de Clairvaus(1090-1153)는 아가서를 신부인 영혼과 신랑이신 그리스도를 묘사하는 - 그 둘의 신비로운 연합을 결혼으로 생각하면서까지 - 일련의 설교를 통해 해석했다.

26 *CW*, 3:276.

27 *CW*, 3:280-82.

나 나에게는 여전히 실현 가능한 일이 아니었다. 하지만 그런 깨달음은 나를 앞으로 나아가게 했고 고전적인 개혁주의 신학자들의 책들을 읽게 했다. 그리고 결국 나는 예수 그리스도께서 그분의 사역을 마치셨기에 내가 가질 수 있었던 확신을 발견했다. 그로 인해 이제 나는 (어느 의미에서는) 그분을 위해 그 일을 끝내려고 애쓸 필요가 없게 되었다! 또 나는 앞서 언급했던 "결정적 성화"에 관한 존 머리의 가르침을 통해 크게 도움을 받았다. 또한 존 머리는 내가 원창조와 구속의 관계를 더 잘 이해하도록 도와주었다. 창조(일, 휴식, 예배, 생식 등과 같은 그에 따르는 명령들과 함께)와 지금 구속 중에 있는 타락 이후의 세상 사이에 연속성이 있기에, 나는 마치 모든 것이 무에서 출발하기라도 한 것처럼 내 자신의 영성과 관련해 얼마간 짓눌린 의식을 가질 필요가 없다는 것을 깨닫기 시작했다. 분명히 나는 책임적 존재가 되어야 하며, 사도가 명령하듯이 두렵고 떨림으로 구원을 이루어야 한다(빌 2:12). 하지만, 그가 계속해서 말하듯이 "너희 안에서 행하시는 이는 하나님이시"며, 그분이 "자기의 기쁘신 뜻을 위하여 너희에게 소원을 두고 행하게" 하신다(13절).

비록 쉐퍼는 창조와 연관된 포고령(노동, 예배, 결혼, 가족 등에 관한)이 지니고 있는 영원한 가치를 분명하게 믿었으나, 나는 라브리에서 문화 명령에 대해서도, 혹은 하나님의 형상과 땅을 채우고 정복하라는 명령(창 1:26-30; 시 8:5-8; 렘 29:4-7; 히 2:5-9 등)[28]의 연관성에 대해서도 많은 토론을 했던 기억이 없다. 하지만 이것은 단지 용어상의 문제일 수도 있다. 언젠가 쉐퍼는 래널드 맥컬리와 제람 바즈가 함께 쓴 책인 *Being*

---

28 오늘날 나는 여러 가지 이유에서 이것을 "문명 위임"(civilizational mandate)라고 부르고 있다.

Human(인간되기)이 그동안 자기가 말하고자 했던 것을 충분히 반영하고 있다고 말한 적이 있는데, 그 책은 문화적 개입에 대한 통찰들로 가득 차 있다.[29] 프랜이 그리스도인의 삶에서 차지하는 문화와 예술의 중요한 위치에 몰두했고, 또한 그의 사상의 배후에 아브라함 카이퍼(Abraham Kuyper)가 신학계와 철학계에 도입했던 "영역 주권"(sphere sovereignty) 같은 강조점들이 숨어 있기는 하나, 그는 카이퍼나 신칼뱅주의 운동 같은 것들에 대해 많은 말을 하지 않았다. 하지만 분명히 그는 그런 강조점들 중 많은 것에 아주 능숙했다. 그의 가장 가까운 친구였던 한스 로크마커는 훨씬 더 그러했다. 로크마커는 네덜란드 라브리에서 사역했으므로 확실히 우리는 그의 가르침을 라브리의 가르침으로 여길 수 있을 것이다. 그리고 더 나아가 우리는 쉐퍼가 종교 개혁 이후에 칼뱅주의가 네덜란드 문화에 영향을 준 방식을 깊이 존경했다는 사실을 지적할 수 있을 것이다.[30]

쉐퍼는 여기 "열매 맺는 신부"와 다른 곳들에서 그리스도인의 삶은 우리가 되어야 하는 상태로의 회복이라고 말한다. 그리스도인으로서 우리는 우리가 애초에 하나님 형상의 담지자로서 되기로 되어 있던 존재가 되어야 한다.[31] 그는 지금(구속의 시대) 우리와 주님의 관계와 원래의 창조 질서 안에서 그분과 우리의 관계(그의 표현대로 하자면, "인간이 죄를 짓지 않았다면 형성되었을 관계") 사이의 차이는, 지금 우리가 행위의 언약

---

29 Jerram Barrs와 Ranald Macaulay, *Being Human: The Nature of Spiritual Experience* (Downer Grove, IL: InterVarsity, 1998).

30 쉐퍼는 *Pollution and the Death of Man*에서 "영역 주권"이라는 카이퍼의 개념에 대해 감사를 표한다. 우리는 그 문제를 8장에서 살필 것이다(*CW*, 5:35). 여기저기에서 그는, 비록 다른 용어들을 사용하기는 하나, 문화명령에 대해 암시한다. 그런 용어들 중 하나는 "지배권"(dominion)이다. *Genesis in Space and Time*(*CW*, 2:35)을 보라.

31 *CW*, 3:283.

이 아니라 은혜의 언약 아래에 있다는 점이라고 말한다. 현재 우리의 관계는 그리스도가 완성하신 구속 사역의 토대에 의존하고 있으며, 바로 그것이 유일한 차이점이다.[32]

그런 견해는 개혁주의의 유산에 깊이 뿌리를 내리고 있다. 그것은 플라톤주의와 정반대되는 생각이다. 우리의 현재의 성화와 타락 이전의 상태 사이에 연속성이 있는 것처럼, 우리의 현재 세상과 다가올 세상 사이에도 얼마간 연속성이 존재한다. 이때에도 쉐퍼는 상세한 내용을 전문적인 신학 용어를 사용해 논하지 않는다. 물론 개혁주의 신학자들조차 성경의 자료를 해석할 때 차이를 드러낸다. 그 스펙트럼의 한쪽 끝에서 새 하늘과 새 땅은 원래 에덴의 상태로의 회복(다시 유혹에 빠져 타락할 가능성은 제외하고)으로 간주된다. 그 스펙트럼의 다른 쪽 끝에서 현재의 삶은 갱신된 세상, 즉 종말에 오늘날의 문화와 기술과 도시 건축이 유효하게 되는 세상을 향해 신중하게 나아가는 것으로 간주된다. 게할더스 보스는 하나님이 우리의 최초 조상들에게 선과 악을 알게 하는 나무의 열매를 따먹지 말라고 말씀하셨던 에덴에서의 시험의 목적은 인간이 성장하고 성숙하게 할 수 있게 하시기 위함이었다고 주장한다. 아담과 하와가 뱀의 제안을 거부했다면, 그들은 인류를 동산에서의 죄 없는 삶으로부터 영원한 삶, 즉 견고하게 완성된 지복의 삶으로 이끌어갔을 것이다. 게할더스 보스에게 생명의 나무는 인간의 미래를 대표한다.[33]

프란시스 쉐퍼가 이런 상세한 내용들에 대해 얼마나 동의하는지는 분명하지 않다. 신학교에서 공부한 후에 나는 전형적인 방식으로 그

---

32 CW, 3:283.

33 Geerhardus Vos, *Biblical Theology: Old and New Testaments* (Grand Rapids: Eerdmans, 1948), 37-51.

에게 이런 질문들 중 몇 가지를 던졌다. 그의 사고는 늘 매력적이었으나 학문적인 방식으로 표현되는 적은 거의 없었다. 내가 아는 한, 그는 종말론적 표지로서의 생명나무에 대해서나 아담과 하와가 금지명령을 이행했다면 일어났을 일에 대해 숙고한 적이 없다. 쉐퍼에게 이 시험은 하나님에 대한 그들의 충성을 헤아리기 위한, 그리고 그들이 자유의지를 갖고 있음을 보이기 위한 단순한 시험이었다.[34] 이 점은 아무리 강조해도 지나치지 않다. 쉐퍼는 항상 "자유의지 옹호"라는 표현을 사용하면서 겉보기에 조악한 불공평처럼 보일 수도 있는 것(겨우 열매 하나 따먹은 것이 그처럼 참담한 파멸로 이어진다)이 자기에게는 인간의 중요성에 대한 증거로 보인다고 주장했다. 하나님 형상의 담지자들에게는 너무 많은 책임이 주어졌기에 우리가 내리는 겉보기에 사소해 보이는 결정들이 영원에 영향을 줄 수 있다.

우리의 최초의 조상들이 실패했을 때, 하나님이 은혜롭게 개입하셔서 은혜의 언약을 체결하셨다. 구원은 현재적 실재를 의미하며 천국에 가는 것은 그 다음 일이다. 상세한 내용에 대해 언급하는 것을 꺼리기는 하나, 프랜은 천국이 정돈된 상태로의 회귀 이상이라고 단언한다. 그는 천국은 "정적이지 않다"고 자주 말했다. 그곳은 우리가 사랑하는 이들을 알아보는 곳, 그리고 배움과 일이 영원히 계속되지만 지금 우리가 경험하는 고역과 근심은 없는 곳이 될 것이다. 소책자

---

34 아무것에도 매이지 않은 상태에 대한 질문은 위험으로 가득 차 있다. Henri Blocher는 악의 문제를 설명하기 위해 자유의지 논증을 사용하는 것에 대해 경고한다. 왜냐하면 그것은 하나님이 그분의 피조물 안에 잘못의 가능성을 심어놓으셨음을 의미하기 때문이다(*Evil and the Cross: An Analytical Look at the Problem of Pain* [Downers Grove, IL: InterVarsity, 1994], 14). 그는 악을 정당화하거나 변호할 생각이 전혀 없기에 금지명령에 대한 개혁주의의 전형적인 견해를 거부한다. 칼뱅은 자유의지라는 표현을, 교부들이 그것을 사용했기에, 주저하며 사용한다. 하지만 그의 관심은 그것이 모종의 장점으로 이행되지 않는다는 점이다(*Institutes*, 2.2.5). 쉐퍼가 그 표현을 사용한 것은 원칙적으로 그가 모든 종류의 결정론에 맞서 인간의 의의를 옹호했기 때문이다.

『예술과 성경』(프란시스 쉐퍼 전집, 제2권, 문석호 역, 크리스찬다이제스트사, 2007)에서 쉐퍼는 스위스의 화가, 폴 로버트(Paul Robert)가 뇌샤텔의 한 박물관에 있는 벽화에서 아름다운 사람들이 건축과 음악을 포함해 몇 가지 예술 양식의 상징들을 들고 천국에 이르는 멋진 계단을 올라가는 것을 그린 것이 아주 적절했다고 주장한다. 그들은 오르고 있고, 그리스도는 그 보물들을 받기 위해 내려오고 계시다. 쉐퍼가 보기에 폴 로버트는 "만약 이런 것들이 하나님과 재림 시에 그리스도의 주 되심을 찬양하기 위해 운반되어야 한다면, 우리는 마땅히 그것들을 지금 하나님께 바쳐야 한다는 것을 알았다.…미래의 실재는 현재에도 의미가 있다!"[35]

---

35 *CW*, 2:391.

6. 적용

─────────

양심이 말하기 시작했을 때 여러분은 "그만해, 조용해!"라고 말했습니다. 하나님의 말씀이 날카롭게 다가왔을 때, 여러분은 그 말씀의 날카로움을 무디게 하려고 애썼습니다. 여러분은 그것을 느끼고 싶어 하지 않았습니다. 그렇다면, 이제 여러분이 자기 안에서 그런 은혜로운 변화를 경험하고, 한때 여러분이 견디지 못했던 바로 그 감정을 갈망하고 있다는 사실이 여러분에게 얼마간 위로가 되어야 하지 않겠습니까? 사람들이여, 분명히 주님은 여러분 안에서 선한 일을 시작하셨습니다. 왜냐하면 그분이 쟁기를 손에 들고 황무하고 메마르고 거친 당신의 마음 밭을 갈기 시작하지 않으셨다면, 여러분은 그런 소원이나 갈망을 가질 수 없었을 것이기 때문입니다.

찰스 스펄전

분명한 양심

『참된 영성』의 후반부는 죄의 굴레로부터의 자유에 대한 기초적인 고찰이 좀 더 범위가 넓고 실제적인 차원으로 옮겨가면서, 그 원리들에서 나오는 적용 사례들을 제시한다. 따라서 이 두 번째 부분의 제목은 "죄의 굴레의 결과로부터의 현재적 자유"이다. 다시 한 번 쉐퍼는 이 부분을, 만약 그런 적용 사항들이 첫 번째 것들에 분명하게 기초를 두고 있지 않다면, 그것들은 아무 의미도 없으며 사실상 끔찍한 것에 불과하다고 주장하는 것으로 시작한다.

여기서 그는 세 가지를 언급하는데, 그것들은 그의 다른 목록들에 대한 변형이다. (1) 초자연적 우주의 객관적 실재 (2) 자신의 형상을 지닌 인간과 함께하시는 인격적이고 무한하신 하나님의 현존 (3) 인간의 참된 도덕적 죄책이 그것이다.

그는 '분리'(separation)로서의 죽음의 문제를 다룬다. 타락은 몇 가지 종류의 분리를 낳았다. 하나님으로부터, 서로로부터, 자연으로부터, 그리고 자신으로부터의 분리가 그것이다. 쉐퍼는 이런 분리들 각각을 언급한다. 이어지는 장들에서 그가 특별히 관심을 두는 것은 타락이 우리 자신에게 영향을 준 방식(8-11장)과 우리의 관계에 영향을 준 방식(12-13장)이다.

첫째, 그는 우리 자신으로부터의 분리, 혹은 우리가 심리학적 문제들이라고 부를 수 있는 것을 다루기 위한 다양한 방식들을 살핀다. 8장에서 그는 양심의 자유에 대해 살핀다. 여기서 그는 이후의 토론에서 중요한 역할을 하게 될 두 가지의 예비 사항들, 즉 피해야 할 두 가지 문제를 언급한다. 첫째는 완벽주의다. 우리는 앞서 실재의 문제를 다룰 때도 동일한 우려와 만난 적이 있다. 여기서 완벽주의의 문제는 양심이라는 주제를 위한 진입점의 역할을 한다. 쉐퍼는 존 웨슬리(John Wesley)의 견해에 얼마간 공감하지만, 여기서 그는 웨슬리의 완벽주의에 대해 경고한다. 그는 초기의 웨슬리가 신자들이 일정한 시점부터 완벽한 삶을 살 수 있다고 가르쳤다고 말한다. 하지만 훗날 웨슬리는 그런 개념이 비현실적이라는 사실을 깨닫고 자신의 견해를 수정했다. 쉐퍼는 그 어떤 형태의 완벽주의도 찬성할 수 없었다. 하지만 그럼에도 그는 웨슬리가 그리스도의 완성된 사역의 현재적 가치의 실

재를 경험하기를 갈망하면서 올바른 것을 추구하고 있다고 여겼다.[1]

사실 완벽주의에 대한 존 웨슬리의 견해는 약간 복잡하다. 웨슬리는 그 유명한 1738년의 올더스게이트 가(街)에서의 경험(그곳에서 그는 자신의 마음이 복음에 의해 뜨거워지는 것을 느꼈다)을 하기 이전에도 그리스도인이 완벽한 상태에 이를 수 있다고 믿었다. 훗날 그는 그리스도인은 하나님과 이웃을 향한 사랑을 현재 삶에서 실천할 수 있는 마음을 얻을 수 있다고 주장함으로써 자신의 개념을 순화했다. 아마도 이것이 쉐퍼가 언급하는 "구별"(distinction)일 것이다. 하지만 완벽이라는 주제와 관련해 웨슬리를 읽는 것은 여전히 매우 혼란스럽다. 아무튼 웨슬리는 우리가 그저 기대하는 마음으로 그리고 빈손으로 하나님의 약속의 성취를 주장하는 것만으로 완벽의 상태에 이를 수 있다고 가르치지는 않았다. 이것은 무죄한 완벽이 아니다. 그는 결코 그런 것을 가르친 적이 없다. 우리가 완벽에 이를 때조차 여전히 이루어야 할 진보와 극복해야 할 잘못들이 남아 있다.[2] 웨슬리의 입장이 우리가 생각하는 것과 조금 다르기는 하나, 그의 최종적인 결론은 "완전한 성화"인데, 그것은 성령께서 신자의 마음에서 사랑을 제외한 다른 모든 동기들을 순식간에 뽑아내신 상태를 가리킨다.

의심할 여지없이 쉐퍼가 고려하고 있는 것은 바로 이 '순식간에'라는 측면이다. 그런 일은 성령에 의해 객관적으로 이루어진다. 하지만 우리는 그것을 기도나 찬양 그리고 우리가 죄의 굴레로부터의 자유라는 고양된 상태에 있다는 확신 등을 통해 주관적으로 느낀다.[3] 물론,

---

1 *CW*, 3:288, 295.
2 Albert Outler, ed., *John Wesley* (New York: Oxford University Press, 1964), 257ff.을 보라.
3 개혁주의의 입장에서 웨슬리의 완벽주의를 가장 잘 다루고 있는 글을 위해서는, J. I. Packer, *Keep in Step with the Spirit: Finding Fullness in Our Walk with God*, rev. ed. (Grand Rapids: Baker, 2005), 110-19를 보라.

쉐퍼가 옳게 보았듯이, 웨슬리의 견해는 죄의 만연과 완전한 거룩(우리가 오직 새 하늘과 새 땅에서만 도달할 수 있는 상태)에 대한 하나님의 계시된 요구에 대한 성경의 현실주의적 견해와 모두 긴장을 이룬다.

우리가 그리스도인으로 살아가면서 추구할 수 있는 심화의 경험 혹은 일련의 경험들에 대한 쉐퍼의 견해는 완전히 비완전주의적이다. 일순간에 완전한 승리를 추구하는 것은 필히 우리를 "늪에 빠뜨려" 지금 자신이 무엇을 얻기 위해 애쓰고 있는지를 판단하지 못하도록 만든다. 자주 언급되는 "알려진 죄로부터의 자유"라는 개념은 절대 불가능하다. 왜냐하면 우리 본성의 뿌리는 아주 깊기 때문이다. 우리의 최선은 "자신으로부터 분리되는 것"이다.[4] 우리는 너무나 깊이 타락해 있기에 오직 그리스도만이 우리 존재의 심연을 뚫고 들어와 성화의 능력을 발휘하실 수 있을 뿐이다.

두 번째 예비적 사항은 우리가 우리의 삶 속에 있는 죄를 가볍게 혹은 추상적으로 생각해서는 안 된다는 쉐퍼의 주장이다. 우리가 자신의 죄를 가볍게 혹은 추상적으로 생각하는 한 가지 방법은 우리가 천국에 이르게 하기 위해 그리스도께서 이루신 승리에 대해 생각하되 그 후에는 우리의 삶에서 이루어지는 현재의 싸움에서 그 승리의 필요에 눈을 감아버리는 것이다.[5] 지금 우리의 실제적 승리는 유혹을 받으셨으나 결코 죄를 짓지 않으셨던 그리스도를 통해서만 가능하다.

8장의 내용은 죄의 견고한 실재와 그 죄에 대한 그리스도의 위대한 승리(그것이 우리를 양심의 속박으로부터의 자유로 이끌어간다)에 대한 논의다. 죄는 수많은 길을 통해 들어올 수 있다. 그리스도인들은 냉담해질 수도

---

4 *CW*, 3:289.
5 *CW*, 3:290.

있고, 죄가 살금살금 들어와 그들과 불신자들 사이에 그 어떤 차이도 드러나지 않게 하도록 허락할 수도 있다. 그러나 돌아갈 길이 있다. 그리고 그것은 우리가 처음으로 신앙에 이르렀던 것과 동일한 길이다. 그것은 바로 그리스도의 보혈이다.[6] 때로 하나님은 우리의 주목을 끄시기 위해 마치 아비가 자식에게 하듯 우리를 징계하실 필요가 있다(히 12:5-11). 쉐퍼에 따르면, 그런 일이 일어날 때 우리는 자신이 지은 죄를 분명하게 밝히고 우리 자신의 겟세마네 동산을 찾아가야 한다. 그곳에서 우리는 하나님께 이렇게 기도할 수 있다. "내 뜻대로 마옵시고 아버지의 뜻을 이루소서." 이어서 그는 이전의 주장들 몇 가지, 즉 인간의 정신은 다층적 복합성을 갖고 있다는 것과 우리는 믿음의 빈손을 들어 올려야 할 필요가 있다는 것, 그리고 우리에게는 "적극적 수동성"이 필요하다는 것 등을 되풀이한다.

쉐퍼는 종교개혁의 유산이 그리스도인의 삶의 현재적 실재성 혹은 의식적 측면을 인식함에 있어 취약하다고 말한다. 여기서 그는 웨슬리가 (비록 그의 신학은 옳지 않으나) 그리스도 사역의 현재적 실재성을 인식했던 것을 칭찬한다. 냉담함에 대한 답은 "제2의 축복"(second blessing)이 아니라 현재의 삶에서의 그리스도 사역의 실재성이다.[7]

여기서 할 말을 찾기란 쉽지 않다. 프랜과 이디스의 삶을 살필 때 우리는 그들이 "냉담한 정통"에 대해 책임이 있다고 여겼던 몇몇 개혁파 사람들과 만났던 것을 알게 된다. 개혁파임을 주장하지만 개혁 신학이 그토록 강력하게 추천하는 따스함과 경건을 결여하고 있는 이들이 분명히 존재한다. 우리는 모두 그런 이들을 만난 적이 있다. 실

---

6 *CW*, 3:292.
7 *CW*, 3:295.

제로 그들은 형편없다. 하지만 그렇게 큰 붓으로 그림을 그리는 것이 공정한 일일까? 헤르만 바빙크(Herman Vavinck)나 존 머리 같은 최근의 개혁파 신학자들은 물론이고 장 칼뱅의 작품이나 존 오웬(John Owen) 의 논문들 혹은 찰스 스펄전의 설교들을 읽을 때 당신은 고도의 정통 성과 따스한 경건의 놀라운 결합을 목격하게 된다. 참으로 나는 "차가 운 정통"이라는 표현은, 물론 그것이 무엇을 의미하는지 모르는 것은 아니지만, 모순어법이라고 생각하게 되었다.

여하튼, 죄는 우리 안으로 침투해 들어온다. 하지만 그럼에도 우리 는 어떤 분명한 양심의 실재에 대해 알 수 있다. 쉐퍼는 자기가 여러 해 동안 자신의 양심과 더불어 어떻게 싸웠는지 이야기한다. 그리스 도의 완성된 사역에 기초해 죄의 문제를 처리한 후에도 양심은 여전 히 우리를 괴롭힐 수 있다. 그는 자신의 양심을 갑자기 뛰어올라 자신 을 진흙으로 덮어버리는 커다란 검은 개로 묘사한다. 그는 그것을 향 해 돌아서서 이렇게 말해야 한다고 말했다. "앉아! 조용해!"[8] 일단 깨 끗해지면 나는 깨끗하다. 그리고 이제는 양심의 거짓된 폭군에게서 자유로워진 상태로 싸움터로 돌아가야 할 때다. 이중의 위험은 존재 하지 않는다!

적절하게 내적인

9장에서 쉐퍼는 계속해서 영성을 우리 자신으로부터의 분리 혹은 심리학적 문제들과 관련해 논하면서 사고(思考)라는 내적 세계를 다룬 다. 사실상 이 장은 약간의 기본적인 변증학을 수행한다. 쉐퍼는 로마

---

8 의식적으로든 그렇지 않건 간에, 여기서 쉐퍼는 윈스턴 처칠(Winston Churchill)의 전기작가 의 표현을 빌려서 사용하고 있다. Lord Moran, *Churchill: The Struggle for Survival* (London: Constable, 1966), 179, 195, 794.

서 1장을 다루면서 어떻게 일반 계시가 우리의 사고 세계에 영향을 주는지를 상세하게 설명한다. 우리는 이와 유사한 자료를 그의 저작의 다른 곳에서, 특히 『도시 속의 죽음』에서 찾아볼 수 있다. 이 문제가 영성에 관한 책에서 등장하는 이유는 쉐퍼가 죄와 어리석음이 우리의 영혼에 영향을 준다고 확신하기 때문이다. 로마서 1장 본문을 따라가면서 그는 하나님이 어떻게 외적 세계와 사고라는 내적 세계 모두에서 자신을 알리셨는지, 그러나 그럼에도 인간이 어떻게 그런 지식을 부인하는지를 보여준다. 쉐퍼는 인간의 잘못은 단지 형식과만 관련된 것이 아니라, 또한 (그리고 좀 더 특별하게) 하나님께서 분명하게 계시하신 것의 내용과도 관련되어 있다고 강조한다.

쉐퍼는, 아마도 "사상은 결과를 낳는다"(Ideas have consequences)[9]라고 주장하는 전통을 따라서, 사고 세계(thought world)를 그리스도인의 삶의 중심에 위치시킨다. 여기서, 그리고 그의 저작 전반에서 그는 정신의 우선성을 강조한다. 도덕적 싸움조차 먼저는 외부 세계가 아니라 정신 안에서 이루어진다.[10] 쉐퍼는 이것을 아주 강하게 주장한다. 때로 그것은 지나쳐 보이기까지 한다. 예컨대, 그는 사고 세계의 우선성을 예수께서 "마음에 가득한 것을 입으로 말함이라"(마 12:34)고 말씀하시는 구절을 통해 입증하려 한다. 그러나 분명히 마음에 대한 성경적 개념은 비록 그것이 정신을 포함하고는 있으나 정신과 그것이 수행하는 사고보다 훨씬 더 풍성하다. 쉐퍼는 인류학자인 로렌 아이슬리(Loren Eiseley)를 인용해 자신의 견해를 뒷받침한다. 언젠가 아이슬

---

9 *CW* 3:302. 우리는 그가 Richard Weaver의 책 *Ideas Have Consequences* (Chicago: University of Chicago Press, 1948)를 읽었는지 알지 못한다. 그 책은 전후 시대에 굉장한 영향을 미쳤고 보수주의자들이 "상대주의"(relativism)와 "유명론"(nominalism)에 맞서 싸우도록 고무했다. Weaver의 역사 기술은 쉐퍼의 그것과 현저하게 유사하다.
10 *CW*, 3:302.

리는 인간이 진화의 어느 단계에서 "그 자신의 머릿속으로 들어갔고, 그때 이후 자기가 거기에서 발견하는 것에 적응해 오고 있다"고 말한 적이 있다.[11] 제람 바즈는 나에게 쉐퍼의 생각이 많은 이들이 그렇게 여기는 것보다 훨씬 더 미묘했음을 상기해 주었다. 그는 정신에 초점을 맞추었으나, 또한 자주 진리는 단순히 이성적인 것 이상이라고 주장했다. 그는 현대인들이 비이성적인 것을 맞서서 겨뤄야 할 그 무엇처럼 여기는 것에 대한 우려 때문에 마치 자기가 순전히 이성적인 것을 강매하고 있는 것처럼 말해야 했다. 하지만 사실 그는 인간의 마음에 대한(그것의 창의성과 아름다움에 대한 그것의 부수적인 강조들과 더불어) 성경의 기준에 아주 익숙했다.[12]

또한 쉐퍼는 정신은 단지 외적으로 발생하는 것의 원인이 될 뿐 아니라, 정신 그 자체가 죄에 물들 수도 있다고 말한다. 여기서 우리는 그가 "죄의 인지적 영향"(noetic effect of sin, 하나님이 아닌 인간을 세상의 의미에 대한 궁극적 해석자로 여기는 태도를 가리키는 표현 - 역주)에 대한 개혁주의의 개념에 대해 성찰하는 모습을 볼 수 있다. 개혁주의 전통 안에서 "자유의지"(free will) 혹은 "아무 데도 매이지 않은 상태"(free agency)는 인간의 자율성을 옹호하기보다 오히려 인간의 책임을 묘사한다. 그러므로 개혁주의 신학은 기꺼이 사유 과정의 윤리적 성격을 완전하게 인정한다. 쉐퍼는, 아마도 그의 추종자들 중 어떤 이들로 하여금 하나님의 주권을 경시하도록 이끌 수도 있는 방식으로, 이런 인류학에 의거해 "참된 최초의 원인이 있다"고 말한다. 그가 몇 군데에서 말하듯, 아담은 프로그램화되어 있지 않았다. 세상에 악이 들어온 원인은 이것,

---

11 *CW*, 3:304.
12 2011년 10월 30일에 제람 바즈가 저자에게 보낸 이메일 메시지.

즉 정신의 결정에 있었다.[13] 자유의지 논증을 사용해 쉐퍼는 사랑은 선택을 요구하며, 만약 당신이 "예"라고 말하기로 선택한다면, 또한 당신은 "아니오"라고 말하기로 선택할 수도 있어야 한다고 확언한다. 하지만 그런 선택은 정신으로부터 나온다. 그 과정은 하나님 자신에 필적한다. 왜냐하면 그분은 먼저 생각하고, 그다음에 말씀하셨기 때문이다(그 말씀을 따라 세상이 존재하게 되었다).[14]

쉐퍼는 자유의지 논쟁과 관련된 방대한 문헌들에 대해 알고 있었으나 그것들을 다루려 하지 않았다. 그의 관심사는 확실한 균형을 유지하는 것이었다. 그는 인간이 단지 신적 본질의 확장일 뿐이라고 여기는 범신론을 부정한다. 그러나 또한 그는 인간이라는 기회 선택자가 갖고 있는 순수한 자율성도 부정하는데, 그것은 하나님이 모든 것을 미리 정해놓으셨기 때문이 아니라(비록 프랜은 확실히 그렇게 믿고 있지만), 하나님이 모든 것을 먼저 생각하셨기 때문이다. 프랜은 이것을 로마의 시스티나 성당에 있는 미켈란젤로의 인간창조에 관한 벽화를 예로 들어 설명한다. 아담은 태곳적에 지음을 받았다. 그의 한쪽 팔은 여전히 뻗쳐져 있으나 그의 손가락은 아무것에도 닿아 있지 않다. 이것은 창조주와 피조물의 구분을 보여준다. 반면에 하나님의 다른 팔에는 아마도 하와일 것이 분명한 한 아름다운 여인이 아직 창조되지 않은 상태로 보호를 받으며 안겨 있다. 그녀는 하나님의 정신이다.

여기서도 쉐퍼는 피조된 세상에서 악의 출현과 관련해 하나님의 온전한 주권이라는 골치 아픈 문제에 대해 상세하게 설명하지 않는다. 그가 확언하듯이 하나님의 계획이 세상의 창조와 역사 속의 모든 사

---

13 *CW*, 3:305.
14 *CW*, 3:306.

건들보다 앞선다는 사실은 성경을 통해 분명하게 드러난다(행 2:23; 롬 8:29-30; 벧전 1:2). 그는 오는 것은 무엇이든 지나간다고 선언한다. 하지만 쉐퍼는 하나님이 단지 지나갈 무엇에 관해 생각만 하신다는 개념 앞에서 멈춰 선다. 예정(foreordination)은 분명히 미래에 관한 어떤 생각이다. 하지만 그것은 또한 제정(ordaining), 즉 앞으로 실행될 어떤 계획이기도 하다(엡 1:11).

하나님이 발생하는 모든 일을 정하시면서 어떻게 악에 대해서는 책임이 없으신가 하는 문제와 관련해 굉장한 신비가 존재한다. 그 문제를 설명하는 한 가지 전통적인 방식은 하나님은 세상에서 발생할 모든 일을 자유롭게 정하시지만, 사실 그분은 악을 "지으신 분"도 아니고 (인간의 결정과 같은) 두 번째 원인들을 침해하지도 않으실 뿐 아니라 오히려 그것들을 유지하신다는 것이다.[15] 쉐퍼는 분명히 이런 진술에 편안함을 느꼈다. 왜냐하면 그것은 그 자신의 신앙고백적 표준의 일부였기 때문이다. 하지만 내가 여기서 제기하는 질문은 먼저 정신에서 아이디어를 얻고 나중에 그것을 실현한다는 것이 과연 그 문제에 대한 적절한 진술이냐 하는 것이다. 나로서는 인격에는, 그것이 인간의 것이든 하나님의 것이든 간에, 단순히 생각하는 것 이상이 포함되어 있는 것처럼 보인다. 하나님의 계획, 그리고 그분이 모든 것을 정하신다는 것은 먼저 어떤 생각을 갖고 그 다음에 그것을 이행하는 것보다 많은 것을 의미하지 않을까?

쉐퍼는 이 지점에서 특별히 정확하지 않다. 그의 견해는 비형식적으로 그리고 변증적 의도를 갖고 진술된다. 따라서 그의 주장은 관대한 방식으로 읽혀야 한다. 아마도 어느 지점에서 그는 그 단순한 구도

---

15 웨스트민스터 신앙고백 3.1.

(먼저 생각, 그 다음에 행위)가 심화될 수 있다고 여겼던 것 같다. 실제로 다음 장에서 그는 인간의 통일성에 관한 고찰로 시작한다.[16] 여기 9장에서 그는 자신이 인간의 활동에 "창조적"이라는 단어를 사용하는 것과 관련해 어떻게 자기의 생각을 바꿨는지에 대해 이야기한다. 처음에 그는 그 용어가 유일한 창조자이신 하나님께만 국한되어야 한다고 여겼다. 하지만 그 후에 그는, 만약 우리가 참으로 그분의 형상대로 지으심을 받았다면, 인간의 활동이 하나님의 방식을 따라 창조적일 수 있다고 생각하기에 이르렀다. 차이도 있지만 평행하는 것도 있다.[17] 창의성은 단순히 어떤 생각을 갖고 그 후에 그것을 실행에 옮기는 것보다 훨씬 더 풍성한 개념이다.

그렇다면 어째서 그는 모든 행동의 내적 기원을 그토록 지속적으로 강조하는 것일까? 아마도 그것은 그에게는 생각이 그만큼 중요했기 때문이었을 것이다. 또한 그런 패턴은 인간의 중요성과 책임을 강조한다. 그의 작품 전반에서 쉐퍼는 인간의 중요성과 역사의 실재성, 그와 유사한 것들을 계속해서 옹호한다. 그런 주제들은 그의 변증학에서 근본적인 것이었다. 여기서 그는 죄의 내적 기원에 대해 말하는데, 무엇보다도 그것은 죄의 원인과 관련해 그 어떤 외적 강제도 인정하지 않는다는 의미를 갖는다. 또한 그는 그리스도인의 삶은 내주하시는("내주하시는"이다!) 성령에 의해 활력을 얻는다는 점을 지적한다. 성령을 통해 우리는 내적 사랑에 의해 강제된다. 외부에서 다가오는 공격조차 내적으로 다뤄져야 한다.[18] 이 모든 강조점들은 인간의 중요성을 부각시킨다.

---

16 *CW*, 3:315.
17 *CW*, 3:309.
18 *CW*, 3:310.

복음주의 변증학의 다음 세대에서 발생한 일은 지식의 사회적 성격에 대한 한층 더 큰 인식이었다. 이런 발전을 선도하고 있는 이는 오스 기니스다. 앞서 언급했듯이, 그는 오랫동안 프란시스 쉐퍼의 동료였다. 그 후 그는 저명한 종교사회학자 데이비드 마틴(David Martin)에게 사사하기 위해 옥스퍼드로 갔다. 그의 박사학위 논문의 주제는 피터 버거(Peter Berger)의 사회학이 기독교 변증학에 대해 갖는 의미였다. 버거는 지식의 사회적 차원을 광범위하게 연구했다. 그가 보기에 그것은 인간의 세계관과 대화하는 상태에 있다. 그는 이런저런 개념들을 결코 무시하지 않으면서 사회 구조가 우리의 생각을 형성하는 여러 가지 방식들을, 그리고 그 반대의 방식들을 보여준다.[19] 기니스는 버거로부터 '타당성 구조'(plausibility structure)와 '다원화'(pluralization), '사유화'(privatization) 같은 개념들을 빌려와 기독교 변증학 논의에 소개했다.

이런 통찰들을 담은 첫 번째 책이 『무덤파기 작전』(오스 기니스, 낮은울타리, 1997)이었다. 그 책은 어느 고참 마귀가 신참 마귀에게 교회를 전복시키기 위한 기술을 전수하는 과정에 대한 가상의 이야기를 전한다. 기니스는 교회를 쇠퇴시키기 위한 중요한 방법들 중 하나를 "잠귀신 효과"(The Sandman Effect)라고 부른다. 그리스도인들은 장시간 자신의 정신 속에서 일어나는 참된 전투에 대해 생각해 왔다. 그리고 변증학은 주로 철학의 언어를 사용해 이루어져야 한다. 기니스에 따르면, 그런 식으로 전장(戰場)을 엄격한 철학적 논의로 좁힘으로써 발생하는

---

19 Peter Berger, *The Homeless Mind: Modernization and Consciousness* (New York: Vintage, 1974); Berger, *The Sacred Canopy: Elements of a Sociological Theory of Religion* (New York: Anchor, 1990).

결과는 교회를 잠들게 하는 것이다. 사람들은 철학하는 존재 이상이다. 정신은 중요하다. 그러나 우리의 관계, 우리가 의지하고 있는 제도들, 우리의 문화 같은 것들 역시 중요하다. 그러므로 제대로 된 싸움을 하려면 우리가 특정한 방식으로 생각하고 행동하도록 만드는 모든 측면들에 대한 고찰이 필요하다.[20]

　마르크스주의 이후의 학계에 존재하는 위험은 생각들(ideas)을 사회구조(social structure)로 환원시키는 것이다. 오늘날 문화 연구는 종종 역사주의에서 나오는 그런 환원주의에 기초해 이루어지고 있다. 생각들은 중요하다. 궁극적으로 역사주의는 인간의 중요성과 책임성을 감소시킨다. 그러나 쉐퍼의 강조 사항들은 그 어떤 종류의 결정론에 대해서도 (그것이 사회적인 것이든 다른 것이든 간에) 강력하게 반발하느라 인간의 삶의 풍요로움 중 무언가를 놓칠 수도 있다. 성경적 인류학에 대한 연구는 우리 인간이 일련의 복잡한 동기, 성향, 개념, 단체, 사회적 그룹, 문화 같은 것들 속에서 살아가고 있음을 알려준다. 우리의 행동거지를 단순하게 "먼저 생각, 나중에 행위" 식으로 묘사하는 것은 그런 복잡함 중 무언가를 놓치는 것이 될 수도 있다.[21]

존재의 서클

　다음으로 10장에서 쉐퍼는 그가 "심리적 문제"라고 부르는 것을 살핀다. 여전히 인간의 자기 자신으로부터의 분리에 대해 논하는 이 장은 아주 복잡한 죄의 개념 속으로 파고든다. 죄는 법정의 문제 이상이

20　오스 기니스, 『무덤파기 작전』. 이 작품의 최신판은 『악마의 비밀문서를 훔치다』(김진선 역, 정연, 2011)이다.
21　예컨대, Hans Walter Wolff, *The Anthropology of the Old Testament* (Minneapolis: Augusburg, 1974)를 보라.

다. 그것은 죄가 공격하는 대상인 진리가 추상적 진리 이상이기 때문이다. 이 단락은 다소 난해하며 변증학에 관한 그의 개념들로부터 많은 것을 끌어온다. 그 모든 것을 농축하면서 쉐퍼는 인간의 정체성("인간에 관한 질문")은 두 부분으로 이루어진다고 주장한다. 하나는 존재 자체이고, 다른 하나는 "존재의 서클"이다. 우리는 존재하며 따라서 존재의 문제로부터 벗어날 수 없다. 하지만 다른 한편으로 우리는 하나님과의 관계 안에 존재한다. 불신자들의 사정도 마찬가지이나 그들은 그 사실을 부인하며 스스로를 해결 불가능한 딜레마 속으로 밀어넣는다. 하지만 그리스도인들은 존재하시는 하나님(그분과 비교할 때 우리는 유한하다)과의 관계 안에 있을 뿐 아니라, 또한 (우리가 이성적이고 도덕적인 존재이기에) 그 하나님과 교제할 수 있다.[22]

죄는 이런 존재의 서클 밖에서 살고자 하는 시도이다. 죄인들에 대한 심판은 그들이 자기들이 위치하도록 되어 있는 틀을 벗어나 살아가고자 할 때 그들의 존재 자체가 그들에게 맞서며 일어서는 것이다. 인간의 반역은 적어도 두 분야에서 일어난다. 첫째, 이성의 측면에서 우리는 계단을 건너뛰어 절대적인 신비 속으로 들어가려 한다. 그 결과는 자기 자신에게서 분리되는 것인데, 그것은 애초에 우리가 이성적인 피조물이 되도록 되어 있기 때문이다. 둘째, 도덕의 측면에서 우리는 마치 옳고 그름이 존재하지 않는 것처럼 살고자 한다. 그러나 다시 우리는 우리가 자신과의 긴장 가운데 있음을 발견하게 되는데, 그것은 우리가 빈약하기는 하나 어떤 기준들을 갖고 있음에도 일관성 있게 그런 기준들에 맞추어 살 수가 없기 때문이다.[23] 쉐퍼는 계속해

---

22 *CW*, 3:316-18.
23 *CW*, 3:318-19.

서 다양한 예를 동원해 자아로부터의 분리에 대한 이런 견해를 발전 시켜 나간다. 그의 주장의 핵심은 우리가 우리 자신으로부터 심각하게 분리되어 있다는 것이다. 아담과 하와에 대한 하나님 최초의 저주마저 주로 이런 분열과 상관이 있었다.[24]

다음으로 쉐퍼는 타락의 이런 심리적 결과의 윤곽 중 일부를 묘사한다. 그는 우리가 칼 구스타프 융(Carl Gustav Jung) 같은 비그리스도인 심리학자들로부터 무언가를 배울 수 있음을 시인한다. 그들은 기독교 세계관을 인정하지는 않으나 자주 우리에게 실제적으로 도움이 된다. 흥미롭게도 쉐퍼는 여기서 일반 은총이라는 개념을 사용하지 않는다. 내가 알기로 그는 그 용어를 그렇게 자주 사용하지 않았다. 하지만 그의 사상 속 많은 개념들은 기능적으로 일반 은총에 해당된다.

이미 언급했던 것으로, 오늘날 표준적인 복음주의의 용어가 된 것이 하나 있다. "공동 참전"(cobelligerence)이라는 용어다. 이것은 어느 특정한 문제에 대한 우리의 관심사를 공유하되 다른 많은 문제들과 관련해서는 우리의 견해에 동의하지 않는 어떤 이들 곁에서 함께 싸우는 것을 의미한다. 예컨대, 개신교도와 로마 가톨릭 교도가 함께 보조를 맞추고 있는 낙태 반대 운동 같은 것들이다. 여러 가지 다른 문제들이 우리의 공동 참전의 대상이 될 수 있다.[25] 일반 은총과 쌍을 이루는 또 다른 것 하나는 쉐퍼가 토론 중에 다른 이들에게 (그들의 통찰에 감사를 표하면서) 다가가는 다리를 놓을 수 있었던 방법이다. 그런 다리가

---

24 *CW*, 3:320.

25 Francis A. Schaeffer et al., 영화 "인류에게 무슨 일이 일어났는가?"를 위한 *Plan for Action: An Action Alternative Handbook* (Old Tappan, NJ: Revell, 1980), 68을 보라. 쉐퍼와 일반 은총에 관해서는, Daniel Stange의 탁월한 논문인 "Co-belligerence and Common Grace: Can the Enemy of My Enemy Be My Friend?," *The Cambridge Papers 14*, no. 3 (2005년 9월)를 보라.

가능했던 것은, 그가 자주 이야기하듯, "우리가 같은 피와 살을 갖고 있기 때문이다." 그러나 그가 일반 은총과 같은 것으로 인정했던 또 다른 것 하나는 인간의 역사에 대한 하나님의 심판과 축복에 관한 논의에서 등장한다. 리처드 마우(Richard Mouw)가 지적했듯이, 쉐퍼와 로크마커 두 사람은, 비록 그들이 늘 일반 은총이라는 주제에 관한 신학적 문헌들을 다뤘던 것은 아니지만, 어떻게 해서 이 타락한 세상에서 미술과 기타 훌륭한 것들이 나타날 수 있는지를 설명하는 데 도움이 되었다.[26]

쉐퍼는 이 장을 다시 심리적 죄책과 실제 죄책을 구분하는 것으로써 마감한다. 심리적 죄책은 아무런 객관적 죄책이 존재하지 않을 때도 나타날 수 있다. 혹은 참된 도덕적 죄책이 존재할 때도 나타나지 않을 수 있다. 사실 현대인들은 도덕적 죄책의 실재를 부인하려 한다. 그들은 죄책감을 지우려 하지만 그럴 수 없다. 왜냐하면 그런 감정들은 참된 죄책으로부터 일어나기 때문이다. 그러므로 죄책이 있는 사람은 기분이 나빠진다. 다른 한편, 죄가 처리되었기에 죄책을 느낄 만한 것이 없을 때 우리는 우리를 비난하는 양심을 향해 앉아 있으라고 말할 필요가 있다. 그리고 그때 우리는 하나님께로 돌아서서 그분께 감사해야 할 이유가 있다. 쉐퍼는 우리가 아주 깊은 사람들(deep persons)이며 우리의 도덕적 삶의 10분의 9는 빙산처럼 표면 아래에 있다고 덧붙여 말한다. 앞에서 우리가 "적절하게 내적인"이라는 제목이 붙은 단락에서 말했던 것처럼, 우리는 아직 알려지지 않은 죄들

---

26 리처드 마우, "The Uncommon Benefits of Common Grace," *Christianity Today*, 2002년 7월 8일, http://www.christianitytoday.com/ct/2002/july8/5.50.html에서 읽을 수 있다. 마우는 그들이 미술에 대한 사랑과 관련해 그 어떤 성경적 혹은 신학적 이유도 제공하지 않았다고 주장하는데, 내가 보기에 그것은 지나치게 강한 진술이다. 이런 판단과 관련해 나는 콜린 듀리에즈와 제람 바즈 두 사람 모두에게 의존하고 있다.

에 대해 책임이 있다. 비록 우리는 알려진 죄들로부터도 완벽하게 자유로울 수 없지만, 지금 우리가 할 수 있는 최선은 무언가가 표면으로 나타나서 우리가 그것에 대해 알게 될 때 하나님께 호소하는 것, 그리고 그분께서 그것을 더 깊이 파헤쳐서 더 많은 것이 드러나게 하시고, 그리하여 우리가 그 특별한 죄를 다루고, 그로 인해 그것이 사라지게 해주시기를 청하는 것이다. 프랜은 꽤 감동적으로 우리 모두가 이생에서 갖고 있는 문제들과 역경들에 주목하도록 만든다. 하지만 그는 우리가 성령의 도우심으로 죄의 굴레의 결과들을 다루는 일에서 "실질적인 진보"를 이룰 수 있다고 주장한다.[27]

심리적 안녕

다음으로 11장에서 쉐퍼는 현재 삶에서의 실질적 치유에 관해 논한다. 비록 상당 부분 동일한 개념들이 반복되고는 있으나, 그것들은 서로 다른 방식을 통해 예시된다. 다시 그는 두 가지 기본적인 주장을 한다. (1) 실질적 치유의 참된 가능성이 있다. (2) 이것은 완벽을 의미하지 않는다. 이 장은 변증학과 깊이 관련되어 있으나 또한 목회적이기도 하다. 예컨대, 프랜은 부모들이 어떤 불가능한 기준에 도달하게 하기 위해 자녀들에게 가하는 무거운 압력에 대해 논한다. 우리는 타락을 낭만적으로 부정함으로써 실질적인 진보라는 개념을 잃어버릴 수 있다. 자주 그렇듯이, 여기서도 쉐퍼는 이것을 서로에게 너무 많은 것을 요구하기 때문에 그들의 관계에서 가질 수 있는 아름다움을 갖기를 거부하는 어느 부부에 관한 이야기를 통해 예증한다. 그가 자주 말하듯이, 만약 당신이 "완벽"만을 요구한다면, 결국 당신은 "아무것"

---

27 *CW*, 3:222-25.

도 얻지 못하게 될 것이다.[28] 그런 경우 놀랄 만큼 다양한 심리적 문제들이 나타나는데, 그것은 우리 자신이 누구이며 어떤 존재가 되어야 하는지에 대한 현실적인 이해를 갖고 있지 않기 때문이다. 우리는 파블로프의 개처럼 종소리를 듣고 침을 흘리는 동물도 아니지만, 온 세상의 무게를 자신의 어깨로 감당할 수 있는 하나님도 아니다.[29]

이어서 쉐퍼는 두려움의 문제를 논한다. 다시 그는 변증학을 사용해 두려움의 세 가지 근원에 대해 살핀다. 그것들은 냉담함에 대한 두려움, 비존재에 대한 두려움, 죽음에 대한 두려움이다.[30] 현대인들에게 이것들은 아주 실제적이다. 그리고 (쉐퍼는 칼 융이 그렇게 했다고 말하는데) 우리가 그분이 누구인지 혹은 그분이 존재하는지조차 알지 못할 때 마치 그분이 계신 것처럼 행동하는 것만으로는 충분하지 않다. 기독교 신앙은 하나님의 존재라는 객관적 실재와 더불어 시작하며, 바로 거기에서부터 이런 특별한 두려움들을 다루는 데로 나아간다. 부모가 한밤중에 잠에서 깨어 우는 아이를 좋으신 주님이 지켜보고 계시다는 말로 달래듯, 우리는 우리 자신에게 이렇게 말 수 있다. "두려워할 필요 없어. 우리 하나님이 실제로 계시니까 말이야."[31]

이어서 쉐퍼는 교만에 대해 논한다. 다시 목회자의 입장으로 돌아가 그는 동일한 사람이 타인들에 대해 열등감과 우월감을 모두 느낄수 있다고 지적한다. 두 가지 현상 모두 자신의 정당성을 하나님의 임재 안에서가 아니라 오직 다른 이들과의 비교를 통해서만 입증하려는 잘못된 시도 때문에 발생한다. 프랜은 요즘 유행하는 "자기 존중"

---

28 *CW*, 3:329.
29 *CW*, 3:329-30.
30 *CW*, 3:331.
31 *CW*, 3:333.

에 대한 논의가 일어나기 이전에 이런 것들에 대해 썼다. 하지만 그의 통찰은 아주 적절하다. 당신의 태도가 우월감이든 열등감이든 간에, 치유책은 동일하다. 그리스도의 보혈의 현재적 효과에 의해 깨끗함을 받고 당신이 누구인지를 아는 것이다.[32]

쉐퍼는 계속해서 "적극적인 심리적 위생학"(positive psychological hygiene)과 "나의 인격의 통합"(the integration of my personality)에 대해 논한다. 그는 다수의 잘못된 통합점들, 즉 심리적 건강의 적들을 열거한다. 우리는 그것들을 우상이라고 부를 수 있다. 이를테면 과음, 무심하게 즐기는 오락, 그리고 제어할 수 없을 만큼 즐기는 스포츠, 음악, 미술, 섹스 등을 말한다. 또한 쉐퍼는 단지 게임에 불과한 지적 추구라는 우상숭배를 비난한다. 정통 신학과 교회 프로그램들조차 게임이 될 수 있다.[33] 흥미롭게도 그는 우리 시대 심리학의 지나친 유행, 즉 우리가 "치유의 문화"라고 부를 수도 있는 것에 대해 언급한다. 우리 중 많은 이들이 1960년대와 1970년대에 심리학 공부 열풍이 얼마나 거셌는지를 기억하고 있다. 쉐퍼는 그런 공부를 통해 얻을 수 있는 통찰들에 대해 감사한다. 하지만 그는 작은 마을에서 하나님의 말씀을 선포하는 신실한 목회자는 설령 그가 심리학 훈련에 대해 한번도 들어본 적이 없을지라도 심리적인 문제들을 유능하게 다룬다고 말한다. 우리가 늘 궁극적 해결책, 즉 성령이 주시는 능력을 힘입어 예수 그리스도를 통해 창조주와 교제하는 것을 긍정하는 한, 심리학자들로부터 배우는 것은 좋은 일이다. 그는 베드로전서 5장 7절을 "너희의 염려를 내게 맡겨라, 내가 너희를 돌보기 때문이다"라고 의역한다. "수고

---

32 *CW*, 3:334.
33 *CW*, 3:337.

하고 무거운 짐 진 자들아 다 내게로 오라 내가 너희를 쉬게 하리라" (마 11:28)라는 말씀은 비그리스도인뿐 아니라 신자들에게까지 선포되는 초청의 말씀이다. 일단 우리가 이 사실을 알고 나면, 우리는 두려움을 느낄 필요가 없다. 하나님은 마치 군인이 쓸모없는 무기를 내던지듯 우리를 던져버리지 않으실 것이다.[34]

이웃 사랑

12장에서 쉐퍼는 인간의 자신으로부터의 분리에서 인간관계로부터의 분리 혹은, 그가 그렇게 부르는바, 나의 동료 인간들로부터의 분리라는 문제로 넘어간다. 익숙한 방식으로 그는 인간관계를 하나님과의 일차적 관계 안에 위치시킨다. 우리와 하나님의 관계가 기계적인 것이 될 수 없고 늘 인격적인 것이듯, 우리와 이웃의 관계 역시 인격적인 것이 되어야 한다. 모든 인간을 무차별적으로 사랑하는 휴머니즘과 달리, 나의 이웃은 결코 얼굴이 없지 않다. 오히려 그들은 나와 다른 개인들이다. 수직적 관계와 수평적 관계 사이에는 중대한 차이가 있다. 하나님은 늘 나의 갈망을 만족시켜 주실 것이다. 반면에 나의 동료 인간들은 그렇지 않을 것이다. 하지만 이 타락한 세상에서 인간관계는 우상숭배적인 것이 될 수 있다. 결혼은 헛되이 궁극적인 것이 될 수 있다. 그런 일이 벌어지면, 우리는 부서지고 파멸하게 된다. 하지만, 만약 하나님이 우리의 첫 번째 사랑이 된다면, 그때 인간관계는 성공할 수 있다.[35]

하나님과 우리의 관계가 창조주에 대한 피조물의 관계인 반면, 동

---

34 *CW*, 338-39.
35 *CW*, 3:345.

료 인간과 우리의 관계는 평등한 관계다. 아담의 후손인 모든 이들은 "한 혈통"(행 17:26)이다. 이 범주는 온 인류를 포함할 만큼 넓다. 비록 성경이 신자와 불신자를 구별하고는 있으나, 그것은 우리를 모든 사람을 사랑하는 일에서 면제해 주지 않는다. 결혼은 모든 사람, 즉 죄인과 경건한 사람 모두를 위한 것이다. 그러므로 우리는 인간의 근본적인 통일성을 인정해야 한다. 우리가 이웃을 사랑할 때, 그것은 조건적인 것이 되어서는 안 된다. 선한 사마리아인이 길에서 강도 만난 자에게 친절을 베풀기 전에 조건을 제시하지 않았던 것처럼 말이다. 나의 이웃은 단지 그리스도께로 이끌어야 할 대상에 불과한 것이 아니다. 프랜은 많은 복음주의가 "단지 기독교적인 것에 미치지 못할 뿐 아니라 인간적인 것에도 미치지 못한다. 그것들은 율법적이고 비인격적이다"라고 말한다.[36]

평등은 그 어떤 경계도 없음을 의미하지 않는다. 교회는 참된 교리를 존중해야 하고, 어떤 이가 그것에 동의하지 않을 때 징계를 할 필요가 있다. 부모들은 자녀들에 대한 정당한 권위를 부여해 주는 어떤 "직무"를 갖고 있다. 아이들은 부모의 동료 피조물인 동시에 부모들에게 의존하는 존재다. 프랜은 결혼에 관해 그리고 배우자들이 서로 풍성하게 소통해야 할 필요에 대해 아주 많은 말을 한다. 그들은 결혼이라는 "법적 테두리" 안에서조차 참으로 동등한 존재들이다. 특히 그리스도인들은 "결혼이라는 법적 테두리 안에서 생명과 노래의 울림"을 나타내야 한다. 그는 아가서를 인용하는데, 그 책은 아내를 부드럽게 "내 누이, 내 신부"(아 4:9, 12)라고 부른다. 그와 비슷하게 교회의 장로들은 존경을 요구한다. 하지만 이것은 (그들이 섬기는 이들이 그

---

36 *CW*, 3:344.

들과 동등하기에) 노골적인 권위가 아니라 봉사를, 그리고 지배가 아니라 부드러운 권위를 의미한다. 쉐퍼는 인간관계에 형식과 자유가 존재한다는 사실에 대한 증거로서 신약의 서신들에 나오는 "가정규범"(*haustafeln*) 부분들을 광범위하게 인용한다.[37]

프랜은 계속해서 깨어진 관계의 문제를 다룬다. 여기에는 혁신적인 것은 아무것도 없다. 하지만 그는 그 문제를 굉장히 세심하게 다룬다. 내가 이웃에게 해를 입혔을 때, 첫째로, 나는 하나님께 죄를 지은 것이다. 그리고, 둘째로, 그 죄는 용서받을 수 있다. 그러나, 셋째로, 나의 죄의 대상이 된 이는 사람, 그것도 아주 소중한 사람이다. 그것이 아무리 굴욕적인 것이라 할지라도, 나는 내가 그에게 얼마나 미안해하고 있는지를 말할 필요가 있다. 왜냐하면 그것이 옳기 때문이다. 사실 그것이야말로 참된 소통이다.[38] 그리고, 비록 남에게 해를 입힌 그 사건이 과거에 일어난 것이라고 할지라도, "나는 가능하다면 뒤로 돌아가 그 부서진 조각들을 집어 들고 '미안합니다'라고 말해야 한다."[39] 쉐퍼는 기독교는 그것이 지적인 문제들에 대해 반짝거리는 답을 갖고 있다는 점에서, 그러나 또한 "그것의 인간적이고 인격적인 답들이 갖고 있는 아름다운 성질"로 인해서 아름답다고 말한다.[40]

『참된 영성』의 마지막 장인 13장은 교회에 관한 것이다. 우리는 이 주제에 대한 고찰을 잠시 뒤로 미룰 수 있을 것이다. 왜냐하면 이 책 후반부의 한 장 전체가 그 주제에 관한 것이기 때문이다. 다만 지금 우리로서는 쉐퍼가 가장 강력한 용어들을 사용해 교리적 정통성을 열

---

37 *CW*, 3:343-48.
38 *CW*, 3:350.
39 *CW*, 3:351.
40 *CW*, 3:355.

매 맺음과 조화시켜야 할 필요에 대해, 그리고 우리 세대에 하나님의 실제적이고 초자연적인 임재를 드러내야 할 필요에 대해 말했다는 것 정도를 말해 둘 수 있다. 의미심장하게도 이 책 전체는 그리스도의 완성된 사역에 관한 말로 끝난다. 그 마지막 문장은 이러하다. "여기까지 왔다면, 이제 진정한 영성 곧 진정한 그리스도인의 삶은 문화 전체 속으로 흘러들어 간다."[41]

프란시스 쉐퍼는 문화의 변혁에 관심을 쏟았다. 하지만 그는 늘 "기독교적 실재"가 없다면 지적인 관심사도 문화적 책임감도 별 의미가 없다고 주장했다. 그가 그의 소책자 『새로운 초영성』(프란시스 쉐퍼 전집, 제3권, 박문재 역, 크리스챤다이제스트사, 2007)에서 설명하듯이, "하나님은 지성인들을 위해 라브리의 책과 테이프들을 사용하셨다. 하지만, 참으로 영적인 것에 대한 강조가 없다면, 그것들은 아무것도 아닌 것이 될 것이다. 실제적인 기도가 없다면, 그것들은 아무것도 아닌 것이 될 것이다."[42]

---

41 *CW*, 3:371. 부록 "삶의 티끌"에서 쉐퍼는 *True Spirituality*의 중요한 내용들을 반복한다. 『참된 영성』(프란시스 쉐퍼 전집 제3권, 박문재 역, 크리스챤다이제스트사, 2007). 모든 비정상적인 것이 치유될 것이고, 오늘 우리의 소명은 회복의 날이 가져올 것만큼이나 광범위하다는 말로써 책 전체를 마무리한다(*CW*, 3:378).

42 *CW*, 3:400.

일생 동안 하나님 의지하기

7. 기도와
인도

————

하나님은 큰 물결과 파도의 하나님이시다. 그것들이 우리를 덮칠 때 그
것들은 여전히 하나님의 것이다. 그리고 거듭 우리는 그 압도적인 것들
이 우리를 압도하지 못함을 경험해 왔다. 다시 한 번 그분의 개입을 통
해 구원이 다가왔다. 우리는 내던져졌으나 파괴되지 않았다.

에이미 카마이클

라브리에서의 기도

지적인 담화와 공동체의 따스함 외에, 초기의 라브리를 찾았던 대
부분의 방문객들을 놀라게 했던 것이 하나 있다. 그것은 그곳의 모든
것이 기도의 분위기에 잠겨 있었다는 사실이다. 점점 더해 가는 열광
적인 분주함 속에서조차 기도는 계속해서 강조되었다. 기도에 대한
질문을 받았을 때 프랜과 이디스는 기도야말로 라브리의 기초라고 말
했다. 비록 그 주제에 관한 정교한 연구가 이루어지지는 않았으나, 라
브리에서 기도는 늘 강조되었고 또한 실행되었다.

나는 내가 처음으로 거의 30분간이나 기도를 드렸던 날을 생생하게
기억하고 있다. 내가 기억하기로 우리는 월요일마다 30분간 라브리에
필요한 것들에 집중하며 기도를 드렸다. 우리는 번갈아 작은 기도실
로 올라갔다. 그곳에는 몇 가지 목록이 적힌 종이 한 장이 놓여 있었

다. 그 종이의 상단에는 몇 개의 성경 구절들이 적혀 있었다. 그리고 그 아래에 감사의 주제들이 있었고, 다시 그 아래에 필요한 것들의 목록이 있었다. 그 목록들 중 일부는 재정에 관한 것이었다. 다른 것들은 치유와 몇몇 게스트들의 회심에 관한 것이었다. 나는 무릎을 꿇고 기도를 드리기 시작했다. 시간이 흘렀다. 때때로 잡생각이 들기도 했다. 내년에는 어떤 과목들을 들어야 할까? 내 친구들은 나를 좋게 여기고 있을까? 내 여권은 어디에 있지? 월요일 기도 시간 외에도 라브리는 기도와 금식의 날을 정해 놓았다. 이것은 우리의 기도 경험을 단계적으로 증진시켰다. 솔직히 말해, 아직도 나는 하루 종일 기도하는 데 필요한 인내력을 갖고 있지 않다. 하지만 30분간 기도하는 일은 할 수 있고 지금도 하고 있다!

내가 기억하는 한, 이디스는 기도에 관해 프랜보다 많이 (적어도 좀 더 상세하게) 성찰했다. 프랜은, 내가 라브리에서 맞이했던 첫날밤에 그랬던 것처럼, 그 주제에 관해 웅변조로 말할 수 있었다. 또한 기도를 주제로 일련의 연속설교를 하기도 했다(우리는 그 내용을 곧 살필 것이다). 하지만 라브리에서 가장 오랜 시간 동안 기도에 집중했던 이는 이디스였다. 우리는 이디스가 쓴 책 *Common Sense Christian Living*(상식적인 그리스도인의 삶) 중 "The Centrality of Prayer"(기도의 중심성)이라는 장에서 그녀의 기도의 삶을 엿볼 수 있다.[1] 그것은 아주 아름다운 예이다. 그녀가 기도의 본질에 관해 하는 말을 들어보자.

기도란 무엇인가? 무엇보다도 기도는 당신이 어떤 소통의 형태를 사용하든 간에, 창조주 하나님께 그분이 이루신 일, 하늘과 땅, 인간의 놀라

---

1 Edith Schaeffer, *Common Sense Christian Living* (Grand Rapids: Baker, 1983), 205-29.

운 복잡성[육체적으로, 그러나 또한 지적으로, 정서적으로, 영적으로]에 감사를 표하는 것이다. 그것은 그분이 그토록 복잡하고 분석하기 어려운 인간을 창조하신 것으로 인해, 또한 그들의 창조력을 기뻐하시는 것으로 인해 그분을 찬양하는 것이다.[2]

물론 이어서 그녀는 기도는 또한 우리가 곤경에 처한 상태에서 하나님께 부르짖는 것이라고 설명한다. 그녀의 책들 전반에서 그러하듯이, 이 장 역시 그녀의 주장을 예증하는 성경 구절들로 가득 차 있다.

이디스는 그녀의 저작들에서 종종 "그 싸움"에 관해 말한다. 이때 그녀가 의미하는 것은 다가오는 하나님의 나라를 위해 사탄과 그의 졸개들과 맞서 싸우는 우주적인 싸움이다. 기도는 실제로 그 싸움 안에서 벌어지는 핵심적 대결이다. 이디스가 발행한 소식지들은 기도에 대한 탄원은 물론이고 그녀 자신의 기도의 예들 – 그것이 현실적인 필요를 위한 것이든 아니면 특정한 방문객들의 회심처럼 하나님의 나라의 보다 큰 목적을 위한 것이든 간에 – 로 가득 차 있다.

이것의 의미를 파악하기 위해, 쉐퍼 부부의 부모로서의 삶속에 있었던 한 가지 에피소드를 살펴보자. 그 이야기는 행복한 결말을 맺는데, 그 이야기의 과정 전체는 그렇지 않다. 언젠가 그들 부부는 딸 프리실라가 학교에서 수학 공부와 관련해 어려움을 겪고 있음을 알게 되었다. 프리실라는 개인교사의 도움을 받지 못한다면 2학년 대수를 결코 이해하지 못할 거라며 투덜거렸다. 그래서 쉐퍼 부부는 그 문제를 놓고 기도했다. 다음날, 체코 출신의 수학 교수이자 유명한 망명객인 체르니 씨가 찾아와 자기 아내가 겪고 있는 영적 갈증에 대해 우려

---

2 Ibid., 206.

를 표했다. 그러고 나서 그는 누가 요청하지도 않았음에도 프리슬라를 향해 돌아서더니 혹시 자기가 그녀의 대수 공부를 도와도 되겠느냐고 물었다. 그는 프리실라에게 "네 책을 좀 보여주겠니?"라고 말했다. 그리고 그녀에게 아주 교육적인 방식으로 대수의 원리들을 설명해 나가기 시작했다.[3]

『이디스 쉐퍼의 라브리 이야기』에 등장하는 또 다른 에피소드에 대해 생각해 보자. 거기에서 이디스는 자신이 지난 몇 주 동안 겪었던 특별히 낙심할 만한 일들을 이야기한다. 돈은 다 떨어지고, 아이들은 아프고, 간사들은 부족했다. 원래 라브리 공동체는 정기적으로 기도의 날을 지키고 있었으나, 제인 스튜어트 스미스가 하루 더 기도를 드리자고 제안했다. 반나절쯤 지났을 때였다. 우편을 통해 좋은 소식이 전해졌다. 어떤 이가 잉글랜드의 라브리 사역을 위해 큰 선물을 하겠다는 것이었다. 또 다른 어떤 이는 식료품 구입에 쓰이기를 바란다며 500달러를 보내왔다. 체시에레스에서 한 무리의 학생들이 찾아왔다. 그리고 그들 중 몇 사람은 신자가 되었다. 분명히 이런 사건들은 우연히 일어난 것이 아니라 그들이 드린 기도에 대한 응답이었다.[4]

이디스와 프랜 두 사람 모두는 주님의 길이 우리의 길과 다르다는 것, 그리고 비록 우리가 그분이 어떤 특정한 방식으로 행동해 주시기를 간절히 바랄지라도 그분은 우리의 유익을 위해 그와는 아주 다른 방식으로 행동하실 권리를 갖고 계시다는 것을 인정했다. 프랜이 그의 아들 프랭크와 가졌던 인터뷰에서 말했듯이, 주님은 자판기 같은

---

3 Edith Schaeffer, *With Love, Edith: The L'Abri Family, 1949-1960* (San Francisco: Harper & Row, 1988), 276.
4 Edith Schaeffer, *L'Abri* (London: Norfolk Press, 1969), 167-71. 『이디스 쉐퍼의 라브리 이야기』(양혜원 역, IVP, 2001).

쉐퍼가 말하는 그리스도인의 삶 **187**

분이 아니시다. 그분은 당신이 동전을 넣고 원하는 음료수 캔이 나오기를 기대할 수 있는 그런 분이 아니시다.[5]

이디스는 기도하는 여인이었다. 우리 에드거 집안의 값진 소장품들 중 하나는 이디스가 자신의 책, *Affliction*(고통)의 표지 안쪽에 직접 손으로 써서 우리 부부에게 준 두 쪽짜리 헌정사다. 우리는 그녀가 쓴 모든 놀라운 글들 중에서도 특히 이 글을 통해 그녀와 프랜이 우리와 당시 우리가 살고 있었던 뉴잉글랜드에서의 우리의 사역을 위해 정기적으로 기도해 왔음을 분명히 알게 되었다.

쉐퍼 가족에게 그들의 선교 의식과 (아주 특별하게도) 기도의 형태 모두에서 가장 큰 영향을 준 사람이 에이미 카마이클(Amy Carmichael, 1867-1951)이었다는 점은 매우 흥미롭다.[6] 이 놀라운 선교사는 아일랜드와 잉글랜드의 방앗간에서 일하는 소녀들에 대해 특별한 마음의 짐을 느꼈다. 그녀의 가장 효과적인 사역은 인도 타밀나두의 도나버에서 이루어졌다. 그곳에서 에이미 카마이클은 55년간이나 섬겼는데, 종종 병상에 누워서도 그렇게 했다. 그녀는 그곳에 고아원을 설립했고 항상 가난한 이들을 옹호하는 자로서 널리 존경을 받았다. 언젠가 그녀는 이렇게 말했다. "우리는 사랑하지 않은 채 줄 수 있다. 그러나 주지 않으며 사랑할 수는 없다." 이 말은 쉐퍼 부부에게 깊은 영향을 주었다. 그들은 에이미 카마이클을 지원했고 그녀가 죽을 때까지 교제를 유지했다.

---

5 *How Should We Then Live?*, "Bonus interviews" (Gospel Communications, International, Worcester, PA 19490). 『그렇다면 우리는 어떻게 살아야 하는가?』(프란시스 쉐퍼 전집 제5권, 박문재 역, 크리스챤다이제스트사, 2007).
6 이디스의 영향력 있는 책인 *Things as They Are: Mission Work in Southern India* (London: Morgan & Scott, 1903)을 보라.

라브리는 여전히 기도하고 있을까? 분명히 그래 보인다. 최근 발행된 라브리 소식지에 그들의 기도 생활을 묘사하는 내용이 실려 있다.

매주 월요일마다 전 세계에 퍼져 있는 각각의 라브리 지부는 기도를 위해 구별된 시간을 갖는다. 스위스 라브리에서 우리는 아침 식사 후 몇 시간 동안 기도를 드린다. 간사들은 번갈아가며 아침 기도회를 주관하는데, 늘 그런 것은 아니지만 대개는 기도와 관련된 책의 한두 쪽을 함께 읽는 것으로 시작한다. 이런 읽기는 성찰을 고무할 뿐 아니라 자주 그날 오후에 있을 각 개인들의 기도에서 그 내용이 다시 나타난다. 읽기가 끝나면 우리는 서로에게 자신의 기도제목을 제시하고, 서로를 위해, 집에 있는 가족을 위해, 라브리의 필요를 위해, 교회를 위해, 그리고 세상을 위해 기도한다. 월요일의 점심 토론은 종종 기도와 관련된 주제를 다룬다. 기도란 무엇인가? 기도는 무엇으로 구성되는가? 기도는 효력이 있는가? 우리는 어떻게 기도해야 하는가? 왜 기도해야 하는가? 우리는 육체적 관심사들보다 '영적인' 문제들을 위해 더 많이 기도해야 하는가? 하나님의 섭리에 대한 우리의 견해가 어떻게 우리의 기도 방식에 영향을 주는가?

지난 월요일에 우리는 특별 금식과 기도의 날을 가졌다. 그것은 여름 내내 우리의 재정 상황이 절망적이었기 때문이다. 우리는 여느 때처럼 아침나절을 지냈고, 오전 작업 전체를 철회했고, 점심을 금식했으며, 네 시 15분 전에 마감 기도회를 가졌다. 나에게 아침은 아주 잘 지나갔다. 그것은 눈이 열리는 시간이었다. 만약 그런 표현을 사용하는 것이 가능하다면, 그것은 무척 생산적으로 느껴졌다. 비록 나의 기도와 공부가 무언가를 행하기보다 듣는 것이었기에 그런 표현이 아주 정확한 느낌을 전하지는 않더라도 그러하다. 나는 기도와 기도 사이에 기도에 대한 책을 읽는 것이 아주 좋았다. 왜냐하면 내가 읽는 것이 내가 드리는 기도 속으로, 특히 나의 고백 속으로 슬그머니 들어왔기 때문이다. 내가 아는 한, 그날 아침은 그 공동체에 있는 많은 이들에게도 그렇게 지나갔다. 라브리는 처음부터 그 공동체의 재정적 필요를 충족시키기 위한 방식으로 이런 식의 의존을 택했고, 현재 월 단위로 활동하고 있다. 들어오는 돈으로 우리는 먼저 생활비를 해결하고, 그 다음에 간사들의 월급을 지불한다. 이것은 때때로 간사들이 몇 달씩 삭감된 월급을 받거나, 아예 한 푼도 못받을 수도 있음을 의미한다.[7]

다시 한 번 우리는 이런 종류의 '믿음 사역'(faith mission)이 모든 사람을 위한 것이 아님을 강조할 필요가 있다. 쉐퍼 부부는 늘 자신들의 친구들과 독자들이 그들의 방식을 유일한 것으로 혹은 심지어 우월한 것으로 여기는 잘못에 빠지지 않아야 한다고 강조했다. 하지만 라브리의 삶속에 기도는 늘 있었고 지금도 그렇다.

기도의 본질과 긴급성

프란시스 쉐퍼는 기도에 관한 방대한 저작을 남기지는 않았다. 하지만 그는 적어도 한 차례 그 주제와 관련해 매우 포괄적인 일련의 메시지들을 선포한 적이 있다.[8] 특이하게도 그 시리즈는 기도에 대한 실천용 가이드도 아니고, 기도 시간과 방법들을 포함하고 있는 기도 매뉴얼은 더더욱 아니다. 사실 프랜은 늘 그런 식의 접근법을 조심했

---

7 "Day of Prayer," from Speak What We Feel (blog), 2008년 7월 9일, http://reneamac. wordpress.com/2008/07/09/day-of-prayer/.

8 그 시리즈는 MP3 파일 형태로 얻을 수 있다. http://www.labri-ideas-library.org/lecture-list. list.asp?s=1039

다. 오히려 그것은 기도를 위한 근본적인 원리들을 열거하는 것으로서 사실상 쉐퍼의 나머지 가르침들과 연관된 일종의 변증학 같은 것이었다. 그 시리즈의 내용 대부분은 아주 기초적이지만 또한 분명히 아주 매력적이다.

네 개의 설교가 있다. 첫 번째 설교는 독자들에게 그의 삶속에서 벌어졌던 한 가지 익숙한 사건(우리는 그것에 대해 이미 언급한 바 있다)을 상기시키는 것으로 시작된다. 어느 날 그가 이디스에게 물었다.

어느 날 아침 우리가 깨어났을 때 우리의 성경이 변해 있다면 어떻게 될까? 기도와 성령에 관한 모든 약속의 말씀들이 자유주의자들이 비신화화를 통해 그것들을 제거하는 방식으로가 아니라 하나님 자신에 의해 성경에서 제거된다면, 즉 실제로 성경 본문에서 삭제된다면 어떻게 될까? 그것은 우리의 삶에 어떤 차이를 낳게 될까?

쉐퍼는 대부분의 그리스도인들에게 그것은 아무런 차이도 만들지 않을 것이라고 답한다. 설교의 나머지 부분은 실재에 대한, 그리고 기도의 타협할 수 없는 중요성에 대한 확대된 논의다.

그의 설교의 첫 번째 요점은 단순하기는 하나 그의 논의를 위해 중요하다. 그것은 성경에서 기도와 초자연적인 것은 늘 결합되어 있다는 것이다. 전형적인 방식으로 쉐퍼는 자신의 주장을 입증하기 위해 수많은 증거 본문들을 제시한다. 비록 쉐퍼는 그 본문들을 그것들의 정황 속에서 살피는 식의 좀 더 철저한 조사에 착수하거나 성경신학 용어들을 사용해 말하지는 않는다. 하지만 그의 주장은 그런 여러 가지 인용들을 통해 점증하는 효과를 거둔다. 그 인용들 각각은 기도와 하나님의 목적이라는 실재가 항상 서로 연관되어 있다는 그의 주장을 강화시킨다. 이 목적을 위해 그는 예수의 세례(눅 3:21-22), 구하는 자들에게 성령을 보내주시는 하늘 아버지의 관대함에 대한 주님 자신의 가르침(눅 11:13), 그리고 복음서는 물론이고 사도행전과 신약 성경의 나머지 책들에 등장하는 수많은 예들에 대해 언급한다. 예컨대, 그는 베드로와 요한이 산헤드린 앞에서 자유를 탄원했던 것에 대해 말한다. 그 탄원은 기도와 성령의 계시 사이의 관계를 보여준다(행 4:25을 보라). 결국 쉐퍼는 신약의 공동체는 "기도라는 개념 위에 세워졌다"고 확언한다.

기도에 관한 그의 첫 번째 설교의 두 번째 요점은 우리가 하나님을 향해 말할 때 사용하는 말과 동료 인간들에게 말할 때 사용하는 말 사이에 그 어떤 실제적인 차이도 없다는 것이다. 즉 기도는 어떤 특별한 의식이 아니라 대화라는 것이다. 다시 그는 자신의 그런 주장을 사람들이 하나님께 기도할 때 평범하고 일상적인 언어를 사용하는 것을 보여주는 여러 가지 성경 본문들을 인용해 예증한다. 하나님과의 대화는 그분이 실제로 계실 때만 의미가 있다. 쉐퍼는 신 신학(new theology)이 기도는 우리를 심리적으로 향상시켜 주기 때문에 하나님의 존재 여부에 상관없이 타당하다고 가르치는 것을 맹비난한다. 그는 그런 가르침에 악담을 퍼붓는다. 그는 바리새인과 세리에 관한 비유를 고찰한다(눅 18:9-14). 바리새인은 자기가 다른 사람들과 같지 않은 것에 대해 하나님께 감사한다. 반면에 세리는 자신의 가슴을 치면서 하나님께 자비를 간구한다. 예수께서 말씀하신다. "내가 너희에게 이르노니 이에 저 바리새인이 아니고 이 사람이 의롭다 하심을 받고 그의 집으로 내려갔느니라"(14절). 여기서 쉐퍼가 주장하는 것은, 실제로 죄인들을 용서해 주실 수 있는 하나님이 계시지 않는다면, 기도는 아무런 의미도 없다는 것이다. 기도에 의미가 있는 것은 하나님이 '거기에' 계시기 때문이고, 또한 우리가 그분께 일상적인 언어를 사용해 말씀드릴 때 그분이 우리의 말을 실제로 들으시기 때문이다.

쉐퍼는 기도와 하나님의 실재 사이의 관계를 보여주는 여러 가지 다른 예들을 제시한다. 예컨대, 그는 "너희가 내 이름으로 무엇을 구하든지" 하나님이 그것에 대해 응답하시리라고 약속하는 요한복음 14장 13절을 인용한다. 그 약속은 요한복음 16장 23-24절에서 반복되는데, 거기에서 예수님은 자신이 돌아오셔서 제자들이 자신과 얼굴을 맞대고 자신에게 물을 날이 올 것이라고 말씀하신다.

다시 요점은 우리가 주님께 무언가를 묻는 것이, 우리가 그분을 보고 있든 보고 있지 않든 간에, 실제적인 인격적 소통이라는 것이다. 기도를 하는 사람의 위치와 기도의 대상이 되는 이의 위치는 중요하지 않다. 예컨대, 바울은 그가 고린도 교회 신자들 가까이 있든 멀리 있든 상관없이 그들을 위해 기도할 수 있었다. 그리고 그 기도의 응답은 손으로 만질 수 있을 만큼 분명하게 감지되었다. 바울은 데살로니가 교인들에게 하나님의 말씀이 퍼져나가 그 목표를 달성할 수 있도록 자신의 선교 팀을 위해 기도해 줄 것을 부탁했다(살후 3:1). 결국 바울은 이렇게 말했던 셈이다. "내가 설교하러 다닐 수 있는 다리를 갖도록 기도해 주십시오."

성부 하나님께 기도하는 것은 마치 어린 아이가 자기 아빠에게 자기를 높이 들어 올려달라고 간청하는 것과 같다. 그것은 이렇게 말하는 것이다. "아빠, 나 좀 올려주세요, 나 좀 올려주세요." 물론 성령께서 우리의 빈약한 기도를 도우시고 그것들을 완전케 하신다. 그분이 우리를 위해 중재하신다(롬 8:26). 이것은 귀한 생각이다. 하지만 그것은 일상적인 언어를 사용해 기도하는 이가 나 자신이라는 사실을 축소시키지 않는다.

기도에 관한 두 번째 설교는 "우리는 왜 그렇게 드물게 기도하는가?"라는 질문에 대한 답을 추구한다. 여기서 다시 쉐퍼는 우리가 앞서 언급했던 익숙한 예화로 문을 연다. 그는 회중에게 우주와 두 개의 의자에 대한 은유를 상기시킨다. 불신자들은 자연주의적 세계 안에서 살아간다(자유주의자들도 다르지 않다). 그러므로 그들에게 기도는 "자연스럽지 않다." 그런데 신자들은 이미 구원을 받은 상태에 있음에도 자주 "비신앙의 의자"에 앉는다. 이것은 그들의 삶에서 초자연적인 것이 그 어떤 기능적 실재성도 갖고 있지 않음을 의미한다. 이런 이미지에 기초해 쉐퍼는 우리는 오직 우리가 신앙의 의자에 앉아 초자연적인 것의 실재를 온전하게 인식할 때만 우리가 마땅히 드려야 하는 기도를 드리기 시작할 수 있다고 단언한다. 우리가 온전하게 초자연적인 세계에서 살 때, 기도는 "세상에서 가장 자연스러운 것"이 된다.

그러므로 "우리는 왜 그렇게 적게 기도하는가?"라는 질문에 대한 답은, 우리가 초자연적인 우주의 실재와 그것이 작동하는 방식을 인정하지 않기 때문이라는 것이다. 그런데 도대체 우리는 기도에 필요한 능력을 어떻게 발견하는가? 기도를 그리스도인으로서의 우리 삶 전체와 연결함으로써 발견한다. 영적 훈련이나 기도 방법을 소개하는 수많은 책들이나 세미나들과 달리, 쉐퍼는 기도는 주님과 우리의 동행의 진정성에 의해 지지되는 신앙에 의존한다는 아주 단순하지만 매우 심오한 주장을 한다. 그는 아주 신중하게 주님과 우리의 관계는 이중적이라고 말한다. 첫째, 우리는 그리스도의 의라는 옷을 입고 있다(새로운 탄생). 둘째, 우리는 모든 것을 예수 보혈의 현재적 효과에 복속시켜야 한다. 다시 그는 이런 연관성을 보여주는 여러 가지 성경 구절들을 인용한다. 산상수훈에 등장하는 예수님의 가르침이 이런 상관관계를 예시한다. 예수님은 우리가 우리를 박해하는 자들을 위해 기도

해야 한다고 말씀하신다(마 5:44). 하지만 사실 우리는, (불신자들에 대한 그분의 관대함을 포함해) 하나님의 목적을 우리 것으로 받아들이지 않는 한, 그렇게 할 수 없다. 또한 우리는 우리 자신이 그분께 간구하는, 누구에게나 베푸시는 하나님의 값없는 용서라는 현실 - 그것은 우리가 자신에게 빚진 자를 용서하고자 하는 기꺼움을 통해 드러난다(마 6:12) - 을 경험하지 않고서는 진심으로 기도할 수 없다. 쉐퍼는 계속해서 신약의 여러 부분에서 여러 가지 예들을 뽑아낸다.

여기서 나는 혹시 지금 우리가 쉐퍼가 "완전 혹은 아무것도 아님"(perfection or nothing)이라고 부르는 것으로 인해 충분히 기도하지 못하는 것은 아닌가 하는 의문이 든다. 우리는 무언가 영광스럽고 숭고한 것을 원하기 때문에 단순하고 자연스러운 기도를 드리는 것을 주저한다. 우리는 완전한 기도를 원한다. 하지만 그런 것은 없기 때문에 결국 우리는 "아무것도 아님"이나 아주 작은 것에 만족하고 만다. 혹시 우리는 우리보다 앞서 살았던 위대한 성인들의 놀라운 기도에 대해 생각하느라 자신의 기도를 그렇게 낮게 평가하고 있는 것은 아닐까? 내 기도는 너무 부적절해, 기도가 왜 이렇게 지루하지? 그런 완벽주의에 대한 치료는, 쉐퍼가 자주 상기해 주듯이, 우리의 불완전한 기도조차 (그것들에서 신비적 요소를 제거하시면서) 고무해 주시는 우리 주님과 좀 더 가까이 동행하는 것이다(롬 8:26).[9]

그러므로 기도의 능력은 우리의 기독교적 삶의 질과 상관이 있다. 쉐퍼는 이것을 "기도의 기반" 위에 있는 것이라고 부른다. 이 두 번째 설교에서 그는 『참된 영성』에서 다뤘던 주제들 중 다수를 다시 다룬다. 그는 포도나무와 가지에 관한 확대된 은유(요 15:1-17)를 설명하

---

9 나는 이런 통찰을 이 시리즈의 편집자들을 통해 얻었다.

는 데 많은 시간을 쏟는다. 그리스도인이 참된 포도나무이신 예수 그리스도와 연합하지 않고서는 열매를 맺을 수 없듯이, 그의 기도 역시 그가 그리스도 안에, 그리스도가 그 안에 머물지 않고서는(5절) 아무런 효력이 없다. 또한 쉐퍼는 기도의 능력과 성결한 삶의 연관성을 강조한다. 디모데전서 2장 8절에서 바울은 그의 독자들에게 거룩한 손을 들어 기도하라고 명하는데, 이것은 구약에 풍성한 선례를 갖고 있는 교훈이다(왕상 8:22; 욥 17:9; 시 28:2, 63:4, 119:48; 사 1:15 등을 보라). 쉐퍼는 거룩한 손이라는 이미지를 사용해 기도의 능력이 부분적으로 올바른 삶에서 나온다는 자신의 견해를 뒷받침한다. 그는 글쓰기와 말하기를 통해 계속해서 우리가 완벽을 추구해서는 안 된다고 강조하는데, 그것은 우리에게 그런 것은 불가능하기 때문이다. 오히려 중요한 것은 올바른 방향으로 움직이는 것이다.

세 번째 설교의 제목은 "기도에 대한 믿음"이다. 여기서 주된 관심은 우리가 기도하면서 실재를 찾을 때 의존의 태도를 개발하는 것이다. 상황을 분명하고 단순하게 설명하기 위해 쉐퍼는 우리가 기도하며 하나님께 다가갈 때 두 가지 태도가 필요하다고 말한다. 하나는 무릎 꿇음이고, 다른 하나는 믿음이다. 쉐퍼가 말하는 "무릎 꿇음"은 우주의 하나님, 거기에 계시는 무한하고 인격적이신 하나님 앞에 절하는 태도이다. 무릎 꿇음은 하나님에 대한 신학적으로 올바른 견해와 존재하시는 하나님에 대한 강력한 시인 두 가지 모두를 요구한다. 쉐퍼가 말하는 "믿음"은 하나님이 참으로 응답하시리라는, 그분에 대한 신뢰이다. 다시 한 번 쉐퍼는 자신의 주장을 입증하기 위해 대부분 신약에 등장하는 여러 가지 성경 구절들을 인용한다.

두 가지 예를 드는 것만으로도 충분할 것이다. 누가복음 8장 22-25절에 실려 있는 예수께서 폭풍을 잠잠케 하시는 이야기는 우리에게 필요한 그 두 가지 자세에 대한 단서를 제공한다. 누가복음 8장 24절에서 제자들은 고뇌에 차서 소리친다. "주여 주여 우리가 죽겠나이다." 그들의 탄원은 두려움 속에서 진술되는 반면, "주여"라는 호칭은 그들이 적어도 어떤 형태로는 무릎을 꿇고 있었음을 보여준다. 이어서 25절에서는 예수님이 그들에게 물으신다. "너희 믿음이 어디 있느냐?" 쉐퍼는 이때 예수님이 제자들에게, 비록 그들은 그것을 거의 갖고 있지 않았을지라도, 두 번째 자세인 믿음을 요구하고 계셨다고 확언한다. 쉐퍼에 따르면, 그 누구도 그들의 최선의 상태에서조차 충분한 믿음을 갖고 있지 않다. 하지만 우리는 여전히 하나님께서 응답해 주실 만큼의 믿음은 갖고 있다. 비슷하게, 마태복음 9장 27-31절에 등장하는 두 명의 맹인에 관한 이야기에서 그 맹인들이 예수님을 "다윗의 자손이여"라고 부르는 것은 무릎 꿇음이고, 자기가 그들을 치유할 수 있다고 믿느냐는 예수님의 질문에 대한 그들의 대답은 두 번째 자세인 믿음을 보이는 것이다.

이 설교를 통해 쉐퍼는 계속해서 기도는 전례나 기도력에 관한 문제가 아니라 기도하는 마음의 열매라고 주장한다. 사도행전 전반에 기록되어 있는 초대 교회의 경험은 기도가 개인적인 것일 뿐만 아니라 또한 집단적인 것이기도 하다는 사실을 입증해 준다. 그 설교의 가장 감동적인 부분들 중 하나는 쉐퍼가 사도들이 유대교 공회 앞으로 끌려갔다가 석방된 후에 드렸던 기도(행 4:23 이하)를 묘사할 때 등장한다. 쉐퍼는 이렇게 묻는다. "도대체 이 소수의 무리는 어떻게 종교 지도자들과 강력한 로마 제국의 압제자들의 진노에 맞설 수 있었던 것일까?" 하지만 그에 따르면, 그것은 결코 비밀이 아니다. 왜냐하면 그들은 그저 자신들의 마음을 우주의 하나님께 굴복시켰을 뿐이기 때문이다.

그렇다면 도대체 우리는 그런 믿음을 어디에서 얻을 수 있을까? 하나님에 대한 우리의 견해가 옳다면, 우리의 믿음은 성장할 것이다. 기도는 하나님에 대한 우리의 살아 있는 믿음을 보여주는 살아 있는 증거다.

마지막으로, 네 번째 설교는 기도의 강도와 끈덕짐에 초점을 맞춘다. 다시 쉐퍼는 우리의 기도를 들으시는 하나님이 우리가 예배하는 분이심을 상기시키는 것으로 시작한다. 그분은 비인격적인 존재 혹은 "전적 타자"와는 정반대되는 분이시다. 그분은 무한하고 따라서 무진장한 분이시다. 하지만 그분은 인간이 다가갈 수 있는 분이시고, 또한 (비록 피조물의 차원에서 하는 말이기는 하나) 인격적인 분이시다. 이런 전제에 유념하면서 쉐퍼는 그의 습관적인 방식을 따라 자신의 주장을 입증하기 위해 주로 신약에서 뽑아낸 여러 가지 성경 구절들을 제시한다.

그 설교의 상당 부분은 예수께서 가르치셨을 뿐 아니라 몸소 실천하셨던 기도의 내용을 살핀다. 쉐퍼는 예수께서 홀로 기도하러 가셨던 장소 몇 곳을 인용한다(마 14:23; 막 1:35, 6:46 등을 보라). 그분은 참으로 하나님이셨으나 또한 참으로 인간이셨다. 그리고 그런 존재로서 기도의 삶을 실천하셨다. 프랜은 예수의 삶의 모든 중요한 사건들, 즉 세례에서부터 변화산 사건과 십자가에서의 죽으심에 이르기까지 모든 사건들에 기도가 수반되었음을 지적한다. 그분의 기도 내용은 역사를 변화시켰다. 베드로가 사탄에게 넘어가지 않게 해달라는 그분의 기도는 응답을 얻었다(눅 22:32).

다시 쉐퍼는 신약에서의 기도가 일차적으로 전례를 위한 것이 아니라 단순하고 실천적인 것이었음을 강조한다. 예수께서 주기도문(우리가 그것을 그렇게 부르고 있다)을 가르쳐주신 일조차 추상적인 신학 토론 과정에서 나온 것이 아니라, 그분이 기도하시는 모습을 본 제자들이 "주여 요한이 자기 제자들에게 기도를 가르친 것과 같이 우리에게도 가르쳐 주옵소서"(눅 11:1)라고 요청함으로써 제기된 실존적인 물음에 답하는 과정에서 나왔다. 그리고 물론 쉐퍼는 기도에서의 끈덕짐의 원리를 누가복음 18장 1-8절에 나오는 끈질긴 과부의 이야기를 통해 예증한다. 그는, 비록 주기도문의 주제가 그리스도의 재림 및 우리가 인내해야 할 필요와 연결되어 있기는 하나, 그것의 일반적인 원리들이 우리의 모든 기도에 적용된다는 것을 애써서 강조한다. 이어서 그는 신약의 다른 부분들에 등장하는 함께 모여 기도하는 것과 쉬지 않고 기도하는 것 등에 관한 여러 가지 언급들에 대해 살핀다.

인도

쉐퍼 부부는 하나님의 인도 문제를 직접 다루는 자료들을 많이 남겨 놓지는 않았다. 이디스는, 기도라는 주제와 관련해서 그랬던 것처럼, 인도의 문제와 관련해서도 프랜보다 훨씬 더 많은 글을 남겼다. 또한 기도의 경우와 마찬가지로 그 주제에 관한 그녀의 생각은 조직적인 연구 형태로 제시되기보다 대부분 이디스의 삶의 이야기들 가운데 혹은 이디스가 쓴 *A Way of Seeing*(보는 방법), *Common Sense Christian Living*, 그리고 특히 그녀가 고통과 인도의 관계를 살폈던 *Affliction* 같은 책들의 짧은 장들 속에 뒤섞여 있다.[10] 하지만, 만약 우리가 하나님의 인도가 영성에 대한 쉐퍼의 접근에 있어 덜 핵심적인 무엇이었다고 결론을 내린다면, 그것은 크게 잘못된 일이 될 것이다. 오히려 우리는 기도와 인도라는 두 필의 말이 끄는 마차가 있다고 말하는 편이 나을 것이다. 그 두 가지 모두가 쉐퍼 부부의 저작들과

---

10 Edith Schaeffer, *Affliction* (Old Tappan, NJ: Revell, 1978), 190-210.

연설들 속에서 크게 강조되어 나타난다.

이디스가 지속적으로 드렸던 기도들 중 하나는, 주님께서 주어진 상황 속에서 자신이 무엇을 해야 할지를 분명하게 알려달라는 것, 다시 말해, 주님께서 자기를 인도해 달라는 것이었다. 이미 우리는 그런 기도가 쉐퍼 부부의 사역 과정에서 몇 차례의 중요한 전환점으로 이어졌던 것을 살펴본 바 있다. 아마도 그런 것들 중에서도 (우리가 이미 언급했던) 프랭키의 소아마비와 관련된 경험만큼 중요한 것은 없을 것이다. 이디스는 그 이야기를 몇 곳에서 반복해 말한다. 특히 *With Love, Edith: The L'Abri Family Letters, 1948-1960*(사랑으로, 이디스: 라브리 가족의 편지들, 1948-1960)에서 생생하게 이야기한다.[11]

1954년 가을, 쉐퍼 가족이 유럽으로 돌아오는 배 위에 있었을 때, 프랭키가 비명을 질렀다. "배가 아파요, 배에 입 맞춰주세요. 배가 아파요, 배에 입 맞춰주세요." 마침내 잠에 빠져들기는 했으나, 프랭키는 일어서지도 걷지도 못하게 되었다. 그들 가족은 부두에 도착한 직후 몇몇 의사들의 즉각적인 진단을 통해 프랭키가 소아마비에 걸렸다는 사실을 확인했다. 몬테이 부근에 있는 가톨릭 병원으로 가는 도중에 이디스는 이렇게 기도했다. "오, 하늘에 계신 아버지시여, 저를 진정시켜 주세요. 제가 이 사람들에게 증인이 되게 해주세요. 그러나 오, 바라옵나니, 잘못된 일들을 막아주세요." 상황이 심각하다는 것을 안 그녀는 어느 믿을 만한 외과의사가 자기 아들에게 약간의 실험적인 처치를 하도록 허락했다.

그 처치는 성공적이었다. 하지만 두 번째 처치를 할 것인가 하는 문제가 남아 있었다. 그때 하나님께서 분명히 그녀에게 다음과 같은 말

---

11 Edith Schaffer, *With Love, Edith*, 294-301.

씀을 주셨다. "왕의 마음이 여호와의 손에 있음이 마치 봇물과 같아서 그가 임의로 인도하시느니라"(잠 21:1). 만약 하나님께서 왕의 마음을 돌이키실 수 있다면, 그분은 분명히 외과의사의 마음도 돌이키실 수 있을 것이다. 이디스는 자신의 믿음의 부족을 한탄했다. 그녀가 이어서 드린 기도는 이러했다. "오, 하늘에 계신 아버지여, 저는 당신이 온전한 능력을 갖고 계심을 믿습니다. 당신은 당신의 뜻을 따라 왕의 마음을 돌이키실 수 있으며, 또한 분명히 이 의사로 하여금, 만약 이 아침에 그것이 필요하지 않다면, 또 다른 주사와 관련해 마음을 바꾸게 하실 수도 있습니다." 그 후 의사가 들어와 두 번째 주사가 꼭 필요하지는 않을 것 같다고 말했다. 그로 인해 이디스는 그 의사를 좀 더 신뢰하게 되었다. 그 이야기를 따라가다 보면, 우리는 프랭키가 소아마비를 극복했을 뿐 아니라, 비록 더 나중의 상황이기는 하나, 그의 다리들을 거의 온전하게 사용할 수 있게 되었음을 알게 된다. 우리는 그 외과의사의 실험적인 처치가 어떤 작용을 했던 것인지에 대해 알지 못한다. 하지만 그 이야기는 하나님의 인도에 대한 쉐퍼 부부의 접근 방식을 예시해 준다. 그들은 설령 그것이 인간의 방식과 아무리 달라 보일지라도 하나님의 길을 신뢰하는 법을 배우고 있었다.

하나님의 섭리를 통한 이런 특별한 도움이 이디스와 쉐퍼 가족 모두에게 가장 극적인 상황에서뿐 아니라 매일의 일상적인 상황 속에서 제공되었다. 사실 *Common Sense Christian Living*에서 가장 감동적인 장들 중 하나에는 "Continuity in Life"(삶의 연속성)라는 제목이 붙어 있다.[12] 그 장의 주제는 모든 것이 변하는 세상에서 평범한 헌신과 평범한 관계에 충실하게 머물기 위해 하나님의 인도를 구하는 것

---

12 Edith Schaeffer, *Common Sense Christian Living*, 64-85.

이다. 그처럼 극적인 삶을 이어가는 이들에게 이것은 극적이지 않은 삶을 바라고 구하는 주목할 만한 탄원이다! 전형적인 라브리 스타일로 이디스는 선택을 크게 강조한다. 이것은 하나님의 통치에 대한 개혁주의적 강조에 대한 반동이었을까, 아니면 그저 인간의 책임에 대한 필요한 강조였을까? 그 이유가 무엇이든 우리는 그녀가 자주 삶의 가장 일상적인 부분에서조차 의도적이고 의식적인 선택을 강조하는 것을 보게 된다. 하지만 그런 선택들 중 어느 것도 하나님의 적극적인 임재를 최소화시키기 위함은 결코 아니다.

실제로 *The Tapestry*에서 이디스는 자기와 프랜이 자신들의 사역을 위해 어떤 계획을 세우거나 비전을 품은 적이 없었으며 단지 현재적 섭리에 응답했을 뿐이라고 주장한다. 그녀는 자주 인간의 유한성에 대해 언급하면서, 인간이 자신의 계획을 추진하는 것은 바람직하지 않을 뿐 아니라 불가능한 일이라고 넌지시 주장한다. 또 그녀는 전능하신 하나님의 완전한 통치와 이루어질 필요가 있는 인간의 결정 사이의 필요한 균형에 대해 언급하면서 다음과 말한다.

이 두 가지 현실 사이의 참된 균형은 우리로 하여금 무릎을 꿇고 하나님을 경배하도록 만드는 신비다. 그것이 없다면 우리는 무언가를 속속들이 이해하려 하면서 죽치고 앉아 있거나, 아니면 우리를 압도하는 예배를 드리는 대신 분주하게 움직이면서 자기만족을 얻기 위해 모든 신비를 짓누르는 체계를 찾아내려 할 뿐이다.[13]

---

13 Edith Schaeffer, *The Tapestry: The Life and Times of Francis and Edith Schaeffer* (Waco, TX: Word, 1981), 348.

또한 이디스는 자기들은 그동안 하나님으로부터 다음에 그들이 무엇을 해야 하는지를 알려주는 어떤 징표나 직접적인 방문 계시도 받아본 적이 없다고 주장한다. 라브리 이야기에 익숙한 이들은 이런 말에 놀랄지도 모르겠다. 왜냐하면 그들이 보기에 라브리에서 일어난 어떤 일들은 아주 분명하게 기도에 대한 응답이었기 때문이다. 하지만 이디스가 보기에 라브리 사역에는 그 어떤 특별 계시도, 모종의 징표들을 통한 직접적인 인도도 없었다.

프란시스 쉐퍼 자신은 인도라는 특별한 주제와 관련해 집중적으로 쓴 적이 없다. 하지만 그가 한 말들 중 일부가 함축적으로나마 그 주제를 다루고 있다. "주님의 일을 주님의 방식으로"(The Lord's Work in the Lord's Way)라는 제목의 설교가 대표적인 예다. 그 메시지의 기본적인 주제는 우리가 구원을 위해서뿐 아니라 교회의 활동방식을 위해서도 주님을 의지해야 한다는 것이다. 예수께서는 그분의 제자들에게 모든 권세가 자신에게 주어졌다고 말씀하셨다(마 28:18). 따라서 교회는 주님 외에 다른 곳에서 능력의 근원을 찾아서는 안 된다. 누가는 이런 생각을 분명하게 표명한다. "오직 성령이 너희에게 임하시면 너희가 권능을 받고 예루살렘과 온 유대와 사마리아와 땅 끝까지 이르러 내 증인이 되리라"(행 1:8). 그러므로 교회는 효과적인 증인이 될 수 있기 전에 성령으로 충만해져야 할 필요가 있다.[14] 이런 충만은, 새로운 탄생과 달리, 반복된다. 매일 우리의 필요를 인정하고 이어서 계속해서 주님을 섬기는 것이야말로 우리의 실존적 현실이다. 또한 이 설교는 겸손의 필요를 강조한다.

이 설교에는 실제적인 예가 거의 등장하지 않는다. 그러나 쉐퍼는

---

14 *CW*, 3:42.

여러 가지 예화를 제시하는 대신 그의 전형적인 방식을 따라 우리로 하여금 신학적으로 올바른 입장을 취할 것과 성령과 올바른 관계를 맺을 것을 요구한다(그는 이것을 "개혁"과 "부흥"이라고 부른다). 그러므로 인도는 오직 우리의 신학적 헌신과 영적 헌신 두 가지 모두가 적소에 존재할 때만 요청할 수 있는 것이다. 그의 다른 저작들에서처럼 여기서도 그가 말하고자 했던 것은 교회가 자주 교회의 사역과 프로그램들을 성령이 아니라 육체를 따라서 수행한다는 것이다.

쉐퍼는 이곳저곳에서 자기가 말하고자 하는 것에 대한 예들을 제공한다. 또 다른 설교에서 그는 교회가, 제자들이 변화산 사건 후에 오직 예수님만 보이셨다는 것을 잊어버렸던 것만큼이나, 교회의 우선성을 잘못 정할 수도 있음을 넌지시 지적한다. 프로그램을 만드는 것이 한 가지 예다. "우리가 그리스도를 무대 밖으로 밀어내면서 그분의 이름으로 무언가를 할 수 있다는 것은 이상한 일이다. 나는 어느 교회가 건축 프로젝트에 사로잡혀 그것을 완성시키기 위해 하늘과 땅을 움직였을 때 이것을 가장 분명하게 보았다." 또 다른 예는 가시적 교회의 순수성을 보존하기 위한 율법주의적 접근이다. 그런 접근이 이루어질 때 사람들은 예수님에 관해 이야기하지만 그분은 결코 그 이야기의 중심이 되지 못한다. 또 다른 예는 예정론이나 세례 같은 특정한 교리다. 가장 나쁜 것은, 내 자신이 무대의 중심에 서려는 것이다.[15] 적절한 인도에는 적절한 겸손이 요구된다.

이디스처럼 프랜도 삶의 비상한 사건들과 평범한 사건들을 구별한다. 종종 그는 우리에게 우리가 어떤 신발을 신어야 하는지, 음식을 사기 위해 어느 시장으로 가야 하는지 따위의 문제를 두고 특별 기도를

---

15 *CW*, 3:146-47.

드릴 필요는 없다고 말했다. 그러나 때로 우리는 아주 큰 문제를 만나 지도를 펼치고, 기도하고, 성찰하고, 우리의 계획에 대해 토론할 필요가 있었다. 그리고 아주 분명하게 그런 때가 찾아오기도 했다. 그리고 그때 우리의 기도는 아주 강렬하고 또한 아주 실제적이었다.

8. 고통

_____

실제로 필요한 것은 악한 성격은 제거할 수 없다는 것을 인정하고 그와
동시에 우리가 그것을 어떻게 극복할 수 있는지를 보여주는 악에 관한
설명이다.

고든 그래함

두 개의 방

고통에 관해 좀 더 광범위하게 썼던 이는 이번에도 이디스다. 반면
에 프랜이 남긴 자료들은 그것에 대해 지나가듯 언급하거나, 악의 문
제와 함께 좀 더 철학적으로, 좀 더 깊이 있게 살피거나 한다. 이디스
가 쓴 *Affliction*이라는 책은 고통에 관한 그녀의 견해의 정점을 보
여주는데, 그 책은 그저 그 주제에 관해 생각만 한 것이 아니라 자주
직접 고통을 겪었던 이가 체득한 지혜로 가득 차 있다. 대체로 그 책
은 고통에 관한 고전적이고 성경적인 이해의 윤곽을 제시한다. 고통
은 아주 실제적이다. 고통을 겪을 때 우리는 모종의 신비를 경험한다.
때때로 우리는 사람들에게 고통을 겪게 하시는 하나님의 목적을 엿
본다. 그러나 또한 때때로 우리는 그것을 전혀 엿보지 못하기도 한다.
하지만 언제나 하나님은 우리의 고통이 그분의 선한 목적에 부합하게
하신다. 이디스의 책에서는 복음이 넘치도록 풍성하게 드러나며 천국

의 확실성에 탁월한 자리가 주어진다. 여러 가지 예들이 강력하게 그리고 때로는 혼란스럽게 제시되는데, 그것은 고통을 잠자리에서 듣는 감상적인 옛이야기가 아니라 삶의 역경에 대한 매우 실제적인 성찰의 문제로 만들어준다.

그 책에는 적어도 나에게는 아주 흥미로운 이야기가 하나 들어 있다. 이디스는 두 개의 구역을 가진 박물관에 대해 상상한다. 그녀는 그 구역을 직사각형 A와 직사각형 B라고 부른다. 그 삽화는 그녀가 뇌암으로 죽어가고 있는 반 데르 바이덴이라는 사람과 가졌던 대화로부터 나온다. 이디스의 책 전반에 그와 그의 아내가 등장하는 것을 보면 분명히 이디스는 그 부부에 대해 큰 애정을 갖고 있었다. 큰 수술 후에 바이덴은 이제 자기가 삶의 몇 가지 기쁨들을 더 이상 누릴 수 없으며 자신의 삶을 죽어가는 데 허비해야 한다는 것을 깨닫고 깊은 절망에 빠졌다. 그래서 이디스는 두 개의 손수건을 꺼내들고 그에게 박물관 안에 있는 두 개의 방을 상상해 보라고 했다. 각각의 방에는 서로 다른 여러 명의 막대기 인물들(stick figures, 머리는 원으로, 사지는 직선으로 매우 간략하게 그리는 그림 – 역주)이 있다. 실제로 두 개의 직사각형 모두에 동일한 수의 인물들이 있다. 직사각형 A는 하늘의 처소에 있는 각각의 개인들을 위한 기도의 응답을 대표한다. 즉 그것은 예수님의 죽음과 부활이 그분을 주님으로 받아들이는 각 사람에게 완전한 승리를 제공하는 방식을 보여준다. 그 승리는 세 가지 양상으로 일어난다. 첫째, 믿음에 의한 최초의 의인(義認), 둘째, "전투"에서의 매일의(순간순간의) 승리, 그리고 셋째, 영화(榮化)를 통한 최후의 승리. 직사각형 B는 동일한 사람들을 대표한다. 하지만 그들의 승리는 손으로 만질 수 있는 가시적인 세상에서 일어난다. 그 승리는 완전하거나 완벽하지 않다. 하지만 그것은 하나님께서 개인들의 경우를 통해 역사하실 수 있

는, 그리고 역사하시는 방식을 보여준다.[1]

여기까지는 특별히 논쟁이 될 만한 것이 없다. 이디스가 욥기와 히브리서 11장에 의거해 제시하려 하는 전체적인 요점은, 지금 우리가 늘 어딘가에 숨어서 우리와 하나님이 죄와 고통에 대한 승리를 보여주지 못한다고 비난하는 사탄과의 우주적 싸움에 개입해 있다는 것이다. 그러나 주님은 본질적으로 이렇게 말씀하신다. "보아라, 직사각형 A 안에 있는 이 사람들을 위해 모든 것이 극복되었다. 또한 역사 속 어딘가에서 직사각형 B 안에 들어 있는 온갖 형태의 죄와 고통에 대한 승리가 이루어졌다." 그러므로 주님은 결국 이렇게 말씀하실 수 있다. "보아라, 나는 사탄이 마지막 장애물이라고 부르는 바로 그 일, 예컨대, 아이를 잃거나, 병에 걸리거나, 혹은 그와 비슷한 다른 일을 겪고 있는 사람에게 승리를 주었다." 이디스는 그 어떤 두 사람도 정확하게 동일한 시련을 겪지 않는다고 믿었다. 하지만 박물관 안의 이런 방들은 복음적 답변과 실제적 답변(그것 역시 그리스도의 죽음에 의해서만 가능하다) 모두가 (비록 사탄에게는 매우 당혹스러운 일이겠지만) 우리가 손으로 만질 수 있을 만큼 분명하다는 사실에 대한 명백한 증거들이다.

반 데르 바이덴 같은 이는 그가 원하는 온전한 치유를 경험하지 못할 수도 있다. 하지만 (1) 그는 실재하는 복음을 갖고 있다. 그리고 (2) 직사각형 B에 있는 어떤 이는 실제로 치유를 얻었다. 이런 사실을 아는 바이덴 씨는 사탄에게 그 사람을 가리키면서 사탄이 자신을 비난하는 것은 잘못이라고 선언할 수 있을 것이다.

하지만 이런 예는 나에게 한 가지 혼란스러운 측면을 제시한다. 그것은 그 두 개의 방들이 종말론적 전개를 대표한다는 점이다. "나는

---

1 Edith Schaeffer, *Affliction* (Old Tappan, NJ: Revell, 1978), 67-110.

그리스도의 죽음이 실재를 완성시키는 데 필요한 모든 종류의 승리를 위해 충분하다는 사실을 보여주는, 역사적으로 성취되고 있는 증거가 있다고 믿는다."[2] 한데 이때 그녀가 말하는 "실재"란 무엇인가? 여기와 다른 곳들에서 이디스는 매순간 승리가 주어짐을, 즉 '이미와 아직' 중 '이미'의 얼마가 성취되었음을 지적하고 있는 것처럼 보인다. 그리고 그것의 종합적인 목적은 사탄에게 그의 비웃음이 잘못된 것임을 알리는 것, 그리고 또한 고통당하고 있는 이의 삶에 (도저히 그럴 것 같지 않은 때조차) 분명히 어떤 목적이 있음을 알림으로써 그를 격려하는 것이다. 언젠가 나는 이디스가 인간이 모든 형태의 고통을 경험하고 나면 그리스도의 재림이 있을 것이라고 말하는 소리를 들은 적이 있다. 그녀는 비록 자기가 성경에서 그런 내용을 발견할 수는 없었으나 그것이 참되다는 것을 안다고 매력적으로 덧붙여 말했다![3]

프란시스 쉐퍼는 내가 기억하는 한, 직접 이런 종류의 추론을 한 적이 없었다. 하지만 그는 이디스의 견해를 크게 존중하고 있었다. 그는 고통이 발생하는 이유에 대해 다소 신학적으로 접근했다. 암 진단을 받은 직후 아들 프랭크와 가졌던 인터뷰에서 프랜은 고통은 결코 놀라운 것으로 간주되어서는 안 된다고 강조해서 말했다.[4] 비록 창조

---

2 Ibid., 77.
3 이디스는, 얼마간 라이프니츠(Leibniz, 1646-1716)의 방식을 따라, 상상 속의 하나님에 의해 만들어진 세상, 즉 아직 완전하게 구속되지 않은 세상에는 온갖 종류의 시나리오가 필요하다는 것을 인정하고 싶어 한다. 그러나 The Monadology(단자론, 라이프니츠의 저작 – 역주)의 저자와 달리, 그녀는 하나님을 단지 "모든 가능한 세상들 중 최고"를 만드신 분이 아니라, 비록 죄로 인해 계속해서 침해를 받을지라도, 자신이 만드신 것을 온전하게 하시는 분으로 여긴다. 히브리서 11장에서 영웅들 중 어떤 이들은 기적을 경험하는 반면, 다른 이들은 단지 고통만을 경험한다는 사실에 주목하면 이런 주장에 공감할 수 있을지도 모른다.
4 이 인터뷰 내용은 『그렇다면 우리는 어떻게 살아야 하는가?』에 덧붙여진 부속 자료에서 찾을 수 있다.

안에는 실제적 아름다움이 많이 남아 있으나, 우리는 아주 크게 타락한 세상에서 살아가고 있다. 그가 다른 곳에서 자주 말했듯이, 여기서 그는 모든 값싼 답이나 쉬운 신앙주의(easy believism)에 대해 격렬하게 반대한다. "왜?" 혹은 "왜 나에게?"라고 묻는 것이 옳은 것인가? 마치 무언가가 뜻밖에 일어난 것처럼 충격을 받거나 놀라지 말라. 예수조차 인류의 구원을 위해 하나님의 뜻에 순종하기 전에 겟세마네 동산에서 고뇌에 빠졌었다.

쉐퍼는 인간의 고통을 유발하는 몇 가지 요소들이 있다고 주장한다. 그 중 하나는, 이것은 결코 무시되어서는 안 되는 것인데, 하늘에서 벌어지고 있는 싸움이다. 이디스처럼, 그리고 우리가 기도와 관련해 살펴보았던 것처럼, 프랜은 가시적 세계에서 벌어지는 사건들의 비가시적 배경에 많은 관심을 가졌다. 내가 직접 참석해서 들었던 욥기에 관한 일련의 설교들은 모든 고통이 개인의 죄의 직접적인 결과는 아니라는 것을 웅변적으로 주장한다. 물론 죄가 원인이 될 수는 있다. 그리고 만약 그렇다면, 그때 우리는 그 죄를 고백하고 우리의 삶에 더 신경을 써야 할 필요가 있다. 그러나 종종 고통은 우리와 무관하게 진행되고 있는, 눈에 보이지 않는 전투 때문에 발생하기도 한다. 하나님은 동전을 넣으면 그 액수에 해당하는 적절한 물건을 내놓도록 되어 있는 자판기 같은 존재가 아니시다. 그분은 우리에게 우리가 만들어낼 법한 설명이나 답을 주셔야 할 의무를 갖고 계시지 않다. 실제로 쉐퍼는 우리가 상상하는 것과 같은 답을 받는 것에는 아주 무서운 무언가가 있을 수 있다고 고백한 적이 있다!

악의 문제

비록 목회적 관심으로 가득 차 있기는 하나, 쉐퍼의 성향은 기본적으로 철학적이다. 그는 그의 저작 여기저기에서, 그리고 때로는 일련의 강연들을 통해, 고통의 문제를 다룬다. 하지만 그것은 거의 언제나 좀 더 큰 철학적인 혹은 신학적인 질문들과 관련되어 있다. 그의 강연 시리즈들 중 하나에서 프랜은 영국의 신학자이자 종교철학자인 존 힉(John Hick)이 쓴 논문 하나를 광범위하게 언급한다. 쉐퍼는 힉이 쓴 책 『신과 인간 그리고 악의 종교 철학적 이해』(열린책들, 2007)[5]라는 책의 일부를 인용하면서 그가 말하는 소위 이레니우스적 신정론(Irenaean theodicy)을 분석한다. 그 강연은 마치 그 책에 대한 연민으로 가득 찬 그러나 또한 아주 날카로운 서평과도 같았다.

요약하자면, 쉐퍼는 아우구스티누스 전통 안에 있는 "자유의지에 대한 옹호"를 선호한다. 우리가 『참된 영성』을 살피면서 보았듯이, 여기서도 쉐퍼는 하나님의 절대 주권과 인간의 자유라는 골치 아픈 문제를 상세하게 다루지 않는다. 그저 그는 그 두 측면 모두에 대해 말할 뿐이다(사실 어쩌면 그것이 우리가 할 수 있는 최선일 수도 있다). 그가 자유의지를 옹호하며 말하는 변증학적 요점은 또한 목회적 효력을 갖고 있다. 첫째, 악은 완전히 실제적이다. 『존재하시는 하나님』 중 "인간의 딜레마"(The Dilemma of Man)라는 장이야말로 그의 견해를 다른 어떤 것보다도 잘 보여준다.[6] 그는 인간의 '딜레마'가 조금이라도 예민한 사람은 누구나 인간이 어떻게 그처럼 고상하면서도 또한 어떻게 그렇게 끔찍할 정도로 낮아질 수 있는지를 인식하게 되는 것이라고 말함으로써 자신의 논조를 정한다. 그런 예민함을 가질 수 없는 유일한 사람은

5 *Evil and the God of love*, New York: Harper & Row, 1966. 『종교철학적 이해』(김장생 역, 열린책들, 2007).
6 *CW*, 1:109-18.

타인의 필요에 대해 무감각할 수 있을 만큼 충분히 젊거나, 충분히 건강하거나, 충분히 부유한 사람들뿐이다. 또한 그는 악의 문제는 역사적 기독교가 신 신학과 입장을 달리하는 또 다른 영역이라고 설명한다. 세속적 견해는 그다지 좋지 않다. 현대인들은 종종 예수 그리스도의 실제적 고통을 묘사할 때, 살바도르 달리(Salvadore Dali, 스페인 출신의 초현실주의 화가 - 역주)처럼, 사실이 아닌 상징을 사용해 그를 "고뇌에 찬 인간"으로 그려낸다.

쉐퍼는, 코넬리우스 반틸의 주장을 암시하는 방식으로, 사실상 악의 문제와 관련해서는 오직 두 가지의 설명만이 가능하다고 말한다.[7] 첫째는 악이 형이상학적 원인을 갖고 있다는 것이다. 즉 우리의 기본적인 문제는 우리의 유한성이라는 것이다. 다른 하나는 악이 도덕적 문제라는 것이다. 만약 우리의 문제가 참으로 형이상학적인 것이라면, 그때 우리에게는 아무런 희망이 없다. 그때 우리에게는 유한성에서 벗어날 그 어떤 실제적인 출구도 없으며, 또한 무언가를 끔찍하다거나 끔찍하지 않다거나 할 방법이 없기에 우리가 겪는 끔찍한 상황에 대한 실제적인 치유책도 있을 수 없다. 쉐퍼는 신 신학이 인간을 "타락한 인간"으로 규정한다고 설명한다.[8] 만약 원래의 완전함으로부터 죄악된 부패로의 이행(transition)이 없다면, 끔찍함은 우리의 본래적 인성의 일부가 될 수밖에 없다. 그리고 이것은 필연코, "하나님은 마귀다"[9]라는 것을 의미한다. 그러나 만약 문제가 도덕적인 것이라면,

---

7 반틸은 우리의 문제는 형이상학적이거나 윤리적이라고 주장한다. *The Defense of the Faith*, 3rd ed. (Phillipsburg, NJ: P&R, 1978), 158을 보라. 『변증학』(신국원 역, 개혁주의신학사, 2012).
8 아마도 그는 폴 틸리히(Paul Tillich, 1886-1965)에 대해 언급하고 있었을 것이다. 틸리히는 역사적 타락이라는 개념에 만족하지 않고 본질로부터 실존으로의 이행(transition)에 대해 말한다. 하지만 그것은 결과적으로 인간의 도덕적 부패를 설명하지 못한다. *Systematic Theology*, vol. 2 (Chicago: University of Chicago Press, 1957), 41.

즉 만약 우리 인간이 잘못된 선택을 했던 것이라면, 그때는 희망이 있다. 왜냐하면 그 상황이 역전될 수 있고, 실제로 십자가에서 역전되었기 때문이다. 인간인 동시에 하나님이신 예수께서 그분 자신의 어깨로 죄의 무게를 감당하셨고 그 죄에 대한 형벌을 취소하셨다.

"십자가의 추문"(The Scandal of the Cross)이라는 단락에서 쉐퍼는 기독교의 복음을 알베르 카뮈의 1947년 작 소설 『흑사병』과 비교한다.[10] 그 강력한 카뮈의 소설은 흑사병의 습격을 받은 북아프리카의 오랑이라는 마을에 대해 묘사한다. 그 이야기의 표면 아래에는 깊고 신학적인 의미가 숨어 있다. 쉐퍼에 따르면, 그 소설의 독자는 심각한 선택과 마주하게 된다. "그는 의사의 편에 서서 흑사병과 싸우거나[그 경우에 그는, 카뮈의 말대로 하자면, 하나님과 싸우게 될 것이다], 아니면 사제의 편에 서서 흑사병과 싸우지 않거나[그렇게 함으로써 반휴머니스트가 되거나] 해야 한다."[11] 사실 기독교적 해답을 갖고 있지 않은 누구라도 그런 딜레마에 직면한다.[12] 쉐퍼는 계속해서 신 신학은 그런 딜레마에 대해 답을 줄 수 없다고 강력하게 주장한다. 그 이유는 그 신학이 타락과 관련해, 적어도 결과적으로는, '도덕적' 관점이

9 쉐퍼는 이 말을 프랑스의 시인, 찰스 보들레르(Charles Baudelaire, 1871-1867)의 것으로 돌린다. 나는 쉐퍼가 자주 사용하는 이 말의 출처를 아직까지 특정하지 못하고 있다. 어쩌면 이것은 보들레르의 시집 『악의 꽃』(Fleurs du mal)에 실려 있는 시 "사탄의 연도"(Les Litanies de Satan)에 대한 특별한 번역에서 온 것일 수 있다. 거기에서 그는 신에 대한 것과 동등한 존경심을 갖고서 사탄을 불러내고 심지어 사탄이 여호와 하나님보다 세상을 더 잘 운영한다고 주장하기까지 한다.

10 CW, 1:110-12.

11 CW, 1:111.

12 이 "딜레마"는 『흑사병』에 등장하는 중요한 도전들 중 하나를 아주 분명하게 요약한다. 의사인 리외(Lieux)는 자기가 그것을 발견하는 모든 곳에서 '창조'에 맞서 싸워야 한다고 믿는 무신론자다. 그러나 신부에 대한 카뮈의 묘사와 관련해 공평한 입장을 취하기 위해서는 파늘루(Paneloux) 신부가 흑사병과 관련해 인간의 죄를 꾸짖는 도덕주의자로 시작했으나, 마지막에는 죽어가는 어린아이들에 대해 깊이 근심하며 회중에게 흑사병과의 싸움에서 무슨 일이든 서슴지 말고 하라고 촉구하는 것으로 끝난다는 점을 지적하는 것이 중요하다.

아닌 '형이상학적' 관점을 고수하고 있기 때문이다. 그것은 도덕적 우주도, 옳고 그름 사이의 참된 대립도, 그리고 결과적으로 의인에 관한 객관적 견해(우리는 그것을 통해 하나님과 우리의 관계에서 실제적 변화를 경험한다)도 긍정할 수 없다. 그는 신 신학을 신봉하는 자들과 연계하는 복음주의적인 시도들을 지원하는 것에 대해 강력하게 경고한다.[13]

그러나 성경적 관점은 해답을 제공한다. 왜냐하면 그것은 도덕적 우주를 그리고 그로 인해 변화의 가능성을 긍정하기 때문이다. 쉐퍼는 어째서 『흑사병』이 불충분한지를 감동적으로 설명한다. 그것은 그 책이 잘못된 딜레마, 즉 하나님과 싸움으로써 흑사병과 싸울 것인가, 아니면 흑사병을 묵인함으로써 악과 싸우려는 인간적인 노력을 포기할 것인가 하는 딜레마를 제시하고 있기 때문이다.[14] 대신에 참된 성경적 견해는 우리로 하여금 우리가 그렇게 함으로써 하나님의 편에 선다는 바로 그 이유 때문에 흑사병과 싸우도록 만든다. 쉐퍼는, 벤자민 B. 워필드(Benjamin B. Warfield)의 놀라운 주장을 인용하면서, 예수께서 나사로의 무덤 앞에 섰을 때 그분이 단지 울기만 하셨던 것이 아니라, (비록 하나님을 향한 것은 아니었으나) 나사로의 죽음에 분노하셨다고 강조한다.[15] 카뮈의 말을 빌리자면, 그리스도께서는 흑사병을 미워하셨다. 그분은 자신이 하나님이라고 주장하셨다. 그리고 그분은 하나님이신

---

13 *CW*, 1:112. 쉐퍼는 자신의 이런 비판을 뒷받침하기 위해 그 어떤 특정한 사람이나 운동도 언급하지 않는다.

14 *CW*, 1:117.

15 예수님의 감정을 묘사하기 위해 여기서 두 번에 걸쳐 사용된 그리스어 *embrimaomai*(요 11:33, 38)는 종종 "혼란스러운"으로 번역된다. 하지만 그것은 실제로는 콧바람을 내뿜는 말의 "분노"와 같은 무언가를 의미한다(B. B. Warfield, "On the Emotional Life of Our Lord," in *Biblical and Theological Studies* [New York: Scribner's Sons, 1912], 35-90). 뉴욕에서 9/11 테러가 일어난 직후에 드린 주일 예배에서 팀 켈러(Timothy Keller)는 요한복음 11장의 이 본문으로 설교하면서 상처를 입은 이들을 위로하기 위해 동일한 주장을 했다.

자신을 미워하지 않고서도 흑사병을 미워하실 수 있었다.[16] 절대적인 것들로 이루어진 성경의 세계 안에서 우리는 하나님 역시 그것을 미워하시기에 (이것은 그리스도의 십자가라는 고귀한 값을 통해 예시되었다) 악을 미워한다. 그러나 절대적인 것들이 존재하지 않는 세상에는 그 어떤 사회 정의도 존재할 수 없다. 만약 하나님이 계시지 않는다면, 그때는 정의가 무엇인지를 누가 결정하겠는가? 다수가? 폭군이?[17]

쉐퍼는 그의 저작 전반에서 이 기본적인 요점을 거듭해서 거론한다. 우리가 기대하듯이, 그는 『창세기의 시공간성』(프란시스 쉐퍼 전집, 제2권, 문석호 역, 크리스챤다이제스트사, 2007)이라는 책의 적절한 부분에서 그 문제를 다룬다. 인간의 타락은 역사 속에서 발생했으며, 어떤 의미로든 틸리히가 말하는 "위로의 타락"(fall upward)이 아니었다.[18] 하와의 죄가 그녀가 사탄을 믿었던 순간에 시작되기는 했으나, 그녀의 타락에는 역사적 순서(믿음에서 먹는 것으로, 그 다음에는 그 열매를 아담에게 주는 것으로 이동하는)가 포함되어 있었다.[19] 그리고 그녀가 속았던 것처럼, 우리 역시 우리가 처해 있는 역사의 지점에서 죄를 지을 때마다 그런 식으로 속는다. 쉐퍼는 아담의 죄가 나머지 인류에게 전이되는 방식에 관해 신학적인 논의를 벌이지 않는다.[20] 그는 우리에게 어떤 남자 혹은 여자가 신자가 아닌 잠재적 배우자에게 저항하는 것이 얼마나 어려운지를 넌지시 말할 뿐이다.[21] 하지만 그의 기본적인 요점은 간단하게 진술될 수 있다. 그것은 죄가 세상에 들어왔다는 것이다. 쉐퍼는 죄의 보

---

16 *CW*, 1:117.
17 *CW*, 1:118.
18 *CW*, 2:57.
19 *CW*, 2:59.
20 우리는 그가 간접 전가(mediate imputation)를 믿었는지, 직접(immediate) 전가를 믿었는지, 아니면 유전설(traducianism)을 믿었는지에 대해 알지 못한다.

편적 지배를 확언하는 여러 성경 본문들을 제시할 뿐 아니라(렘 17:9; 요 8:44; 롬 3:10-12, 5:12-19 등), 몇 해 전보다는 지금이 인간의 악함을 선언하기가 쉽다고 주장한다. 그것은 오늘날 화가들이 지속적으로 인간의 악에 대해 언급하고 있기 때문이다.[22] 아무튼 죄는 보편적이다. 그리고 그리스도인들은 스스로를 자랑할 그 어떤 이유도 갖고 있지 않다.

> 교만해지지 말라. 죄인들의 세상을 건너다 볼 때면, 그들을 위해 울라. 만약 당신이 구속을 받았다면, 진심으로 기뻐하라. 그러나 당신이 다른 이들을 볼 때 당신이 그들 중 하나였음을, 그리고 실제적 의미에서 우리가 여전히 그들과 같은 부류임을 결코 잊지 말라. 왜냐하면 우리는 여전히 죄를 짓고 있기 때문이다. 그리스도인들은 교만해져도 되는 특별한 무리의 사람들이 결코 아니다. 그리스도인들은 구속받은 자들이다. 그리고 그것이 전부다![23]

같은 부분에서 쉐퍼는 죄의 보편적 지배에 관해 상술한다. 우리는 모두 심판 아래에 있다. 우리는 모두 유죄이다. 우리는 죄책감으로 이어지는 참된 죄책을 갖고 있다. 그날 서늘한 때에 아담과 하와에게 더 이상 하나님과의 교제가 존재하지 않았던 것처럼, 하나님과 우리 사이의 열린 소통은 사라졌다.[24]

---

21 *CW*, 2:60.
22 *CW*, 2:61. 종종 쉐퍼는 인간에 대해 특히 비관적인 견해를 드러내는 그 시대의 화가들에 대해 언급했다. 그런 화가들 중에는 베이컨과 피네, 피카소, 뒤샹 등이 있었다. 또한 그는 음악가들과 영화 제작자들, 종종 T. S. 엘리엇의 "황무지"(The Waste Land)를 인용하면서 시인들을 언급하기도 했다.
23 *CW*, 2:63.
24 *CW*, 2:64.

인간은 서로에게서 소외되었다. 자신의 남편을 바라는 여자의 갈망 (창 3:16)에 대해 언급하면서 쉐퍼는 우리에게 이후로 체계적으로 조직화되지 않은 민주주의는 절대로 가능하지 않을 것이라고 말한다. "타락한 세상에서 [크든 작든 모든 종류의 사회에서 그리고 모든 관계에서] 질서를 위해서는 구조가 필요하다. 하나님 자신이 기본적인 인간관계에 구조를 부여하신다. 형식이 주어지면, 그런 형식이 없이는 자유는 혼란이 될 뿐이다."[25] 이 주해를 통해서는 쉐퍼가 정부를 그 자체로 창조 명령의 일부로 여겼는지는 분명하지 않다. 표면적으로 그는 정부가 창조 질서에 뿌리를 내리고 있다는 카이퍼식의 확신보다는 자유주의적 견해에 더 가까워 보인다.[26]

자연 자체가 비정상적인 것이 되었다. 이것은 쉐퍼가 그의 저작 전반을 통해, 특히 『오염과 인간의 죽음』에서 강조하는 내용이다. 그 책에서 쉐퍼는 자연에 이런 저주가 임하게 된 원인을 강조한다. 온 우주가 타락했다. 그것은 인간의 죄에 대한 하나님의 대응으로 인해 초래된 상황이다. 하나님은 이런 비정상성이 존재하도록 명령을 통해 선포하셨다. 이로부터 쉐퍼는 우리가 하나님이 말씀하시고 그로 인해 결과가 발생하는 우주 안에 살고 있다고 추론한다. 이것은 닫힌 체계 안에 존재하는 획일적인 인과관계와 상반된다. 이것은 쉐퍼가 다른 곳에서도 여러 번 강조했던 것이다.[27] 반면에 하나님이 그 안에서 말씀하시고 행동하시는 세상은 우리에게 소망을 준다. 아담의 "프로그

---

25 *CW*, 2:66.
26 아브라함 카이퍼는 정부가 다른 모든 영역과 마찬가지로 창조 질서에 새겨진 기구라고 믿었다. 제람 바즈는 나에게 쉐퍼가 정부가 창조질서에 뿌리를 두고 있다고 믿었음을 확신시켜 주었다. 2011년 10월 30일에 저자에게 보낸 이메일 메시지.
27 *CW*, 2:67.

램화 되어 있지 않은 중대한" 반역에 맞서 타락을 선포하신 바로 그 하나님은 또한 우리에게 그 이름이 "쉼" 혹은 "위로"를 의미하는 노아(Noah)를 보내주실 수 있다.

이 자료는 특정한 인간의 고통에 대한 엄격하게 목회적인 응답도 아니고, 그 주제를 다루는 이디스의 작품에서 발견되는 의미심장한 예화들도 결여하고 있다. 하지만 우리는 그런 가르침이 어떻게 지금 고통 가운데 있는 사람에게 큰 위로를 가져다줄 수 있는지를 쉽게 알아차릴 수 있다. 어떤 이들은 쉐퍼의 접근법이 결국 칼뱅주의적이라고 느끼고 볼멘소리를 할지도 모른다. 다른 어떤 이들은 우리의 도덕적 잘못의 실재성에 대한 그의 주장에 불쾌감을 느낄 수도 있을 것이다. 하지만 사실 결과는 정반대다. 신 신학의 대응과 범신론적 대응은 사실상 끔찍하다. 그것들은 악을 환상으로 여긴다. 따라서 그것들은 우리에게 그 어떤 출구도 제공해 주지 않는다.

비록 인간의 죄책을 숙고하는 것이 유쾌한 일은 아닐지라도, 사실 그것은 책임 회피보다는 훨씬 더 희망적인 진단이 될 수 있다. 우리가 우리의 죄책뿐 아니라 우리 자신의 치유 불가능성을 온전히 이해할 때만, 비로소 우리는 하나님의 은혜라는 급진적이고 놀라운 응답을 제대로 이해하기 시작할 수 있다. 로마서 7장 24절에서 자신을 "곤고한 사람"이라고 불렀던 사도 바울은 이 사실을 이해하고 있었다. 그의 말은 그보다 더 강해질 수 없었다. 그는 묻는다. "이 사망의 몸에서 누가 나를 건져내랴?" 그러나 그 말에 이어서 송영이 등장한다. "우리 주 예수 그리스도로 말미암아 하나님께 감사하리로다"(25절). 만약 우리가 우리에게 그저 약간의 잘못만 있거나 부분적으로만 책임이 있다고 여긴다면, 우리는 우리의 상황을 제대로 진단하지 못하는 것이고, 또한 그리스도의 십자가라는 해결책이 지니고 있는 귀한 대가를 제대로 이해하지도 못하고 있는 셈이다. 그 귀한 대가 뒤에는 가장 형편없는 죄인조차 사랑하시는 하나님이 계시다. 참으로 우리는 후자 없이는 전자도 얻을 수 없다. 바로 그것이 프란시스 쉐퍼가 우리에게 애써 말하고자 했던 요점이다.

9. 교회 안에서의
삶

_____

기독교 공동체 안에서 모든 것은 각 개인이 연속된 사슬의 불가결한 고
리인지 아닌지에 달려 있다. 가장 작은 고리들까지 서로 안전하게 연결
되어 있을 때만 그 사슬은 끊어지지 않는다.

디트리히 본회퍼

관찰할 수 있는 사랑

프란시스 쉐퍼는 교회와 흥미로운 관계를 유지했다. 앞에서 우리는
쉐퍼 부부의 여정에서 그들의 사역이 때로는 정확하게 고전적인 교
단에 소속된 교회 안에서, 그리고 때로는 그것과 완전히 독립해서 이
루어졌음을 살펴본 바 있다. 라브리에는, 비록 사람들이 그것과 관련
해 많은 말을 하지는 않았으나, 분명하게 교회에 대한 비판적인 분위
기가 있었다. 지금 우리는 자유주의 교회에 대해 언급하고 있는 것이
아니다. 비록 그런 교회가 수시로 가장 강력한 비난의 대상이 되었기
는 했지만 말이다. 복음주의 교회 역시 종종, 비록 다른 방식으로이기
는 했으나, 비난의 대상이 되었다. 만약 우리가 신중하게 듣는다면, 우
리는 교회라는 개념에 대한 비판이 아니라 – 기본적으로 쉐퍼는 하나
님의 백성에 관한 언약 신학[그것에 대한 장로교적 표현을 포함해]을
갖추고 있는 개혁주의 전통 안에서 활동했다 – 현대의 복음주의 교회

의 모습에 대한 비난을 발견할 수 있을 것이다. 많은 이들이 라브리를 떠날 때 기성 교회(그것이 복음주의 교회든 아니든 간에)에 대한 불만까지는 아니더라도 모종의 비판의식을 품고 떠났다. 교회, 즉 교회의 문제들과 기회들은 쉐퍼의 가장 중요한 책들 중 몇 가지의 주제였다.

우선 우리는 프란시스 쉐퍼가 독실한 교인이었다는 사실을 말해 둘 필요가 있다. 그는 계속해서 교회를 "그리스도의 신부"로 언급했다. 감사하게도 제람 바즈는 나에게 자신이 여러 해 동안 쉐퍼 곁에서 일하면서 그가 아주 철저한 교인이었음을, 또한 그가 교회를 예수 그리스도께서 이 시대를 위해 세우신 유일한 기관으로 여겼음을 분명하게 알게 되었다고 알려주었다. 이와 비교할 때, 라브리 같은 사역은 구조적으로, 일단 그 사역이 더 이상 필요하지 않게 될 경우, 다른 모든 선교단체와 마찬가지로, 사라져야 했다.[1]

교회에 대한 신중한 입장들 중 몇 가지는 실재에 관한 라브리의 가르침으로부터 왔다. "주님의 일을 주님의 방식으로"(The Lord's Work in the Lord's Way)라는 그의 설교 서두에서 프랜은 다음과 같은 조금 통렬한 진술을 한다.

우리 시대의 핵심적 문제는 자유주의나 현대주의도 아니고, 로마 가톨릭주의나 새로운 로마 가톨릭주의도 아니고, 공산주의의 위협도 아니고, 심지어 합리주의나 우리를 둘러싸고 있는 획일적인 합의도 아니다.

---

1 2011년 10월 30일에 제람 바즈가 저자에게 보낸 이메일. 제람은 나와 다른 이들이 쉐퍼의 저작물의 본문들 외에도 그의 설교들과 웨스트민스터 신앙고백에 관한 강의 같은 일련의 강의 테이프들에 주목해야 한다고 말했다. 나는 부지런히 그렇게 하려고 했고, 여전히 쉐퍼가 현대의 복음주의 교회에 매우 비판적인 입장을 갖고 있었다고 여기고 있다. 그리고 그 이유는 다음의 논의를 통해 분명하게 드러날 것이다.

이 모든 것들은 위험하기는 하나 일차적인 위협이 되지 못한다. 실제적인 문제는 이것이다. 즉 개별적으로든 집단으로든 주 예수 그리스도의 교회가 주님의 일을 성령의 능력보다는 육신의 능력으로 하려는 경향을 보이는 것이다. 언제나 핵심적인 문제는 하나님의 백성들을 둘러싸고 있는 환경이 아니라 바로 그들 가운데 있다.[2]

쉐퍼는 수시로 복음주의 교회들 중 일부가 '부르주아적인'(bourgeois) 삶의 방식을 취하는 것을 비난했다. 나는 그가 언제부터 이 용어를 사용하기 시작했는지 분명하게 알지는 못한다. 하지만 아무튼 그 용어는 그의 말과 글에서 자주 등장했다. 어쩌면 그것은 '부조리극'(Theater of the Absurd, 1950년대에 프랑스를 중심으로 일어난 전위극 및 그 영향을 강하게 받은 연극 - 역주)과 관련된 그의 작품(『이성으로부터의 도피』를 가리키는 것으로 보임 - 역주)에서였을 것이다. 쉐퍼에 따르면, 부조리극의 목적은 첫째, 부르주아를 일깨우는 것이었고, 둘째, 그들에게 그들이 죽었음을 알리는 것이었고, 그리고 셋째, 그들로 하여금 신비주의자가 되도록 초대하는 것이었다.[3] 프랜에 따르면, 부르주아를 일깨우는 것은 그 자체로 좋은 일이다. 반면에 죽음이나 신비주의(두 번째와 세 번째 단계)는 전혀 바람직하지 않다. 쉐퍼는 부르주아에 대한 그의 진단을 계속하면서 교회의 몇 가지 우상들에 대해 경고음을 울렸다. 예컨대, 그는 1970년대의 "침묵하는 다수"에 대해 설명하면서 그들을 두 집단으로 나눴다. 하나는 참된 그리스도인으로 이루어진 소수이고, 다른 하나는 기독교 문화에 대한 기억에 의존해 살아갈 뿐 실제로는 그리스도를 따르기

---

2 *CW*, 3:43-44. 쉐퍼는 여기서 극작가이자 드라마 비평가인 Martin Esslin의 작품을 모방하고 있다.
3 *CW*, 1:251.

보다는 무슨 일이 일어나든 오로지 '개인적 안락과 풍요'에만 빠져 있는 자들이다.[4] 더구나, '옛 부르주아'는 루소(Rousseau)와 소로(Thoreau)의 방식처럼 이상적이고 낭만적이었던 반면, '새로운 부르주아'는 단지 직업과 집, 안정적인 수입만을 원할 뿐이다. 쉐퍼는 둘 다 추하기는 하지만, 특별히 일부 교회들이 순응하고 있는 새로운 부르주아가 더 추하다고 단언한다.[5]

부르주아 교회의 또 다른 특징은 미(美)에 대한 관심의 결여다. 프랜은 라브리를 찾아왔던 여러 젊은이들에 대해 말한다. 그들은 교리적으로 견고하기는 하지만 '플라토닉한'(Platonic), 즉 문화와 예술에 관해 둔감한 교회들로부터 왔다. 라브리는 그들의 마지막 희망이었다.[6] 이때 쉐퍼가 플라톤을 언급한 것은 그 교회들이 이상적이기는 하지만 현실적이지 않은 세계에서 살아가고 있었기 때문이다.[7] 이런 부르주아적이고 복음주의적인 교회들의 특징은 아무런 위험도 감수하려 하지 않는 것이다. 그런 교회에 속한 가정들은 자신들의 가구에 흠집을 낼 수도 있는 다른 사람들에게 문을 열지 않는다. 그런 비현실성은 "복음주의 교회 안에 있는 암이다."[8]

라브리는 불순응을 부추긴다. 그 공동체의 의도는 사람들로 하여금 교회에 의구심을 품게 하려는 것이 아니었으나, 때때로 그런 결과가 나타나기도 했다. 언젠가 함께 미국 여행을 떠나기 직전에 프랜은 오

---

4 *CW*, 4:28-29.
5 *CW*, 3:385-87.
6 *CW*, 5:388.
7 플라톤(Plato, B.C. 424-34)은 서양의 가장 중요한 철학자들 중 한 사람이다. 그는 이상(ideal), 즉 비가시적인 영역이 감각으로 인지할 수 있는 세상보다 더 실제적이라고 주장했다. 쉐퍼는 이런 주장을 현실도피를 부추기는 것으로 여겼다.
8 *CW*, 4:95.

스 기니스에게 머리를 길러보라고 권했다.[9] 하지만 오스는 그렇게 하지 않았다. 그리고 오스의 고전적이고 단정한 용모와 더블 단추를 단 멋진 재킷은 프랜의 긴 머리와 하이킹용 의상과 대조되어 놀라웠고 심지어 우스꽝스럽기까지 했다. 그러나 두 사람 모두 아쉬운 대로 불순응주의자들이었고 함께 여행을 다니며 부르주아 교회들을 대상으로 강연을 했다. 그들은 혁명을 선포하려 했다. 물론 그들의 메시지의 핵심은 말 그대로 폭동을 수반하는 혼란스러운 혁명을 하라는 것이 아니라, 세상과 타협한 교회들에게 교회의 진정성을 회복하라는 것이었다.

라브리에서 개교회에 대한 비판적 의식을 지니고 고향으로 돌아간 이들이 심각하게 혼란을 겪었다는 점을 말해 두어야 할 것 같다. 그것은 그들이 라브리에서 경험했던 기도 생활과 진정한 형제애와 진정한 영성과 다른 모든 놀라운 강조점들과 그들 자신의 개교회의 상황 사이에 큰 간격이 있음을 발견했기 때문이다. 분명히 프란시스 쉐퍼는 오랜 예배의 역사와 과거로부터 전래된 보물과도 같은 전통들을 높이 평가했다. 이것은 내가 라브리를 처음 방문했을 때 그곳 사람들이 바흐의 합창곡들을 부르고 있었던 이유를 설명해 준다. 또한 제람 바즈는 라브리의 정기적인 집회가 그곳의 그리스도인들로 하여금 고향으로 돌아가서 비판적이 되기보다는 위에모에 있는 교회에서 발견한 것과 같은 영성을 향해 나아가기 위한 건설적인 단계를 밟게 하기 위함이었다고 설명한다.[10]

---

9 프랜 자신이 나에게 이 이야기를 해주었다. 눈을 반짝이며 말하는 그의 모습을 통해 현재의 세대에 다가가려는 그의 열정을 간파할 수 있었다.
10 2011년 10월 30일에 제람 바즈가 저자에게 보낸 이메일.

내가 다닌 교회는 플라토닉한 복음주의 교회가 아니었다. 사실 나는 이미 충분히 불순응주의자였기에 그 방향으로 더 자극을 받을 필요가 없었다. 그러나 라브리에서 나는 소위 플라토닉한 부르주아 신드롬으로 인해 고통을 겪었던, 그리고 교회의 사정이 그와는 다르게 될 수 있다는 사실을 발견하고 참으로 해방감을 느끼는 이들을 많이 만날 수 있었다. 그리고 나는 프란시스 쉐퍼의 중요한 매력들 중 하나가 바로 거기에 있다고 믿게 되었다. 당신은 견고한 정통파 신자이면서도 그와 동시에 창조적이고 좀 더 인간적인 삶의 방식을 즐길 수 있다. 나같은 사람들을 불가지론으로부터 신앙으로 이끌었던 것 외에, 프랜과 이디스는 그동안 미와 실재를 경험하지 못하며 살았기에 믿음을 저버릴 뻔 했던 수많은 복음주의자들 구출해냈다.

한때 은사주의 운동(charismatic movement)이 교회가 그런 무기력에서 빠져나갈 또 다른 출구를 제공하는 것처럼 보였다. 그러나 쉐퍼는 그런 종류의 영성에 매우 조심스러운 태도를 보였다. 『새로운 초영성』은 그의 가장 논쟁적인 책들 중 하나로서, 은사주의 운동과 그와 유사한 다른 집단들에 대한 조심스러운 비판을 담고 있다. 그가 그런 운동들에 대해 비판적인 이유는 그것들이 교리보다, 그리고 교리에 맞서서 경험을 배타적으로 강조했기 때문이다. 그런 운동들은 역사적인 오순절 운동(Pentecostal movement)과 분명히 달랐다. 오순절 운동은 "제2의 축복"을 가르치면서도 여전히 교리를 존중했고 쉐퍼는 그것을 높이 평가했다. 지나치게 엄격하게 될 가능성이 있기는 하지만, 적절한 교리와 교회의 권징은 필요하다. 프랜은 은사주의 운동 안에 그와 같은 문화적 인식이 철저하게 결여되어 있음을 발견했다. 그로 인해 은사주의자들은 위험하다. 이것은 아주 강력한 비난이다. 그러면 어째서 쉐퍼는 그런 그룹들을 비판하는 일에 그처럼 단호했던 것일까? 그것은, 첫째, 그들이 그리스도인들로서 영적 실재에 대해 그와 유사한 관심을 보였기 때문이었다. 프랜과 그들은 너무나 가까웠으나 또한 너무나 멀었다. 그리고 둘째, 그들이 세속적인 사람들과 구별되지 않았기 때문이다.

참된 교회

그렇다면 프란시스 쉐퍼가 말하는 교회는 무엇인가? 그는 늘 변증적인 의도를 갖고서 – 의심할 바 없이, 쉐퍼는 언제나 변증적이었고 또한 주변의 문화가 그것을 요구했다 – 교회를 "신자들의 형제됨"(brotherhood of believers)으로 규정했다. 우리가 그리스도를 우리의 구주로 여길 때, 그 즉시 우리는 동일한 고백을 하는 모든 형제 및 자매들과 교제관계에 돌입한다. 쉐퍼는 이것을 "성도의 교제"라고 부른다.[11] 이로부터 이런 형제됨의 세 가지 실천적 측면들이 나타난다. (1) 각 구성원은 국적, 인종, 언어, 문화 등에 상관없이 서로에게 영적으로 도움이 되어야 한다. (2) 각 구성원은 서로에게 물질적으로 도움을 주어야 한다. 환대, 물질, 돈 – 이 모든 것이 공유되어야 한다. 그것도 자발적으로. (3) 형제 됨 속에서 교제와 사귐이 실천되어야 한다.[12] 요컨대, 이런 형제들의 관계가 드러내는 가장 중요한 특징은 사랑이다. 한편으로, 모든 사람은 하나님 형상의 담지자이므로, 우리는 마땅히 모든 이들을 우리의 이웃으로 사랑해야 한다. 다른 한편으로, 참된 그리스도인들을 연합시켜 주는 특별한 종류의 사랑이 있다. 쉐퍼는 때로 이것을 "공동체의 정통성"(orthodoxy of community)이라고 부른

---

11 *CW*, 2:355-56.
12 *CW*, 2:356-58.

다. 이것은 교리의 정통성과 함께 손을 잡고 나아가야 한다.[13] 그의 강력한 책 『그리스도인의 표지』(프란시스 쉐퍼 전집, 제4권, 박문재 역, 크리스챤다이제스트사, 2007)는 그런 사랑에 관해 논한다.[14] 예수께서 제자들의 발을 씻으시는 장면이 실려 있는 요한복음 13장의 내용을 살피다가 프랜은 "너희가 서로 사랑하면 이로써 모든 사람이 너희가 내 제자인 줄 알리라"(요 13:35)라는 예수님의 선언에 주목한다. 그는 이 말씀으로부터 세상이 우리가 고백하는 기독교적 신앙이 참된 것인지 아닌지를 판단할 권리를 갖고 있다고 결론짓는다. 세상은 서로에 대한 우리의 사랑에 기초해 그런 판단을 내릴 수 있다.[15]

이런 접근법이 갖고 있는 미묘한 차이에 관해 말하자면, 쉐퍼는 "정직한 질문"에는 "정직한 대답"이 주어져야 한다고 주장한다. 우리는 할 수 있을 때마다 변증에 개입해야 한다. "참된 그리스도인들이 서로에게 가시적인 사랑을 보여주지 않는다면, 그리스도께서는 우리가 적절한 답을 줄 때조차 세상이 우리의 말에 귀를 기울일 것이라 기대해서는 안 된다고 말씀하신다."[16] 모든 사랑이 아니라 오직 "견실한 실제적 사랑"만이 성부에 의해 보내심을 받은 예수님의 진성성을 증거

---

13 *CW*, 4:33.

14 *Downers Grove*, IL: InterVarsity, 1970.

15 코넬리우스 반틸은 쉐퍼가 이런 식의 진술을 한 것을 비난한다. 그에 따르면, 신자들과 동일한 전제를 공유하지 않은 불신자들은 그리스도인들을 판단하거나, 그들이 이런 사랑을 보이고 있는지 그리고 참된 신자인지를 판단할 권리를 부여받아서는 안 된다(*The Apologetic Methodology of Francis A. Schaeffer* [Westminster Theological Seminary, 1974], 48을 보라). 반틸은 그리스도인들 사이의 사랑의 목적에 불신자들을 신앙으로 이끄는 것이 포함되어야 한다는 것을 인정한다. 하지만 배교자는 신자들의 영적 주장에 대한 심판자가 될 수 없다(49). 나는 여기서 그가 다소간 핵심을 놓치고 있다고 여긴다. 쉐퍼는 불신자들이 기독교 신앙에 대해 인식론적 권위를 갖고 있는지에 대해 철학적 논의를 하고 있는 것이 아니다. 이때 그는 단지 그리스도인들의 사랑이 외부인들에게 복음을 전하는 일의 일부라는 사실을 다소간 비형식적인 표현을 사용해 말하고 있을 뿐이다.

16 *CW*, 4:190.

할 수 있다.[17] 또 다른 미묘한 차이는 참된 사랑과 참된 하나 됨은 늘 하나님의 거룩하심에 의존한다는 것이다.[18] 더 나아가, 만약 내가 나의 형제에게 죄를 지었다면, 나는 그에게 잘못을 고백하고 그와의 관계를 개선할 필요가 있다. 이것은 아주 어려운 일이다. 그것은 우리가 죄를 지었던 사람이나 단체들과의 관계를 재정립하고 화해를 추구하는 힘겨운 작업을 의미할 수도 있다. 이것은 교리가 그 일에 관련된 유일한 것이거나 심지어 실제적인 것이 아니라는 점에서 더욱 어렵다.[19]

프랜은 "잘못했어요"라고 말하는 것보다 더 훌륭한 가시적인 사랑은 없다고 말한다. 그리고 그렇게 말하는 것보다 더 힘든 일이 하나 있다. 그것은 바로 용서하는 것이다.[20] 이것은 역사적 기록을 위한 문제인데, 프랜은 자신이 그들에게 잘못을 저질렀다고 믿었던 여러 사람들에게, 즉 자신이 영적 위기를 겪기 전에 - 그 위기를 겪는 동안 그는 자기가 예전에 교단에 소속되어 활동할 때 사랑이 부족했었음을 깨닫게 되었다 - 자신의 불친절 때문에 고통을 당했던 사람들에게 용서를 구하는 편지를 썼다. 용서는 아주 중요한 문제다. 쉐퍼는 주기도문에 대해 숙고한다. 그는 우리의 죄를 용서해 주시기를 탄원하는 구절에 대해 언급하면서 이렇게 말한다. "우리는 주님께서 우리에게, 마치 우리가 다른 이들을 용서할 때처럼, 우리와 그분의 교제라는 현실을 경험하게 해주시기를 청한다."[21] 쉐퍼는 다른 이가 먼저 첫걸음을

---

17 *CW*, 4:191.
18 *CW*, 4:194.
19 *CW*, 4:194-95.
20 *CW*, 4:195-96.
21 *CW*, 4:196.

떼어주기를 기다릴 필요가 없다고 말한다. 우리는 어떻게든 용서의 정신을 가져야만 한다. 그리고 오직 그리스도인들을 향해서만 그렇게 해서는 안 된다.[22] 참된 용서는 하나의 태도이며, 그것은 관찰될 수 있다. 세상은 그것을 바라보고 있으며, 따라서 그리스도인들이 실질적인 사랑을 드러내고 있는지 아닌지를 판단할 수 있다.[23]

불화

타락한 세상에서 관찰 가능한 사랑은 결국 갈등에 직면한 상황에서 드러나야 할 필요가 있다. 쉐퍼는 불화를 다루는 문제와 관련해 여러 가지 진술을 한다. 그는 그의 생애 동안 여러 차례 불화를 겪었다. 그는 살면서 다양한 갈등을 겪었고 종종 자기가 그런 갈등 중 몇 가지를 다뤘던 방식에 대해 후회했기에 갈등을 성경적으로 다루는 방식에 관한 상당한 지혜와 통찰을 발전시킬 수 있었다. 이디스는 *The Tapestry*에서 과거에 자신들이 지나치게 열성적이고 거칠었음을 여러 차례 언급했다. 특히 『그리스도인의 표지』에서 프랜은 그리스도인들 간의 차이를 다루는 방법에 집중한다.

한 가지 문제는 우리가 어떻게 다른 사람의 잘못된 주장에 굴복하지 않고 계속해서 그리스도 안에서 적절한 일치를 보일 수 있느냐 하

---

22 이런 견해가 모든 개혁주의 신학자들에 의해 받아들여지고 있는 것은 아니다. 예컨대, Jay Adams는 *From Forgiven to Forgiving* (Amityville, NY: Calvary, 1994), 26에서 우리는 어떤 이가 그것을 진지하게 구할 때까지는 그를 용서해서는 안 된다고 주장한다. 하지만 나는 그런 주장에 동의하지 않는다. 예컨대, 예수께서는 자기를 괴롭히는 자들이 자신에게 용서를 구하지 않았음에도 자신의 아버지께 그들을 용서해 주시기를 청했다. "아버지 저들을 사하여 주옵소서 자기들이 하는 것을 알지 못함이니이다"(눅 23:34). 이런 논지를 펼치는 최근의 책으로는 *Christ Brauns, Unpacking Forgiveness* (Wheaton, IL: Crossway, 2008)가 있다. 『위대한 용서』(이영자 역, 미션월드, 2009).

23 *CW*, 4:197.

는 것이다. 이와 관련해 그는 다섯 가지 원리를 제시한다.[24] (1) 우리 안에 중대한 차이가 있을 경우, 우리는 그런 문제들에 눈물과 아쉬움 없이 다가가서는 안 된다. 다른 사람의 잘못을 들춰내는 것을 즐거워하는 사람이 있다. 그런 사람은 피비린내를 좋아하는 사람이다. 그러나, 만약 우리가 그렇게 하는 대신 눈물을 흘린다면, 그때는 차이 가운데서 아름다움이 나타날 수 있다. (2) 우리는 차이의 중대함을 헤아려야 하고 적절하게 행동해야 한다. 만약 그 차이가 아주 크다면, 그래도 우리는 뒤로 물러서지 말고 오히려 그 상황에서 가장 큰 사랑을 나타낼 방법을 찾으면서 하나님의 거룩하심에 대한 관심을 드러내야 한다. 우리는 프랜이 가깝게 느꼈던 이들과 기본적인 교리의 문제에서 불화하지 않을 수 없었던 경우들에 대해 생각해 볼 수 있다. 그러나 또한 우리는 그가 진심으로 좋아하지 않았던 사람들과 불화했던 경우들에 대해서도 생각해 볼 수 있다. 그런 경우에 사랑에 대한 요구는 참으로 힘든 것이었다. (3) 참되고 견고한 사랑은 큰 희생을 요구할 수도 있다. 쉐퍼는 종종 그것을 "값진 사랑"이라고 부른다. 우리는 우리의 관계를 살아 있게 하기 위해 기꺼이 상실을 감내하려 해야 한다. (4) 이기려는 갈망보다 문제를 해결하려는 갈망이 있어야 한다. 쉐퍼는 아리송하게 말한다. "신학자들보다 이기기를 좋아하는 사람은 달리 없다." 그러나 이 세상에서 살면서 우리는 남보다 한 발 앞서려 해야 하는가, 아니면 해결책을 찾아야 하는가? (5) 마지막으로, 우리에게 필요한 것은 하나님의 거룩하심과 사랑의 요구 두 가지 모두를 지지하는 것이다. 우리는 옳은 것에 대해 타협하는 것과 그리스도 안에서 우리의 하나 됨을 무시하는 것 모두가 똑같이 잘못된 것임을 확

---

24 *CW*, 4:198-202.

신하는가? 쉐퍼는 이런 균형이 없다면 세상은 성부께서 성자를 보내셨다는 것을 알지 못할 것이라고 주장한다.

쉐퍼는 이런 원리들이 실제로 작동했던 두 가지의 감동적인 사례들을 제시한다.[25] 첫 번째 예는 제2차 세계대전 상황에서 플리머스 형제단(Plymouth Brethren, 1820년대 아일랜드 더블린에서 기독교 근본주의 성격의 복음주의 운동으로 태어난 개신교 교파로, 그 후 유럽 전역으로 퍼져나갔다 - 역주) 안에서 일어났다. 히틀러가 모든 종교 단체들에 국가에 등록할 것을 요구했을 때, 형제단의 절반은 그 명령을 따랐고 나머지 절반은 따르지 않았다. 물론 국가에 등록한 이들은 그 시절을 좀더 쉽게 보낼 수 있었다. 하지만 그로 인해 그들은 자유주의적 프로테스탄트에 가까워졌고 얼마간 교리를 훼손할 수밖에 없었다. 등록을 거부했던 이들 중 많은 이들은 나치 수용소에서 큰 상실과 고통을 경험했다. 전쟁이 끝난 후, 양측의 화해가 절실하게 요구되었다. 그래서 두 그룹이 여러 날 동안 함께 모였고, 자신들의 영적 상황을 다 드러내고, 서로의 마음을 살폈다. 그리고 마침내 한 증인의 말에 따르면, "우리는 하나가 되었다."

두 번째 예는 미국의 어느 대도시에 있는 한 교회에서 발생했다. 그 교회의 두 그룹, 즉 반문화적 성향의 "자유분방한 그룹"과 보수적인 중산층 그룹이 충돌했다. 그 교회의 담임목사는 양측을 다 섬길 수가 없었다. 결국 그들은 서로 갈라서기로 하고 두 개의 다른 모임을 만들었다. 그러나 그렇게 갈라선 후에도, 그 중 첫번째 그룹에 속한 장로들이 두 번째 그룹으로 들어가 자신들의 대표성을 유지했다. 그렇게 그들은 쉐퍼의 말에 따르면, 비록 두 개의 교회를 갖게는 되었으나 서로를 향해 의식적으로 사랑을 실천하고 있었다.

---

25 *CW*, 4:202-4.

이런 예들은 그리스도인들이 그들의 신앙고백에 있어서 분명히 하나가 되어 있던 상황에서 나왔다. 그러나 서로 신학적 지평이 너무 많이 다른 신자들과 교제하는 경우는 어떠한가? 쉐퍼의 사역 초기에 계속해서 협력이라는 문제가 고개를 내밀었다. 우리가 앞서 보았듯이, 초기에 프랜은 다른 보수주의자들이 그리스도인의 자유와 같은 문제들과 관련해 유약한 입장을 보인다고 여겼던 장로교파에 소속되어 있었다. 생애 내내 그는 여러 가지 교리들과 관련해 모호한 입장을 보이는 그리스도인들과 협력하는 것을 주저했다. 심지어 전도를 위해서라 할지라도 그리스도인들이 늘 함께 일할 수는 없는 노릇이다. 상황이 그럴 수밖에 없는 이유는 상대주의 시대를 살아가는 우리로서는 진리와 반대를 모두 드러낼 필요가 있기 때문이다.

> 나는, 서로 상반되는 교리를 지닌 사람들이 [어느 단체나 조직에] 공식적으로 참여하도록 초청받을 경우, 복음을 선포하는 예배나 활동과 관련된 일의 엄중함을 밝히는 유일한 길이 그런 단체나 조직의 공적 직책을 받아들이지 않는 것뿐인 경우를 상정할 수 있다.[26]

쉐퍼가 보기에 혼란을 피하는 방법들 중 하나는, 분명하게 심각한 교리적 차이가 존재할 경우, 어떤 가시적인 무대에 함께 오르는 일, 가령 함께 기도를 드리거나, 어떤 조직에 자신의 이름을 빌려주거나, 공동 예배를 드리거나 하는 일을 거부하는 것이다.

그와 동시에 쉐퍼는 우리가 앞서 언급했던 한 가지 개념을 발전시켰다. 그것은 그로 하여금 자기와 의견을 달리하는 이들과 함께 일할

---

26 *CW*, 1:197.

수 있게 해주었다. 그것은 "공동참전"(cobelligerence)이라는 개념이다. 공동참전자는 동맹(同盟)은 아니다. 오히려 그는 우리와 근본적인 것들을 공유하고 있지는 않으나 어떤 문제와 관련해 우리가 말하는 것과 동일한 말을 하는 사람이다. 만약 사회 정의가 우리에게 어떤 대응을 요구한다면, 그리고 우리 자신이 우리의 기독교 철학을 공유하지 않는 어떤 이들의 것과 유사한 논리를 사용하고 있음을 알게 된다면, 그때 우리는 그들과 나란히 서서 그들과 함께 그 싸움을 수행할 수 있다.[27] 이와 상반되는 한 가지 예는 중산층적 성향을 지닌 늙은 복음주의자가 특권을 가진 지배 엘리트와 동맹을 맺는 것이다. 이것은 당대의 보수적인 정치에 대한 불명료한 언급일 수 있다. 그와 반대되는 또다른 잘못된 동맹은 그런 복음주의자의 자녀가 좌파 엘리트와 연합하는 것이다. 하지만 우리가 듣고 있는 외침, 즉 "베트남에서 무의미한 폭격을 중단하라"는 외침은 동맹은 아니지만, 진정한 공동참전의 한 형태이다.[28]

메시지

만약 교회가 가시적 사랑을 실천하는 방법을 알고 있는 신자들의 형제됨이라면, 교회는 무엇을 선포해야 하는가? 간단히 말해, 교회는 진리를 선포해야 한다. 쉐퍼는 그의 저작과 설교와 편지들을 통해 이것을 수없이 반복해서 말한다. 물론 진리라는 개념은 그의 변증적 작품들에서 두드러진다. 종종 진리는 일반적으로는 '절대'와, 그리고 특별하게는 '도덕적 기준들'과 쌍을 이룬다. 참된 것은, 비록 합리주의

---

27 *CW*, 4:30.
28 *CW*, 4:31.

적이지는 않으나, 합리적이다. 쉐퍼는 이것을 강력하게 주장하기 위해 "참된 진리"(true truth)라는 표현까지 만들어냈다.[29] 실제로 쉐퍼의 영향으로 인해 제목에 "진리"라는 단어를 가진 일련의 책들이 출판되었다 – 쉐퍼의 책들 중 여러 권(나의 책들 중 몇 권!), 낸시 피어시(Nancey Pearcey)의 『완전한 진리』(복 있는 사람, 2006), 찰스 콜슨(Charles Colson)의 『참으로 가벼운 세상 속에서의 진리』(요단출판사, 2005), 오스 기니스의 『진리, 베리타스』(도서출판 누가, 2002), 그리고 다른 여러 권의 책들이 있다.[30] 찰스 콜슨은 특히 쉐퍼의 세계관을 감옥의 상황을 개선하는 일과 같은 문화적 개입이 어려운 분야들에 효율적으로 적용했다. 오스 기니스는 이런 접근법을 공공정책에 지칠 줄 모르고 적용해 왔다.

쉐퍼와 그의 추종자들이 우리에게 말하는 것은, 진리가 주로 우리 시대에, 그것도 심지어 교회 안에서 포기되었으며, 우리는 그것을 회복할 필요가 있다는 것이다. 자유주의 신학과 관련해서는 상황이 분명하다. 자유주의는 진리를 포기하는 것이나 다름없다.[31] 쉐퍼가 보기에 자유주의 신학은 세속 문화의 경향들을 따름으로써, 또한 단지 그런 경향들을 표현하기 위해 종교적 언어를 사용함으로써 나타난 것이었다. 초기 작품에서 그는 키에르케고르가 자유주의 신학을 위한 문을 열었다고 비난했다. 쉐퍼에 따르면, 비록 자유주의와 신정통주의가 동일한 것은 아니지만, 결국 그 둘은 힘을 합쳐 신 신학을 만들어

---

29 *CW*, 1:218.

30 Nancey Pearcey, *Total Truth: Liberating Christianity from Its Cultural Captivity* (Wheaton, IL: Crossway, 2004), Charles Colson, *Burden of Truth: Defending Truth in an Age of Unbelief* (Carol Stream, IL: Tyndale, 1998), 『참으로 가벼운 세상 속에서의 진리』(이은영 역, 요단출판사, 2005), Os Guinness, *Time for Truth: Living Free in a World of Lies, Hype, and Sin* (Grand Rapids: Baker, 2000).

31 *CW*, 4:133.

냈다.[32] 나중에 그는 칸트(Kant)와 슐라이어마허(Schleiermacher)까지 현대 신학의 전개과정에서 중요한 역할을 한 인물들의 명단에 집어넣었다.[33] 쉐퍼가 보기에 현대 신학은 철학과 예술을 포함해 문화 일반에서 벌어지고 있는 변화에 기생하고 있었다.

그렇다면 진리로부터의 그런 이탈은 어디에서 언제부터 시작된 것일까? 일반적으로 우리가 보았듯이, 이런 변화는 "절망의 선"(line of despair)에서 발생했다. 다시 말하지만, 서양 역사에서 이 선은 합리성과 통일성에서 비합리성으로 넘어가는 변화를 가리킨다.[34] 이런 현저한 변화는 19세기에 발생했다. 이런 변화의 과정에서 몇 사람이 핵심 역할을 감당했는데, 특히 헤겔(G. W. F. Hegel)이 그러했다. 다른 이들도 중요하기는 하나 헤겔이 핵심이 되었던 것은, 그가 정립(thesis)에서 반정립(antithesis)으로, 그리고 다시 종합(synthesis)으로 움직였기 때문이었다. 쉐퍼의 이해에 따르면, 종합은 상대주의와 동등한 것이었다. 그 안에서 절대에 대한 진술로서의 진리는 사라진다.[35]

---

32 *CW*, 1:51.
33 *CW*, 5:374. 프리드리히 슐라이어마허(Friedrich Schleiermacher, 1768-1834)는 많은 이에 의해 현대의 자유주의 신학의 아버지로 간주되고 있다. 무엇보다도 그는 신앙을 "절대 의존의 감정"으로 그리고 죄를 이기심으로 규정했다. 그의 신학과 그의 후계자들의 신학은 칼 바르트와 신정통주의에 의해 논박되었다. 하지만 어떤 이들은 그들이 서로 다른 생각보다는 공통적인 생각을 더 많이 갖고 있다고 주장한다.
34 *CW*, 1:57-65.
35 콜린 듀리에즈처럼 나 역시 헤겔과 "절망의 선"에 대한 쉐퍼의 독특한 견해가 정확히 무엇에 근거하고 있는지 특정할 수 없다(Colin Duriez, *Francis Schaeffer: An Authentic Life* [Wheaton, IL: Crossway, 2008], 41-42). 쉐퍼는 『그렇다면 우리는 어떻게 살아야 하는가?』에서 제임스 사이어의 『기독교 세계관과 현대사상』(IVP, 2007)에 인용된 철학사가 프레드릭 코플스턴의 말을 다시 인용한다. 그러나 코플스턴이 헤겔을 상대주의자로 보았는지는 분명하지 않다. 정립-반정립-종합은 헤겔의 역사서술에 대한 공정한 요약이다. 설령 그가 그것을 그런 용어로 진술한 적이 결코 없다고 할지라도 그러하다. 그러나 헤겔 철학에 있어서 핵심적인 용어는 "지양"(Aufheben, 취소하고 초월함)이다. 신율주의자인 그렉 L. 반젠은 쉐퍼를 비난하는데, 그의 판단에 따르면, 쉐퍼는 헤겔의 종합을 비이성적인 것과 혼동하고 있다(http://www.reformed.org/webfiles/antithesis/

쉐퍼의 진리관을 전통적인 철학 용어로 규정하기란 그리 쉽지 않다. 진리와 관련해 그는 '정합설'(coherence theory, 어떤 명제의 참과 거짓은 다른 명제군과 정합적인가 아닌가에 따라 결정된다고 하는 설-역주)과 '대응설'(correspondence theory, 명제의 진위가 그것이 사물이나 실재와 올바르게 합치하는가 아닌가로 결정된다는 설-역주)의 조합을 주장하는 것처럼 보인다. 전문적인 철학자들에게 이것은 불가능한 조합일 수 있다. 하지만, 그동안 우리가 자주 보았듯이, 쉐퍼는 전문적인 신학자가 아니라, 깊이는 있으나 형식에서 자유로운 사상가였다. 대응설은 다양한 명제들 혹은 조건들의 일치를 요구한다. 예컨대, 쉐퍼는 어떤 이론이 참인지 아닌지를 파악하기 위한 이중의 테스트에 대해 설명한다. "A. 그 이론은 모순이 없어야 하고 문제가 되는 현상에 답을 주어야만 한다. B. 우리가 그 이론을 따라 살 수 있어야 한다."[36] 그래서 그는 지적 측면과 실제 삶 모두에서 정합설에 호소한다. 그와 동시에 그는 객관적 상황에 순종할

index.html?mainframe=/webfiles/antithesis/v1n3/ant_v1n3_schaeffer.html을 보라). 좀 더 균형 잡힌 평가는 Ronald Ruegsegger에 의해 이루어졌는데, 그는 다음 두 가지를 구분한다. (1) 사상은 분석적이기보다는 종합적이라는 헤겔의 주장에 대한 쉐퍼의 집중, 그리고 (2) 종합적 사고가 상대주의로 이어진다는 쉐퍼의 견해. Ruegsegger에 따르면, 쉐퍼는 (1)과 관련해서는 전적으로 옳지만 (2)와 관련해서는 의심을 받아야 한다. 왜냐하면 헤겔에게 최종적인 종합은 합리성으로 가득 차 있으며 서로 반대되는 것들의 포기가 결코 아니기 때문이다. 상황이 그러하다면, 그보다는 오히려 칸트가 현대 상대주의의 창시자로 불려야 할지도 모른다. 왜냐하면 그는, 비록 그가 상대주의에 단호하게 반대하기는 했지만, 인간의 경험이 지식을 형성한다고 여겼기 때문이다(Ronald Ruegsegger, "Francis Schaefer on Philosophy," in *Reflections on Francis Schaeffer*, ed. Ronald Ruegsegger [Grand Rapids: Baker Academics, 1986], 115-17). 쉐퍼로 하여금 헤겔에게서 나타나는 상대주의를 비판하도록 만들었던 것은 진리를 '생성'(becoming)으로 여기는 그의 독특한 변증법적 이해일지도 모른다. 비록 헤겔은 진리를 믿고 상대주의를 거부했으나, 그가 말하는 절대적 진리는 오직 모든 시간이 제거되는 종말에만 나타난다. 그로 인해 진리에 관한 그동안의 모든 진술은 필연적으로 부적절하고 심지어 상대적인 것이 된다. 헤겔과 상대주의에 관한 나의 견해에 가장 큰 영향을 준 자료는 Daniel Berthold-Bond, *Hegel's Grand Synthesis* (Albany, NY: SUNY, 1989), 7장이다.

36 *CW*, 1:121.

필요가 있다고 주장하는데, 이것은 대응설에 부합한다. 쉐퍼는 객관적 실재가 존재한다고 거듭해서 말한다. 우리는 "우리 자신과 존재하는 것과의 상호관계를 따라 행동하면서" 실제 세계에서 살아야 한다. 상상력을 발휘할 때조차 우리는 창조주 하나님(우리는 그분의 형상을 지니고 있다)이 지으신 객관적 실재가 존재하기에 그렇게 할 수 있다.[37] 우리가 기독교를 전제할 수 있는 것은 그것이 "존재하는 것의 사실과 부합하기 때문이다."[38] 하나님은 진리 "뒤에" 계시거나, 혹은, 쉐퍼가 좋아하는 표현대로, "최종 심사관이시다."[39]

쉐퍼는 계속해서 회심에 앞서 진리가 정립되어야 한다고 말한다. 진리의 이와 같은 우선성은 복음주의자들의 귀에는 이상하게 들릴지도 모른다. 하지만 기본적으로 그가 의미하는 것은 진리라는 큰 틀이 없다면 회심이 무의미하다는 것이다. 비슷하게 그는 때때로 사람들에게 "사전 전도"(pre-evangelism)를 수행하는 것에 대해 말한다. 사전 전도의 목표는 회심에 대한 호소를 가능케 하기에 앞서 특정한 진리들을 분명하게 밝히는 것이다.[40]

여기서 우리는 쉐퍼를 오해하기 쉽다. 그를 비판하는 자들은 사전 전도가 복음이 선포될 수 있기 전에 일종의 행위에 기초한 의를 이행하기 위한 조건을 마련하거나 예비적 단계를 밟는 것이라고 지적하려 애쓴다. 하지만 사실 그가 하려고 하는 것은 잘못된 의식을 피하려는 것이다. 언젠가 피터 버거(Peter Berger)가 말했듯이, 오늘날 사람들은

---

37 *CW*, 1:342.

38 *CW*, 1:326.

39 *CW*, 1:57. 아마도 진리의 문제를 살피는 한층 더 만족스러운 방식은 선험적 논증 (transcendental argument)을 통한 것이리라. K. Scott Oliphint, "Using Reason by Faith," *Westminster Theological Journal* 73, no. 1 (2011년 봄): 97-112를 보라.

40 *CW*, 1:155-60.

"너무 쉽게 회심하는 경향이 있다." 우리는 아주 쉽게 이런저런 견해들을 향해 '회심한다.' 어떤 이들, 가령, 전에 반전주의자였던 제리 루빈(Jerry Rubin) 같은 이는 연속적인 회심을 경험했다. 쉐퍼가 기독교 신앙의 주장들을 뒷받침하는 객관적 기초에 대한 충분한 이해가 필요하다고 여긴 까닭은 어떤 이들의 믿고자 하는 결단이 단지 감정적인 것이 아니라 정보에 기초한 것이 되게 하기 위함이었다. 고대인들이 참된 믿음을 구성하는 세 가지 요소들로 지식과 동의와 신뢰를 꼽았을 때, 그들은 쉐퍼와 동일한 지혜를 표현했던 셈이다.

아무튼 프란시스 쉐퍼는 진리를 선포하는 일의 중요성을 열정적으로 강조했다. 그가 거듭 주장했듯이, 하나님의 말씀은 '명제적 진리'(propositional truth)를 포함하고 있다. 크고 분명한 소리로 진리를 말하는 것은 교회의 가장 기본적인 사명이다. 진리를 선포하는 대가는 클 수 있다. 쉐퍼는 메시지를 선포하는 문제와 관련해 탁상공론이나 벌이는 신학자가 결코 아니었다. 그는 진리에 대한 타협을 진심으로 슬퍼했다. 『도시 속의 죽음』에서 그는 "An Echo of the World"(세상의 메아리)라는 장을 다음과 같은 글로 마무리한다.

스스로를 성경을 믿는 그리스도인이라 부르는 당신들에게 말한다. 만약 당신들이 하나님의 말씀이 오늘 우리 시대에서처럼 소멸되어 감에도 눈물을 흘리거나 분개하지 않는다면, 나는 과연 당신들이 우리가 사는 이 시대를 어떻게 이해하고 있는지 의문을 품지 않을 수 없다. 만약 성경을 믿는 그리스도인인 우리가 하나님의 언어로 표현되고 명제적인 소통방식인 하나님의 말씀이 지금처럼 취급되는데도 슬픔에 가득 차 "너희는 그것의 결과를 알지 못하는가?"라고 외치지 않는다면, 그때 나는 과연 우리가 그분의 말씀을 사랑하고 있는 것인가 하는 의구심을 갖지 않을

수 없다.[41]

예레미야가 눈물의 선지자였다면, 프란시스 쉐퍼 역시 그러했다. 그의 가장 통렬한 책들 중 하나인 『도시 속의 죽음』이 예레미야의 예언들에 기초를 두고 있음은 우연의 일치가 아니다. 시종일관 그는 주변 문화의 타락에 대해 슬퍼한다. 하지만 또한 이스라엘 백성을 두고 울며 고뇌한다. 참으로 그의 전체적인 신학적 접근법은 매우 인격적이며 전혀 추상적이지 않다. 『20세기의 말의 교회』의 어느 부분에서 그는 하나님이 우리의 이름을 아시는 것에 관해 이야기한다. "그리스도의 죽음은 우리를 하나님과의 비인격적인 관계에 머물러 있게 하지 않는다. 구원은 단순히 장대한 신학적인, 혹은 지적인 공식이 아니다. 물론 그것은 그렇다. 하지만 그 이상이다. 선한 목자는 자기 양떼를 이름으로 아신다."[42]

형식과 자유

쉐퍼는 언제나 공동체와 자유 두 가지 모두의 필요에 대해 깊은 관심을 보였다. 그런 관심에는 여러 가지 차원이 포함되어 있다. 그 중 일부는 돈이다. 그는 복음주의자들이 공동체의 큰 필요를 돌아보지 않은 채 교회의 자원을 거의 기계적으로 선교나 구제에만 국한하고 있는 것을 우려했다. 만약 사랑이 '어려운 문제들'을 다루지 않는다면, 그때 그것은 빈말이 된다.[43] 그것의 또 다른 일부는 결혼이다. 그는 그저 신실하기만 할 뿐 결혼생활에서 아름다움을 드러내지 않는

---

41 *CW*, 4:245.
42 *CW*, 4:44.
43 *CW*, 4:61-62, 65.

부부들을 힐책한다.[44] 교회는 죽어가는 문화를 위해 인간성(humanity)을 제공해야만 한다. 그리고 이와 같은 삶의 표현들 중 그 어느 것도 특정한 구조 밖에서 발생하지 않는다.

쉐퍼는 자유 안에 있는 형식과 형식 안에 있는 자유의 일반적 원리에 대해 가르쳤다(특히 교회 안에서의 원리들에 대해). 삶의 몇 가지 영역들은 형식과 자유를 분명히 보여주어야 한다. 형식과 자유가 중요한 한 가지 영역은 미술이다. 쉐퍼는 종종 미술을 하나님께 접근할 때 합리성이 차지하는 위치와 평행하는 것으로 언급했다. "화가에게는, 화가가 되기 위해서는 자유로울 필요가 있다. 반면에, 만약 그의 그림에 형식이 없다면, 그 화가는 그의 그림을 보는 이들과 소통할 방법을 잊어버린다. 형식은 화가가 자유와 소통을 함께 갖는 것을 가능케 한다. 마찬가지로 하나님과의 활기찬 관계를 위한 문을 열기 위해서는 합리성이 필요하다." 합리성은 거기에 있는 모든 것도 아니고 그 자체가 목적도 아니다. 하지만 그것이 없이는 하나님과의 참된 소통은 불가능하다.[45] 똑같은 법칙이 사회구조에도 적용된다.

형식이 없는 사회는, 앨런 긴즈버그(Allen Ginsberg)가 분명하게 주장했듯이, 무정부 상태로 퇴보할 것이다.[46] 그러하기에 사회는 기본적인 형식적 구조를 지닌 제도를 필요로 한다. 그런 것이 없이는 자유도 있을 수 없다. 결혼은 그런 제도들 중 하나다. 권력의 남용에 대한 페미니즘의 타당한 관심이 나타나기 훨씬 이전에 쉐퍼는 결혼이 일손을 얻고자 하는 남자들의 갈망에도 불구하고 여자들이 인간으로서의 자유를 필요로 한다는 성경의 가르침을 무시함으로써 어떻게 잘못될 수

---

44 *CW*, 4:62.
45 *CW*, 1:123.
46 *CW*, 3:28.

있는지에 관해 분명하게 진술했다. 그에 대한 구제 수단은 창조 시에 수립된 근원적인 구조를 '깨뜨리는 것'이 아니다. 만약 이 구조가 훼손된다면, 그때는 사회의 구조 전체가 부서질 것이다. 오히려 해답은 형식 안에서 자유와 소통을 실천하는 것이다.[47]

국가의 경우는 어떠한가? 쉐퍼는 신율주의자(theonomist)가 아니었다.[48] 하지만 그는 구약의 시민법에서 발견되는 원리들이 현대 국가들을 위한 "패턴과 기초"를 제공해 줄 수 있다고 믿었다.[49] 쉐퍼는 아브라함 카이퍼와 직접 교류한 적은 없었지만, 우리가 보았듯이, 그의 저작들 중 여러 부분에서 사회의 서로 다른 영역들, 특히 교회와 국가를 구분할 필요에 대한 생각들이 은연중에 나타난다.[50] 또한 그는 율법을 믿었다. 그는 정부의 문제를 다루면서 인간의 부패에 대한 성경의 현실주의가 견제와 균형을 위한 체계를 요구한다는 점을 거듭해서 강조했다. "무제한적인 자유는 타락한 세상에서는 유효하게 작동하지 않는다. 얼마간의 구조와 형식이 필요하다."[51] 이와 관련해 그가 선호했던 한 가지 예는 우리가 앞서 언급했던 것으로, 화가 폴 로버트의 작품, 특히 로잔 법원 청사에 있는 그의 벽화다. 그것은 하나님의 율

---

47 CW, 2.66.

48 신율주의(theonomy)는 Rousas J. Rushdoony가 이끌었던 기독교 재건 운동을 위한 용어다. 아주 간단히 말해, 그것은 구약의 율법과 신약의 언약 사이의 큰 연속성을 강조한다. 많은 경우에 그것은 모세의 율법을 현대 사회에 직접적으로 적용하는 것을 의미한다.

49 CW, 2:298. 웨스트민스터 신앙고백은 구약의 율법이 이스라엘 국가와 함께 끝나고 이제는 우리 시대에 "일반적 정당성" 이상의 다른 의무를 제공하지 않는다고 여긴다(19.4). 쉐퍼는 그 고백보다 덜 분리주의적인데, 아마도 그것은 그의 신학적 확신보다는 그의 보수성 때문일 것이다.

50 헤르만 도예베르트와 신칼뱅주의자들이 추종했던 아브라함 카이퍼는 "영역 주권론"(theory of sphere sovereignty)을 발전시켰다. 그 이론에 따르면, 학교, 교회, 가정, 국가 같은 사회의 각각의 단위들은 최초의 창조 때부터 서로 구별되었고, 따라서 각각 하나님의 주권 아래에서 적절한 성경적 규준에 의해 다스림을 받아야 한다. 평신도를 위한 영역 주권론에 대한 소개를 위해서는 L. Kalsbeek, *Contours of a Christian Philosophy* (Torontol: Wedge, 1975), 10장을 보라.

51 CW, 3:28.

법에 기초해 심판을 받기 위해 치안 판사에게 제출되는 모든 소송 사건들을 묘사한다.[52] 쉐퍼가 수시로 언급하는 또 다른 예는 사무엘 러더포드(Samuel Rutherford)의 책 *Lex Rex*(렉스 렉스, ["법이 왕이다"])다. 그 책의 기본적인 콘셉트에는 정부의 권위를 위한 근거를 제시하는 것이 포함되어 있다. 정부는 법 아래 있다. 반면에 하나님은 법 위에 계시다. 정부가 법 위에 군림하려 할 때 상황이 나빠진다. 그런 경우에 그리스도인이 취할 수 있는 한 가지 방법은 시민 불복종이다. 비록 그것이 치안 판사들이 백성들의 양심을 해칠 정도까지 폭압적인 경우에만 허용될지라도 그러하다.[53]

형식과 자유는 특히 교회의 특징을 이뤄야 한다. 제도적인 교회는 과거와 현재의 모든 신자들을 포함하는 비가시적인 교회에 대한 가시적인 표현이다. 이 비가시적이고 보편적인 교회는 예수께서 자신이 교회를 세우시겠노라고 말씀하셨던(마 16:18), 그리고 히브리서 기자가 자신이 하늘에 있는 시온 산을 향해 가고 있다고 말했을 때 의미했던 교회다(히 12:22-23). 그들은 "모든 시대와 모든 장소의 신자들로 이루어진 온전하게 통일된 몸"을 가리킨다.[54] 그러나 예수님은 또한 가시적인 교회에 대해서도 말씀하신다. 예컨대, 그분이 교

---

52 *CW*, 1:262.

53 쉐퍼가 사무엘 러더포드의 견해를 전용하는 방식을 철저하게 살피다 보면, 우리는 심각한 미궁 속으로 빠져들게 된다. 러더포드가 저항을 오직 최후의 수단으로 여겼던 보수주의자였음은 일반적으로 알려진 사실이다. 그가 쉐퍼가 자신에게 돌리고 있는 영향력을 실제로 발휘했는지는 그다지 분명하지 않다. 러더포드의 견해 중 일부는 자연법에서 이끌어낸 존 로크(John Locke)의 접근법과 닮아 있다. 그러나 다른 일부는 초기 청교도들 중 일부에게서 발견되는 "신율주의" 형태와 유사하다. 쉐퍼는, 비록 정확하게 언제 시민 불복종이 타당한지에 관한 그의 결론이 정확성을 결여하고 있기는 하나, 러더포드의 두 번째 요소를 수용하는 것처럼 보인다. Stephen Clark, ed., *Tales of Two Cities: Christianity and Politics* (Leicester: Inter-Varsity, 2005), 83-151.

54 *CW*, 4:52.

회의 적절한 권징을 위한 절차에 대해 말씀하셨을 때, 틀림없이 그분은 가시적인 교회에 대해 언급하고 계셨던 것이다(마 18:17). 주님께서 고집 센 형제와 관련해 "교회에 말하라"고 하셨을 때, 만약 그분이 모종의 비가시적인 교회를 가리키고 계셨던 것이라면, 아마도 그 말씀은 의미가 없는 것이 되었을 것이다. 쉐퍼는 이상적인 지역 교회로 안디옥 교회를 지목한다. 부분적으로 그것은 그 교회 안에 모든 사회적 그룹들이 존재했었기 때문이다. 그 교회는 귀족인 헤롯의 형제와 아주 천하게 생각되었던 노예들이 함께 모일 수 있는 유일한 곳이었다. 안디옥은 또한 전략적인 교회였다. 바나바와 사울의 경우에서 드러나듯이, 그 교회의 구성원들 모두는 자기들이 선교 여행에 무언가를 보태야 한다고 느꼈던, 나름의 방식으로 "말씀을 전하는 자들"(tellers)이었다.[55]

쉐퍼는 비가시적 교회와 가시적 교회를 구분하는 방대한 문헌들을 다루지 않는다. 비록 그가 대체적으로 동일한 결론에 도달하기는 할지라도, 그는 교회에 대한 로마 가톨릭적 견해에 대한 프로테스탄트의 고전적인 답변을 담고 있는 장 칼뱅의 유명한 책 *Reply to Sadoleto*(사돌레토에게 답함, 1539)을 거론하지 않는다.[56] 칼뱅은 참된 가시적 교회를 보여주는 세 가지의 표식이 있다고 주장한다. 교리, 권징, 성례가 그것이다. 그의 주장을 따르는 프로테스탄트 교회는 첫째, 말씀의 선포, 둘째, 선한 질서를 확보하기 위한 적절한 권징의 행사, 셋째, 성례의 충실한 집행(프로테스탄트 교회에는 오직 두 가지 성례, 즉 세례와 성만찬만이 존재한다)을 인정한다. 로마 가톨릭의 견해는 추기경 로베르토 벨라

---

55 *CW*, 4:53.
56 John Calvin, *Tracts Relating to the Reformation*, vol. 1, trans. Henry Beveridge (Edinburgh: Calvin Translation Society, 1844), 25-68을 보라.

르미노(Roberto Bellarmino, 1542-1621)에 의해 재진술되었다. 그는 참된 교회는 베니스 시만큼이나 가시적이라고 주장했다. 쉐퍼는 그런 견해에 강력하게 반대했다. 현대의 로마 가톨릭 신학자인 한스 큉(Hans Küng)조차 벨라르미노를 비판하는데, 그것은 그런 식의 정형화된 주장이 영적인 것을 목표로 하는 믿음을 고려하지 않기 때문이다. 결국 우리는 거룩한 보편 교회를 믿는다.[57] 웨스트민스터 신앙고백은 그 두 개의 실체, 즉 비가시적 교회와 가시적 교회 모두를 우리의 이해를 위해 중요한 것으로 여긴다(25.1; 25.2).

이것은 산뜻한 신학적 구분에 불과한 것이 아니다. 그것은 중요한 함의를 갖고 있다. 에드먼드 클라우니(Edmund Clowney)는 가시적-비가시적 교회의 구분을 존중하는 것은 우리가 그리스도의 몸 안에서의 삶을 규정할 때 두 개의 함정을 피하는 데 도움을 준다고 주장한다. 첫째, 비가시적 교회에 대한 믿음은 교회의 일원이 되기 위한 조건으로서 신뢰할 만한 신앙고백이 아닌, 어떤 극적 회심이나 다른 가시적 증거를 요구하는 것을 거부하는 것을 의미할 수 있다. 둘째, 가시적 교회가 중요하기에 우리는 그것의 구조와 우리의 책임을 신중하게 다룰 수 있다. 우리는 만약 그리스도가 참으로 그분의 교회를 세우신다면 당연히 몇 가지 가시적인 결과들이 있어야만 한다고 덧붙여 말할 수 있다. 그 교회는 은밀한 조직이 아니다.[58] 분명히 프란시스 쉐퍼는 이런 원리들을 받아들였다. 하지만 언제나처럼 그는 이런 구별을 함

---

57 Hans Küng, *The Church* (New York: Sheed & Ward, 1968), 37. 『교회』(정지련 역, 한들출판사, 2007)

58 Edmund P. Clowney, *The Church* (Downers Grove, IL: InterVarsity, 1995), 110. 마태복음 16장 18절이, 쉐퍼가 주장하듯이, 비가시적 교회를 가리키고 있는 것인지는 의심스럽다(ibid., 40).

에 있어 그 자신의 독특한 입장을 취했다.

그렇다면 가시적 교회를 지배하는 구조적인 규준(structrual norms)은 무엇인가? 쉐퍼는 하나님이 (나머지는 자유에 맡기시고) 우리에게 요구하시는 여덟 가지 규준들에 대해 언급한다.[59] (1) 첫째는 지역 교회가 그리스도인들로 구성되어야 한다는 것이다. 쉐퍼의 단순한 요점은 교회는 건물이 아니라 사람, 나름의 강점과 약점을 가진 사람들의 모임이라는 것이다. (2) 신약 시대의 지역 교회들은 주일에 예배를 위해 모였고 여전히 모여야 한다. 그 날은 정해져 있다. 하지만 시간이 정해진 것은 아니다. 항상 율법주의에 반대했던 프랜은 교회가 오후 3시 혹은 10시 혹은 심지어 오전 2시에라도 모일 수 있어야 한다고 도발적으로 주장한다.[60] (3) 일단 교회가 설립되고 나면, 그 그룹을 이끌기 위해 지도자들이 필요하게 되며, 그것은 오늘날에도 마찬가지다. 전형적인 장로교회의 방식을 따라 쉐퍼는 장로들을 교리와 삶 두 가지 모두를 가르치는 임무를 맡은 중요한 지도자들로 여겼다. (4) 다음으로 집사들은 교회의 자원들을 관리하는 책임을 맡았다(그는 사도행전 6:1-6을 인용한다). 그런 임무는 큰 곤경에 처한 이들을 확인하고 그들을 돕는 과업이었기에 결코 하찮은 것이 아니었다.

(5) 교회의 권징은 신중하게 시행될 필요가 있다. 쉐퍼는 계속해서 가시적 교회의 순수성을 변호한다. 권징이 없을 경우, 그 집단은 신약의 교회로서의 자격을 갖출 수 없다. 그가 가장 자주 말하고 썼던 주제들 중 하나는 주류 교단들 안에서 분열이 발생했던 기간에 이루어진 잘못들이었다. 우리는 그의 책들 대부분에서 이런저런 형태로 이

---

59 *CW*, 4:51-60.
60 *CW*, 4:94.

런 사건들의 메아리를 들을 수 있다. 1980년대에 그는 미국 피츠버그에서 모였던 미국 장로교회의 지도자들을 대상으로 "우리는 영원을 갖고 있지 않다"(We Don't Have Forever)라는 제목의 연설을 한 적이 있다.[61] 이것은 그의 견해에 대한 훌륭한 요약이다. 비록 1930년대의 분리가 옳은 것이었을지라도, 그는 그것이 모두에게 입힌 상처에 대해 크게 유감스러워했다. 떠난 사람들은 판단을 받았다고 느꼈다. 반면에 남은 자들은 배신을 당했다고 느꼈다. 떠난 이들 중 많은 이들은 완고해져서 사랑을 잃어버렸다. 반면에 남아 있는 자들은 자주 교리적으로 태만해졌다. 비록 늦기는 했으나, 지금이 그런 시절로부터 배우고 그리스도의 사랑을 실천하기에 너무 늦은 것은 아니다.

(6) 교회의 지도자들은 확실한 자격을 갖춰야 한다. 쉐퍼는 목회서신에 나오는 목록들에 대해 언급하고(딤전 3:1-13; 딛 1:5-9), 교회가 그것들을 완화시킬 권리를 갖고 있지 않다고 주장한다. (7) 지역 교회를 넘어서는 일치와 권징의 단계가 있다. 장로교인들이 노회 혹은 총회라고 부르는 것이다. 이것은 사도행전 15장에 근거한 것인데, 거기에서 신생 교회들은 함께 모여 새로운 회심자들의 삶의 방식을 위한 요구와 관련된 중요한 문제들을 해결하기 위해 예루살렘으로 대표들을 파견했다. 그때 어떤 형태가 정해졌다. 모임, 중재자, 성경에 대한 호소, 그리고 해결이 있었다.

(8) 마지막으로 그는 성례에 관해 언급한다. 내가 알기로 그는 그것들에 관해 상세하게 말하지 않는다. 그는 때때로 그것들에 대해 슬쩍 지나가듯이 언급할 뿐이다. 예컨대, 그는 살바도르 달리의 "최후

---

61 이 연설문 중 일부에 대한 복사본은 *PCA Messenger*, Christian Committee, PCA, PO Box 39, Decatur, GA 30034에서 얻을 수 있다. 또한 http://www.pcahistory.org/findingaids/schaeffer/#2을 보라.

의 만찬"(Sacrament of the Last Supper) 같은 그림을 비평하면서 그렇게 한다.[62] 그의 성례에 대한 이처럼 무심한 태도와 상반되는 예외적인 경우가 하나 있다. 그가 쓴 소책자 *Baptism*(세례, 1976)가 그것이다. 그 소책자는 비록 매우 논쟁적인 방식으로이기는 하나 유아 세례에 대한 개혁주의의 전통적 견해를 옹호한다. 그는 세례 중생론(baptismal regeneration, 세례와 구원이 연결되어 있다는 교리 - 역주)을 강력하게 반대한다. 분명히 그는 세례의 방식(물을 뿌리는 것 혹은 침례)에 대해서는 관심이 없다. 그는 언약의 영적이고 영속적인 본성에 집중하며, 또한 언약적 해석학을 유지하면서 구약 시대의 할례와 신약 시대의 세례를 비교하는 것에 집중한다. 그는 아주 오래된 유아 세례의 문제를 포함해 교회사적 쟁점들을 의식하고 있다. 그는 유아 세례에 반대하는 몇 가지 주장들을 살핀 후 그것들을 간단하게 논박한다. 나는 그가 무엇 때문이 이런 소책자를 썼는지 확신하지 못한다. 하지만 그것은 짧은 분량에도 불구하고, 아주 많은 문제들을 다루고 있다.

쉐퍼는 자기가 지적한 여덟 가지 외에 더 많은, 혹은 더 적은 항목이 있을 수 있음을 기꺼이 인정한다. 그의 주된 관심사는 "최소주의"(minimalism, 소수의 단순한 요소를 사용해 최대 효과를 거두는 방법 - 역주), 즉 우리에게 자유를 주시는 성령의 사역을 제한하지 않기 위한 몇 가지 룰을 찾는 것이었다. 부분적으로 이런 태도는 그의 변증학에서, 그리고 우리가 살아가고 있는 소란스런 시대에 사람들 앞에 불필요한 걸림돌을 놓지 말아야 할 필요에서 나온 것이다.[63] 그리고 또한 부분적으로 그것은 가능한 한 자유를 옹호하려는 그의 관심에서 나온 것이다. 여기

---

62 *CW*, 5:188.
63 *CW*, 4:59-60.

서 자유는 성경이 특별하게 말씀하시지 않는 모든 문제들과 관련해 새로운 것을 도입하는 자유로 정의될 수 있다.[64] 그러나 이번에도 그는 예배에서의 '규범적 원리'에 관련된 많은 자료들을 다루지 않는다. 루터교 전통에 따르면, 성경이 무언가를 금하지 않는 한, 그것은 허락된다. 반면에 개혁주의 전통에서는 오직 성경이 확언하는 것만이 예배에서 시행될 수 있다. 물론 정확하게 무엇이 규정되어 있으며 무엇이 자유에 맡겨져 있는지에 대해서는 격렬한 논쟁이 벌어지고 있다.[65]

앞서 언급했듯이, 국제장로교회(IPC)는 샹페리에서 시작되었다. 그 교회는 1954년 11월 25일(추수감사절)에 창설되었다. 현재 세계 전역에 몇 개의 IPC 소속 교회가 존재하며 몇 개의 교회들이 형성되고 있는 중이다. IPC는 쉐퍼가 말하는 여덟 가지 특징들을 준수해 왔으나, 또한 굉장한 자유를 행사하기도 했다. 예컨대, IPC에서는 투표를 행하는 경우가 아주 드물다. 이상적인 것은 합의를 이루는 것이다. 이것은 수많은 토론과 그 후의 결단을 의미한다.[66] 예배는 비타협적인 요소들, 가령 공중 기도, 성경 봉독, 찬송, 설교, 그리고 적절한 경우에 성례 같은 요소들로 이루어진다. 하지만 예배의 양태는 회중에 따라 크게 다르다. 적어도 IPC 초기에는 전형적인 백인 중산층 복음주의 교회와 크게 대조되는 요소들이 있었다. 쉐퍼가 보았던 바 교회의 궁극적 희

---

64 *CW*, 4:65.

65 예컨대, John Frame이 쓴 글인 "The Regulative Principle: A Broader View"를 보라. http://www.frame-poythress.org/frame_articles/RegulativePrinciple.htm#_ednref25에서 볼 수 있다.

66 우리는 이런 회의들을 낭만적으로 보아서는 안 된다. 그것들은 때때로 아주 격렬해질 수 있으며, 강력한 의견들은 사람들에게 상처를 줄 수도 있다. 게다가 그것들은 평균적인 장로교회의 그것과 그리고 로버트의 토의절차 규칙(Robert's Rules of Order, 미국 육군 출신의 헨리 마틴 로버트 준장이 의회 운영 절차를 의회원칙에 사용되는 숙고집회[deliberative assembly]에 쓰이도록 쓴 설명서 - 역주)의 그것들과는 아주 다르다.

망은 하나님이 영광을 받으시는 것이다. 따라서 결국 교회의 예배는 단지 교회 공동체만이 아니라 주변 세상에 영향을 주어야 한다. 만약 예배가 참되다면, 그때는 교회 공동체 역시 참된 것이 될 것이다. 그리고 이런 현실은 그 교회를 바라보고 있는 세상에 깊은 인상을 줄 것이다.

쉐퍼를 비판하는 자들은 물론이고 켄 마이어스(Ken Myers)나 그레고리 레이놀즈(Gregory Reynolds) 같은 우호적인 친구들조차 쉐퍼가 교회론과 관련해 취약하다고 비판한다. 예컨대 그들은 그가 교회에 관해 논할 때 역사적인 개혁주의의 입장을 취하기보다 개인의 지위를 강조하면서 다소 인기 영합적 태도를 보인다고 믿고 있다.[67] 그것은 옳은 지적일 수 있다. 분명히 쉐퍼의 주요한 소명은 라브리 공동체라는 선교 단체의 사역에 있었다. 물론 이것은 그가 일반 교회에 무관심했다는 뜻은 아니다. 하지만 그는 교회를 설명할 때조차 프로테스탄트 교회가 중시하는 몇 가지 중요한 전통적 특성들, 가령, 교회의 일치, 거룩성, 보편성, 그리고 사도성 등을 거론하지 않으며, 또한 특별히 그런 것들에 관심을 두는 것처럼 보이지도 않는다. 그가 비록 그것의 장로교적 표현을 따른 것이기는 하나 분리주의에 크게 영향을 받았으며, 특별히 에큐메니컬적 움직임에 자극을 받지는 았았다는 것은 의문의 여지가 없다. 실제로 쉐퍼는, 그럴 만한 실제적 가능성이 제기되었을 때 미국장로교회(PCA)가 정통장로교회(OPC)와 합병하려는 것에 대해 경고했다. 제람 바즈는 쉐퍼가 좀 더 비공식적인 일치를 바랐으며 연합이 좀 더 엄격한 교인들로 하여금 실제적 협력을 방해하는 판단 절

---

67 Gregory W. Reynolds, "An Authentic Life," Ordained Servant Online, http://www.opc.org/os.html?article_id=131.

차를 시작하도록 이끌 수도 있음을 우려했다고 전한다.[68]

하지만 나는 쉐퍼의 사역을 그가 가졌던 교회에 대한 견해와 관련해 평가하는 것이 그의 사역의 핵심을 이해하기 위한 최선의 방식인지에 대해서는 확신이 서지 않는다. 아마도 프란시스 쉐퍼에 대해 생각하는 최선의 방식은 그를 성직자라기보다 신앙부흥 운동가로 여기는 것일 것이다. 그의 멘토였던 그레샴 메이첸처럼 그는 다수의 제도권 교회들이 세상과 세상의 방식과 타협했다고 여겼다. 또한 메이첸처럼 그 역시 강한 지적 능력을 지닌 그 시대의 진귀한 종교적 보수주의자들 중 한 사람이었다. 자주 쉐퍼는 메이첸처럼 반현대주의자를 지지하는 것으로 간주되고 있다. 척 콜슨(Chuck Colson)과 제리 폴웰 같은 리더들은 쉐퍼가 자신들의 보수적인 미국적 대의들을 지지하는 것처럼 인용하기를 좋아한다. 물론 쉐퍼는 메이첸과 달리 전문적인 학자가 아니었다. 또한 그는 교회의 삶에 그와 동일한 정도의 에너지를 쏟지도 않았다. 또 그는 메이첸과 같은 일관된 자유의지론자(libertarian)도 아니었다. 예컨대, 메이첸은 금주법과 공립학교의 기도 시간에 반대했는데, 이것은 그를 당대의 여러 보수적인 장로교인들과 불화하도록 만들었다. 또한 그는 근본주의자라는 딱지를 편안하게 여기지 않았는데, 쉐퍼 역시 그러했다.[69]

비록 쉐퍼가 그 자신의 방식으로 교회에 관해 염려하고 또한 다양한 교회들을 향해 연설을 하기는 했으나, 그의 주된 영향력은 복음전도자로서의 영향력이었다. 그는 처음에는 주로 스위스에 기반을 두고, 그 다음에는 세계 전역을 여행하면서 복음전도자의 삶을 살았

---

68 2011년 10월 31에 제람 바즈가 저자에게 보낸 이메일.
69 "Fighting the Good Fight: A Brief History of the Orthodox Presbyterian Church," http://www.opc.org/books/fighting/pt1.html.

다. 라브리 공동체의 삶은 20세기와 그 너머에 역사적 기독교의 입장을 전하는 시종일관한 프로젝트를 위해 아주 중요했다. 오늘날 우리는 공동체에 기반을 둔 수많은 변증사역 단체들의 발전을 목격할 수 있다. 그들이 어떤 식으로든 라브리 방식에 영감을 받지 않았다고 상상하기는 어렵다. 예컨대, 영국에 있는 다마리 트러스트(Damaris Trust)를 살펴보자. 그 공동체는 지역적이기보다는 지구적이다. 하지만 그럼에도 그것은 문화에 대한 개입을 사람들을 서로 연결해 주는 자원들과 결합시키고 있다. 그들의 강령은 분명하다. "성경에 대한 확고한 이해, 현대 대중문화에 대한 분명한 이해, 그리고 서로를 연결시킬 수 있는 능력을 가진 사람들의 지구적 공동체를 세우는 것."[70]

---

70 http://www.damaris.org/cm/damaris/vision.

10. 세상에 대한
개입

──────

우리는 어디에서 왔는가? 이것은 인간이 제기할 수 있는 가장 중요한
질문이다. 왜냐하면 그 질문에 대한 대답은 인간이 된다는 것의 의미와
우리가 이곳에 존재하는 이유를 규정할 뿐 아니라, 또한 인간 행동의 모
든 분야에 영향을 미치기 때문이다.

찰스 콜슨

문화적 인식

그렇다면 그리스도인은 문화에 어떻게 영향을 주어야 하는가? 간
단한 관찰로 시작해 보자. 문화적 개입에 대한 프란시스 쉐퍼의 접근
방식의 다양한 모습을 살피기 전에, 문화(그것이 예술이든, 과학이든, 정치든 간
에)에 대한 그의 다양한 강조가 적어도 평균적인 복음주의자들에게 상
황을 바라보는 새로운 방식을 제시했다는 점을 지적해 둘 필요가 있
다. 쉐퍼의 작품을 약간만 읽거나 그의 이야기를 조금만 들어도 우리
는 곧 그가 문화와 관련해 무언가를 주장하는 것을 보게 된다. 심지어
그가 문화와 관련해 어떤 부정적인 말을 할 때조차 우리는 그가 어떤
미술품이나 특별한 시를 감상하며 숙고하는 데 오랜 시간을 바쳐왔다
는 것을 알아차릴 수 있다. 예컨대, 그가 로마인들이 헬베티안과 고울,
그리고 브리톤 사람들의 목에 거친 멍에를 씌우면서 가차 없이 유럽

을 가로 질러 행군하는 것에 대해 묘사할 때, 고대 헬베티안의 수도인 아벤티쿰(혹은 아방쉬)에 대해 언급한다. 쉐퍼는 우리에게 이렇게 말한다. "나는 아방쉬를 사랑한다." "그곳에는 내가 좋아하는 알프스 북부의 로마 유적지 몇 곳이 있다."[1]

혹은 쉐퍼가 T. S. 엘리엇의 시에 대해 고찰하는 경우, 그가 그 놀라운 시를 차분히 연구했음을 알 수 있다. 그는 엘리엇이 시 구조를 내용에 일치한 것은 "높은 점수"를 받아 마땅하다고 칭찬한다. 쉐퍼는 엘리엇의 초기 시인 "황무지"(The Waste Land)에서 후기의 한층 더 기독교적인 시에 이르기까지, 엘리엇 시의 형식이 진화했음을 간파해 낸다. 쉐퍼는 엘리엇이 회심 이후 시의 형식에 변화를 주었다고 주장한다. 그는 엘리엇의 시 "매기의 여행"(Journey of the Magi)에서 그런 변화를 발견한다. 그와 동시에 쉐퍼의 견해로는, 엘리엇이 향수에 젖어서 알프레드 로드 테니슨(Alfred Lord Tennyson, 1809-1892, 영국의 계관시인으로 빅토리아 여왕시대의 대표적인 시인 - 역주)이 사용했던 오래된 형식적 구조로 되돌아가지 않는다.[2] 의심할 바 없이 프랜은 청각적인 사람이라기보다 시각적인 사람이었다. 그럼에도 그는 음악을 즐겼다. 그는 자신이 헨델(Hendel)의 "감사의 송가"(Dettingen Te Deum)를 음반의 홈이 닳아 없어질 정도로 반복해서 들었다고 말했다.[3]

나는 프랜이 좋아했던 작은 별채의 2층으로 그를 방문했던 날을 기억한다. 그곳에는 피카소, 세잔느, 베르미어 같은 거장들의 화집(畵集)들이 펼쳐져 있었다. 그를 비판하는 이들은 그가 기본적으로 과시욕이 강했다고 생각한다. 하지만 나는 달리 생각한다. 그는 단지 자기

---

1 *CW*, 5:87.
2 *CW*, 2:388-89.
3 *CW*, 2:407.

방에 그런 작품들을 두는 것을 편안해했을 뿐이다. 우리는 아주 자연스럽게 우리의 화제를 그런 복제화들 중 하나로 돌리고 그 그림을 그린 화가가 특별히 말하고자 하는 것에 대해 함께 생각할 수 있었다. 비록 프랜이 그의 친구인 한스 로크마커에게 미술에 대해 연구해 보라는 권유를 받기는 했으나, 사실 내가 앞서 이야기했듯이, 그는 처음부터 그 스스로 예술과 문화에 매료되어 있었다.

프랜이 오늘날의 복음주의 교회들과 관련해 가슴 아파했던 것들 중 하나는 그 교회들이 그런 것들을 무시하거나 심지어 경멸하고 있다는 점이었다. 프랜은 자신이 미국 선교사들로 이루어진 한 그룹을 이탈리아의 플로렌스로 에스코트했던 일에 대해 이야기한다. 초기 라브리에서 우리가 누렸던 즐거움들 중 하나는 쉐퍼나 로크마커의 에스코트를 받으며 이탈리아의 위대한 르네상스 유적지들을 돌아보면서 문자 그대로 그 위대하고 경이로운 작품들에 대해 눈을 뜨는 것이었다. 그 그룹은 보티첼리(Botticelli)의 그림 "비너스의 탄생"(Birth of Venus) 앞에 서서 그 작품의 순전한 아름다움을 감상하고 있었다. 그때 선교사들 중 하나가 물었다. "이게 뭐가 아름답다는 거죠?" 몹시 화가 난 프랜은 할말을 잊었다.[4]

종종 그는 환경 문제에 대해 언급했다. 대부분의 경우 그의 관심사는 생태적인 것보다는 미적인 것이었다. 그는 라브리가 위치한 계곡 건너편에 서 있는 발전소를 몹시 싫어했다. 그것이 스위스 알프스의 아름다운 경관을 해치면서 불쑥 솟아 있었기 때문이다. 『오염과 인간의 죽음』은 뛰어난 선견지명과 아름다움에 대한 각성 때문에 내가 제일 좋아하는 책들 중 하나다. 프랜은 이 책에서 두 개의 기독교 공동

---

4 CW, 3:388.

체와 이방 공동체들을 비교한다. 기독교 공동체들은 교리적으로는 정통이면서도 하나님의 창조에 대해 아주 무감각해질 수 있다. 쉐퍼는 분명히 순전한 정통파 그리스도인들이었으나 동물들이 영혼을 갖고 있지 않으며 따라서 천국에 가지 않을 것이라 여겼기에 동물들을 학대했던 네덜란드의 "검은 양말 칼뱅주의자들"(Black-Stocking Calvinist)에 대해 말한다.[5] 이어서 그는 자기가 캘리포니아에 있는 어느 히피 공동체를 방문하고 그들이 그들의 지역(그것은 분명히 이교적으로 보였다)을 다루는 아름다운 방식에 깊은 인상을 받았던 것에 대해 이야기한다. 게다가, 그들이 계곡 건너편을 바라보았을 때, 그곳에서 그들은 아주 추한 모습의 기독교 학교 하나를 볼 수 있었다.[6]

쉐퍼 부부는 인공적인 것을 싫어했다! 레 멜레즈의 모든 것은 자연에서 온 것이었고, 유기농법에 의한 것이었고, 믿을 만한 것이었다. 그곳 벽에는 실제 그림들과 실제 사진들이 있었다. 몇 가지 복제품들이 있기는 했으나, 적어도 그것들은 렘브란트의 그림들이었다! 가구들은 손으로 만든 것들이었다. 집안 장식들 중에는 이디스가 산책하는 동안 수집한 이끼와 꽃들이 포함되어 있었다. 이디스는 건강식품 애호가였다. 그녀는 자신을 따르는 젊은이들에게 아무런 인공적 요소 없이 정원에서 키운 채소들에 대한 사랑을 가르쳤다. 토마토는 신선했고 얇게 잘려 있었다. 이디스는 비록 몹시 거칠기는 했으나 맥주양조업자들이 사용하는 이스트를 추천했다. 직물들은 아주 훌륭했는데, 대개는 스커트를 위한 것이든 혹은 담요나 커튼을 위한 것이든 손으로 만든 것이었다. 돌아보건대, 이 모든 것은 모종의 민속 문화의 표

---

5 *CW*, 5:23.
6 *CW*, 5:24.

식들을 갖고 있었다.

특히 이디스는 아이들과 함께 지치지도 않고 '숨은 그림 찾기' 놀이를 계속했고, 또한 아이들을 위해 선물들을 숨기는 일에 굉장한 에너지를 쏟았다. 이디스는 거품목욕으로 끝나는 보물찾기 놀이를 진행하고, 프란넬그래프를 이용한 성경공부를 준비하고, 식탁을 장식하고, 젊은이들을 위한 그림을 그리고, 프랜의 음식에 비타민을 섞어 넣는 등의 일을 계속했다.[7] 어떤 방문객들은 이 모든 것에 압박을 받는 느낌을 받았다. 하지만 산 위에 있는 라브리를 찾아온 수많은 이에게(그들 중 많은 이는 문화에 대한 관심이 거의 없는 이들이었다) 이것은 매우 놀라운 것이었다.

혁명적 기독교

세상에 개입하는 문제에 대한 프란시스 쉐퍼의 접근법은 규정하기가 쉽지 않다. 분명히 그의 사역 전체는 성경에 기초한 의식이 존재할 경우 문화와 사회에 대한 적극적 영향력이 어떤 결과를 낳을 수 있는지를, 그리고 마찬가지로 그런 기초가 존재하지 않을 경우 상황이 얼마나 뒤틀어질 수 있는지를 보여주는 데 맞춰져 있었다. 우리는 쉐퍼의 저작들에서 문화 변혁에 관한 모종의 집중적인 학문적 연구, 가령, 사회학자인 로버트 니스벳(Robert Nisbet)이 시작한 연구 같은 것들의 결과를 찾아내지 못할 수도 있다.[8] 쉐퍼는 "문화적 합의"(cultural

---

7 나는 늘 이디스의 놀라운 책 *Hidden Art*(숨은 그림 찾기의 제목이 *The Hidden Art of Homemaking*(가정 관리를 위한 숨은 그림 찾기) [Carol Stream, IL: Tyndale House, 1985]로 바뀐 것에 분개한다. "가정 관리"라는 말은 뽐내는 것처럼, 그리고 심지어 품위를 손상시키는 것처럼 들린다. 마찬가지로 *What Is a Family?*(가정이란 무엇인가?)의 개정판의 표지는 지나치게 센티멘털해 보인다. *Hidden Art*와 *What Is a Family?*는 각각 『생활 속에 숨은 예술』(보이스사, 1981), 『가정이란 무엇인가?』(양은순 역, 생명의말씀사, 1995)의 제목으로 출간되었다.

consensus)라는 개념을 신중하게 분석했던 말콤 글래드웰(Malcolm Gladwell) 같은 학자들의 작업을 예기한다.[9] 한 가지 어려운 문제는 우리가 쉐퍼의 사역에서 어떤 틀, 혹은 그로 인한 인과관계가 존재하는 어떤 모델을 발견하려 할 경우, 누구나 인식할 수 있는 것을 찾을 수 없다는 것이다. 쉐퍼는 이론을 펼치는 일에 많은 시간을 쓰지 않았다. 내가 추측하는 바로는, 그는 우리가 보았던 것처럼 "사상이 결과를 낳는다"라는 말로 적절하게 요약될 수 있는 다소 고전적인 견해를 갖고 있었다. 6장에서 우리는 이런 역학이 그리스도인의 삶에 대한 그의 접근법에 어떤 특징을 부여하는지를 살핀 바 있다. 그 개념은, 서구 문화의 흥망에 대한 그의 포괄적 연구의 결과물이라고 할 수 있는 『그렇다면 우리는 어떻게 살아야 하는가?』에서, 사고의 세계(thought world)가 우선하고 그 뒤에 문화적이고 사회적인 결과가 나온다는 취지로 분명하게 설명되고 있다. 쉐퍼는 그것을 첫 문단에서 다음과 같이 우아하게 진술한다.

역사와 문화에는 어떤 흐름이 있다. 이 흐름은 사람들의 사고에 뿌리를 두고 있고 그 원천 역시 그곳에 있다. 사람들은 마음의 내적 생활이라는 점에서 독특하다. 그들이 생각하는 그들의 모습이 그들의 행동을 결정짓는다. 이것은 그들의 가치 체계에도 해당되며, 또한 그들의 창의성에도 해당된다. 이것은 그들의 정치적 결단 같은 집단행동에도 해당되며,

---

8 예컨대, Rober A. Nisbet, *Social Change and History: Aspects of the Western Theory of Development* (New York: Oxford University Press, 1970).

9 예컨대, 쉐퍼는 몇 곳에서 만약 전체 인구 중 20%가 참된 그리스도인이라면, 놀라운 영향력을 끼치기에 충분하다고 주장한다(*CW*, 4:35). Malcom Gladwell, *The Tipping Point: How Little Things Can Make a Big Difference* (Boston: Little, Brown, 2000)을 보라. 『티핑 포인트』(임옥희 역, 북21, 2004).

또한 그들의 개인적인 삶에도 해당된다. 그들의 사고의 세계의 결과가 그들의 손가락과 혀를 통해 외부 세계로 흘러들어간다. 이것은 미켈란젤로의 끌에도 해당되고, 독재자의 칼에도 해당된다.[10]

이것은 그의 접근법 안에 마음을 위한 자리가 없다는 것을 의미하는가? 나는 그렇게 생각하지 않는다. 쉐퍼는 이런 견해를 전개해 나갈 때 전제들(presuppositions)의 역할을 강조한다. 전제들은 인간의 마음의 헌신과 같은 무언가를 의미하는데, 그것은 단순한 생각을 훨씬 넘어서는 그 무엇이다. 그는 몇 곳에서 전제들에 대해 정의한다. 대부분의 경우 전제는 어떤 이가 삶을 바라보는 방식, 즉 세계관 혹은 어떤 이가 그것을 통해 세계를 보는 격자판이다.[11] 비록 그가 현대의 학파들, 가령, 버거의 지식사회학이나, 프랑크푸르트학파나, 영국의 버밍햄학파 등(이들 모두는 생각과 문화가 상관하는 복잡한 방식을 설명해 왔다)과 토론을 벌이지는 않으나, 의심할 바 없이 그는 문화가 단지 생각에 의해서만이 아니라 여러 가지 요소들에 의해 산출된다는 것에 폭넓게 동의한다. 그와 동시에 그는 사상이 순전히 사회적 상황의 결과일 수 있다는 그 어떤 암시도 거부한다.[12]

나는 쉐퍼가 대체로 카이퍼의 전통에 속해 있다는 콜린 듀리에즈의

---

10 *CW*, 5:83.
11 *CW*, 1:6-8, 345; 5:83.
12 공정하게 말하자면, 쉐퍼는 다양한 방면의 사회적 요소들에서 생각을 형성하는 것을 시인한다. 때로 그는 과학의 역사에서 "패러다임 전환"(paradigm shift)을 강조했던 토마스 쿤(Thomas Khun)처럼 말한다. 쉐퍼가 그의 책 『이성으로부터의 도피』에서 수행하는 그리스("형상/질료")로부터 중세("자연/은총")를 통해 현대("자연/자유")로 이어지는 서양사 안에서의 움직임에 대한 설명은 분명히 문화 형성이라는 구조주의자들의 개념과 닮아 있다. 쉐퍼는 조건 형성(conditioning)의 어떤 요소는, 그것이 "총체적으로 인간이 무엇인가"를 설명하지 않는 한 인간의 삶에 기여할 수 있다는 것을 인정한다(*CW*, 5:230).

견해에 동조하는 편이다. 하지만 쉐퍼는 카이퍼와는 다소 대조되는 방식으로 생각과 이성적 절차를 강조한다. 예컨대, 쉐퍼는 전제들에 관해 논하면서 대부분의 사람들이 마치 어린아이가 홍역에 걸리듯 그런 전제들에 사로잡힌다고 말한다. "그러나 좀 더 분별력 있는 이들은 자신들의 전제들이 어떤 세계관이 참된 것인지를 신중하게 검토한 후에 선택되어야 한다는 것을 안다." 그래서 그는 이성적 절차와 선택의 우선성을 지적한다. 물론 마음이 개입된다. 하지만 더 많은 관심은 그보다는 합리적인 방식에 주어진다. 다음으로 그는 역사 속에 존재하는 세 가지 '선들'(lines)을 특정한다. 철학의 선, 과학의 선, 그리고 종교의 선이 그것들이다. 그 중 삶의 기본적인 문제들에 대한 지적인 답을 찾는 "철학의 선"이 첫째다. 그 다음으로 과학과 기술이 나온다. 마지막으로 "사람들의 종교적 견해들 역시 그들의 개인적인 삶과 그들의 사회의 방향을 결정한다."[13] 여기서 종교는 거의 정말로 중요한 것에 대한 부록처럼 보인다.

대조적으로, 아브라함 카이퍼의 경우, 종교가 인간의 특징을 드러내는 가장 핵심적인 동기다.[14] 용어와 관련해 몇 가지 문제들이 있을 수도 있다. 하지만 그 이상의 문제가 있다. 카이퍼에게 종교적 차원은 인간의 신앙적 요소와 동일한 것이다. 반면에 쉐퍼에게는 철학의 선이 우선한다. 그것은 생각, 이성적 절차, 기본적인 사상들로 번역될 수

---

13 *CW*, 5:84.

14 Abraham Kuyper, "Calvinism and Religion," in *Lectures on Calvinism* (Grand Rapids: Eerdmans, 1943), 41-76을 보라. 『칼빈주의 강연』(김기찬 역, 크리스챤다이제스트사, 1996). 많은 신학자에게 '종교'는 '성경적 기독교'에 버금가는 부정적인 용어다. 예컨대, 티모시 켈러(Timothy Keller)에게 종교는 바리새적인 것이고 예수에 의해 폐기된 것이다. *King's Cross: The Story of the World in the Life of Jesus* (New York: Dutton, 2011), 47을 보라. 『왕의 십자가: 위대하신 왕의 가장 고귀한 선택』(정성묵 역, 도서출판 두란노, 2013). 같은 것이 C. S. 루이스와 칼 바르트에게도 해당된다.

있다. 분명히 그에게는 사상에 해당하는 신앙적 요소가 있다. 하지만 그에게 기본적인 것은 사상 혹은 개념들이다. "종교적"이라는 말이 철학과 다른 문화적 실체들 뒤에서 꾸물거리고 있는 신학과 같은 무엇을 의미할 정도였다.

더 나아가 카이퍼에게 "문화 명령"은 쉐퍼에게 그것이 그렇게 보이는 것보다 훨씬 더 핵심적이다.[15] 물론, 앞서 언급했듯이, 쉐퍼는 문화 명령을 원칙적으로 인정한다. 창세기에 관한 그의 책에서 그는 하나님 형상의 담지자로서의 인간의 창조에 대해 묘사한 후, 창조된 세계를 지배하라는 인간에 대한 하나님의 명령에 몇 문단을 할애한다. 그는 동물들에게 이름을 붙이고 정원을 가꾸고 돌보는 아담의 역할에 대해 언급한다. 또 그는 하나님이 결혼제도를 정하신 것에 대해 언급한다(하지만 노동에 대해서는 언급하지 않는다). 심지어 그는 시편 8편이 문화 명령을 반복하는 것으로 여기기도 한다. 또 그는 시편 115편 16절을 인용하는데, 그 구절은 분명히 하나님께 속한 장소(하늘들)와 인간의 자녀들에게 주어진 장소(땅)에 대해 분명하게 서술하고 있다.[16] 다시 한 번 우리는 창조된 세계에 대한 인간의 부드러운 주권에 대한 언급을 접한다. 『오염과 인간의 죽음』이라는 책을 생각해 볼 수 있다. 그 책은 범신론과 과학적 제국주의라는 두 가지 극단 모두를 피하고 있다. 또한, 앞서 언급했듯이, 쉐퍼는 역사와 인류의 전진을 문화 명령의

---

15 비록 카이퍼가 "문화 명령" 혹은 "문화적 명령"이라는 용어들을 사용하지는 않으나(그는 그런 말들이 휴머니즘을 의미한다고 여겼다), 그가 사용했던 "일반 은총"(common grace)이라는 표현은 그 용어들과 동등한 것이었다. "문화적 명령"이라는 표현을 사전에 도입한 이는 클라스 스킬더(Klass Schilder)였다. N. H. Gootjes, "Schilder on Christ and Culture," in *Always Obedient: Essays on the Teachings of Dr. Klaas Schilder*, ed. J. Geertsema (Phillipsburg, NJ: P&R, 1995), 37을 보라.

16 *CW*, 2:34.

견지에서 규정하지 않는 것처럼 보인다.[17]

그렇다면 기독교 신앙은 문화에 어떻게 영향을 주는가? 첫째, 올바른 기독교적 사상들이 자리를 잡을 때, 문화적이고 사회적인 개선이 있을 수 있다. 다시 한 번 이런 견해는 사상들을 우선시하고 행동을 그런 사상들의 결과로 여긴다. 물론 행동 역시 중요하다. 그러나 무엇보다도 우리에게는 "혁명적인 기독교"가 필요하다.[18] 만약 그것이 존재한다면, 상황은 바뀔 수 있다.

혁명적 기독교의 특징은 무엇인가? 첫째, 그것은 뜨거울 필요가 있다. 쉐퍼는 이 표현을 마샬 맥루한(Marshall McLuhan)에게서 빌려온다. 미디어 이론의 초기 학자인 맥루한은 내용으로서의 "뜨거운 소통"(hot communication)과 메시지 자체보다는 매체에 의해 전달되는 잠재의식적인 메시지로서의 "차가운 소통"(cool communication)에 대해 말했다. 예컨대, 맥루한에게 TV는 그 자체의 형식을 통해 특정한 메시지의 내용을 형성한다. 중간 중간 광고들에 중단되는 프로그램들을 방영하는 거실에 놓인 작은 사각형 상자는 그것의 내용이 사상이 아니라 오락의 가치들로 가득 채워진다. 광고에 대한 맥루한의 서술은 어떻게 이미지가 말보다 우리에게 더 많은 영향을 주는지를 알려준다. 예컨대, The Mechanical Bride(기계 신부)에서 그는 그가 직접 다양한 잡지들에서 수집한 수많은 광고들에 대해 살핀다. 그는 그런 광고들이 종종 이미지에 힘을 실어주기 위해 실제 장소로부터 시간과 공간을 분리시킨다고 주장한다. 대신에 그것들은 혼성곡 스타일로 파편들을 제공하

---

17 헤르만 도예베르트는 그 둘을 연결시킨다. *A New Critique of Theoretical thought*, vol. 2 (Philadelphia: Presbyterian and Reformed, 1958), 266을 보라.
18 *CW*, 4:87.

는데, 그것은 분명하게가 아니라 잠재의식적으로 메시지를 전달한다. 예컨대, 버크셔 양말을 위한 광고는 마치 피카소의 그림처럼 보이는데, 그것은 그 광고가 통어적인 연관성을 보류하고 있기 때문이다. 다른 것은 '수업료' 같은 학문적 분위기를 풍기는 특징들을 완벽하게 갖춘 '유명한 듀베리 성공 강좌'의 모습으로 사람들을 끌어 모으는 뷰티 크림 광고였다. 그 광고는 그 제품을 사용하면 당신의 피부가 얼마나 좋아질지에 대해 말하는 대신, 그것을 산다면 당신은 우리 학교에서 가장 총명한 학생들 곁에 있게 될 것이라는 인상을 심어준다.[19]

그래서 쉐퍼는 맥루한이 성가시게 권유하는 차가운 소통 대신 그 반대의 것을 취하기로 한다. "나는 이것을 뒤집고자 한다. 점점 더 차가운 소통이 늘어나는 시대에 성경적 기독교는 그것이 오직 뜨거운 소통만을 다루고 있다는 점을 아주 분명하게 밝혀야 한다. 성경적 기독교는 내용, 실제적 내용에 의존한다."[20] 쉐퍼는 공간과 시간과 역사의 기독교 신앙에 대한 옹호자였다. 그 신앙은 증명할 수 있는 명제적 진리를 통해 표현된다. "지금은 교회가 참된 혁명적 세력으로서 진리가 존재한다고 주장해야 할 시간이다."[21]

둘째, 혁명적 기독교 신앙은 동정적이어야 한다. 쉐퍼는 인종 문제를 아주 심각하게 여겼다. 비록 그가 출판물을 통해 그 문제를 다룬 적은 없지만, 그는 인종 평등에 깊은 관심을 갖고 있었고, 라브리 공동체 안에 그 어떤 종류의 인종적 혹은 혈통적 장벽도 세워지지 않도록 유의했다. 인종 문제에 관해 아주 드물게 쓰인 글에서 쉐퍼는 백인

---

19 Marshall McLuhn, *The Mechanical Bride: Folklore of Industrial Man* (New York: Vanguard, 1951), 80, 152.

20 *CW*, 4:88.

21 *CW*, 4:89.

들이 흑인들을 배려하지 않는 것을 한탄한다. 그는 백인들이 사회 정의의 원리를 적용하지 않고 흑인들에게 특히 흑인 목회자들에게 신학교육의 혜택을 부여하지 않는 것을 비난한다. 선견지명을 보이면서 쉐퍼는, 만약 백인들이 정당한 연민을 보인다면, 흑인들의 공동체가 지금보다 훨씬 더 나아질 뿐 아니라, 백인들의 공동체가 "지금과 같은 상황"이 되지는 않을 것이라고 주장한다.[22]

그와 동시에 쉐퍼는 오늘날에는 다소 낡은 인종 이론이 될 수도 있는 주장을 이용해 한 가지 예를 제시한다. 쉐퍼에 따르면, 백인들은 할렘을 "가난한 자들의 파리," 즉 난잡한 섹스를 즐길 수 있는 곳으로 간주해 왔으며 그 과정에서 인간으로서의 흑인들을 무시했다.[23] 그는 이처럼 무정한 백인들의 방식을 라브리의 그것과 대조한다. 라브리에서는, '완전과는 거리가 먼' 온갖 배경을 가진 사람들이 시험을 하기 위해, 말하자면, 자기들이 그곳에서 진정 인간으로서 받아들여질 수 있는지를 알아보기 위해, 청바지를 입고 맨발로 교회에 나타났다. 분명히 인종적 화해를 위한 이런 접근법은 다소 낡은 것이고, "마음의 식민지화"와 다른 좀 더 교묘한 형태의 압제를 바로잡는 깊은 차원을 놓치고 있다. 하지만, 대부분의 복음주의 공동체 안에서 벌어지고

---

22 *CW*, 4:90.
23 쉐퍼가, 그 시대의 것이든 아니면 1920년대와 1930년대의 소위 할렘 르네상스 시대의 것이든 간에, 할렘에 대해 실제로 얼마나 알았는지는 분명하지 않다. 그는 흑인들의 도시 문화 전체를 주로 가난과 그로 인한 불만으로 특징지어지는 단일한 현상으로 뭉뚱그림에 있어서, 또한 흑인문화를 동정의 필요라는 측면에서가 아니라 기괴한 것으로 여기는 백인들을 비난함에 있어서 혼자가 아니었다. 현대의 흑인 도시문화는 사실 "아프리카-디아스포라 전통, 대중문화, 이전 세대의 남부와 북부 흑인들의 지방어, 새롭거나 낡은 기술들, 그리고 수많은 상상력 등에 의존하는" 합성물이다. Robin D. G. Kelley, "Check the Technique," in *In Near Ruins: Cultural Theory at the End of the Century*, ed. Nicholas B. Dirks (Minneapolis: University of Minnesota Press, 1998), 59를 보라.

있던 일들과 비교해 볼 때, 그것은 혁신적인 것이었다. *Portrait of a Shelter*(어느 피난처의 초상)라는 놀라운 사진첩을 출간한 아프리카계 흑인인 실베스터 제이콥스(Sylvester Jacobs)는 1960년대 말까지도 여전히 남아 있던 미국의 제도적인 인종주의에 대한 쉐퍼의 의로운 분노에 대해 증언한다.

쉐퍼는 자신의 독자들에게 그들의 가정을 개방함으로써 공동체를 구현하라고 촉구하면서 분노를 드러낸다.

> 나는 감히 예수 그리스도 이름으로 여러분에게 말한다. 내가 제안하는 일을 행하라. 여러분의 가정을 공동체에 개방하라.
> 나는 회의 시간에 흑인 복음주의자들이 일어서서 발언할 때 백인 복음주의자들이 자리에 앉아 자신들의 머리를 손바닥으로 치는 것을 보았다. 그들은 어떻게 그럴 수 있는 것인가? 그건 좋다. 왜냐하면 20년 전에는 복음주의자들이 그렇게도 하지 않았기 때문이다. 그러나 나는 여러분에게, 만약 여러분이 백인이라면, 무언가를 요청하고자 한다. 작년에 여러분은 여러분의 저녁 식사 테이블에 얼마나 많은 흑인들을 초대했는가? 얼마나 많은 흑인들이 당신의 집에서 편안함을 느꼈는가? 만약 여러분이 여러분의 집에 그 어떤 흑인도 들인 적이 없다면, 흑인들에 관해 아무 말도 하지 말라.[24]

다른 경우에 그는 흑인들에 대해 특별한 부담을 갖고 있었던, 그래서 교회가 아프리카계 미국인 어린이들(그들은 게토 문화의 형편상 어쩔 수 없

---

24 *CW*, 4:92. 공정하게 말하자면, 그는 흑인들도 마찬가지로 백인들을 환영해야 한다고 덧붙여 말한다.

이 밤늦게까지 깨어 있어야 했다)이 좀더 쉽게 예배에 참석할 수 있도록 예배 시간을 조절해 줄 것을 요청했던 어떤 사람에 대해 이야기한다. 물론 그 교회는 그렇게 하지 않았다. 그 교회에 그런 말은 "청천벽력이었다."[25] 나중에 이런 진술의 의미를 이해하고 거기에 내포된 잠재적인 온정주의를 파악하기는 어렵지 않다. 그동안 복음주의자들은 소수자들에게는 단지 친절한 돌봄만이 아니라 정의와 권한의 부여가 필요하다는 것을 배웠다. 분명히 쉐퍼 부부는 아프리카계 미국인들을 사람으로 대하는 일에 있어서 시대보다 훨씬 앞서 있었다. 그런데 쉐퍼 부부는 지금은 일상적인 것이 된 권위, 권력에 대한 접근, 사역에서의 파트너십, 그리고 인종적 정의와 화해의 구성요소들 같은 문제들을 의식하지 못했던 것일까? 아마도 그랬을 것이다. 그러나, 어느 경우이든, 그들은 분명히 상황이 나아지게 하는 데 공헌했다.

어찌되었든, 혁명적 기독교는 교회에서 출발한다. 그는 단언한다. "교회에는 어떤 자리가 있다. 하지만 혁명적이지 않다면 그것은 경화된다."[26] 교회에 '그 자리'(the place) 대신 '어떤 자리'(a place)를 할당함으로써 왕국 사역을 제도적 교회보다 넓고 광범위한 것으로 여긴다. 여전히 그는 만약 교회가 그 시대의 문제들에 대비하지 않는다면, 결코 시험을 견디지 못할 것이라고 경고한다. 교회는 "가혹한 시련 속에서 쥐어짬을 당할" 것이다. 혁명과 탄압이 있을 것이다. 그리고 쉐퍼의 (그리고 우리의) 손자들이 성인이 될 즈음이면 우리는 완전히 다른 문화 속에 있게 될 것이다.[27]

---

25 *CW*, 4:94.
26 *CW*, 4:66, 68.
27 *CW*, 4:69.

부흥과 개혁

쉐퍼는 종종 부흥(revival)과 개혁(reform) 모두의 필요에 대해 말했다. 때로 그는 이 용어들을 동의어처럼 사용했다. 영국, 스칸디나비아, 웨일즈, 그리고 다른 여러 나라들에서 부흥은 단순히 개인의 구원만이 아니라 사회적 행동까지 요구했다.[28] 쉐퍼는 존 웨슬리와 조지 휫필드(George Whitefield)의 부흥운동이 아주 중요한 사회적 개선을 낳은 것으로 평가한다. 예컨대, 도시의 가난한 자들이 산업화에 잔인하게 착취를 당하고 있을 때, 웨슬리의 부흥운동은 약국과 학교, 고아원 등을 설립하는 데 공헌했다. 웨슬리는 값없는 은혜의 복음을 전했을 뿐 아니라, 새로운 회심자들의 삶을 위한 창조적인 경제적 대안들을 제시하기도 했다. 마찬가지로 로드 샤프츠버리(Lord Shaftesbury)와 윌리엄 윌버포스(William Wilberforce)는 미국보다 훨씬 이전에 사회악, 특히 노예제도를 제거하는 일에 큰 역할을 했다. 쉐퍼는, 역사가 J. H. 플럼(Plumb)을 따라서, 만약 영국에 웨슬리의 부흥운동이 없었다면, 파괴적인 프랑스 대혁명에 버금가는 혼란이 있었을 것이라고 주장했다.[29]

반면에 쉐퍼에게 개혁이라는 개념은 분명히 부흥보다 더 깊고 더 영구적인 변혁을 가리켰다. 실제로 '개혁'은 문화의 변혁에 관한 것이다.[30] 개혁은 16세기의 프로테스탄트 종교개혁의 경우에서처럼 역사적 실재인 동시에 추구해야 할 이상이다. 종교개혁 의식이 강했을 때, 하나님의 율법은 창조의 모든 부분에 정보를 제공했다. 그런 의식은 신정정치가 아니라 그 안에서 하나님의 율법이 존중되는 어떤 합의다.[31] 쉐퍼는 일반적으로 말했다. 그의 말은 전문적인 역사가의 조

---

28 *CW*, 5:451.
29 *CW*, 5:145, 452.
30 *CW*, 1:220.

심스러운 발언이라기보다 열정적인 설교가의 예언자적 발언이었다. 그의 견해에 따르면, 프로테스탄트 종교개혁은 주로 북쪽에서 일어났고, 반면에 여러 가지 면에서 그와 반대되는 르네상스는 남쪽에서 일어났다. 프로테스탄트 종교개혁은 우리에게 민주주의와 그것의 견제와 균형의 시스템을 제공해 주었다.[32] 르네상스는 우리에게 휴머니즘과 그것의 궁극적인 파괴적 성향들을 제공해 주었다.[33]

쉐퍼는 비록 프로테스탄트 종교개혁이 황금기가 아니었음을 인정하기는 하지만 여러 가지 문화적, 사회적인 유익들이 그것의 자극을 받아 일어났다고 여긴다. "그러므로 복음에 대한 종교개혁의 가르침은 복음의 핵심적 메시지에 비하면 부차적이기는 하지만, 그럼에도 여전히 중요한 두 가지를 초래했다. 그것은 문화에 대한 관심과, 사회와 정부 안에서의 형식과 자유를 위한 참된 토대다."[34] 이것은 매우 두드러지는 진술이다. 그는 최소한 그 두 분야에 대한 복음의 영향력을 인정하기는 하나, 그것들이 서로를 요구하는 것으로 여기지는 않는다. 특히 로잔언약 이후에 복음주의자들은 점점 더 사회의 변혁을 복음 자체의 핵심적 일부로 간주해오고 있다. 예수께서 나사렛 회당에서 희년이 다가왔음을 선포하셨을 때, 그분은 그 선포 안에 가난한 자들에 대한 복음의 전파, 포로 되고 억눌린 자들에 대한 해방, 그리

31　*CW*, 1:261-62; 2:298-300.
32　*CW*, 3:30.
33　*CW*, 5:120. 르네상스에 대한 견해와 관련해 쉐퍼는 야콥 부르크하르트(Jacob Burckhardt)에게 크게 의존하고 있다. 부르크하르트의 *The Civilization of the Renaissance in Italy* (1860: New York: Paedon, 1952)는 이후의 르네상스 연구를 위한 기조를 정했다. 하지만 부르크하르트가 취했던 르네상스와 종교개혁 사이의 급진적 대조는 이제 더 이상 대부분의 역사가들에게 호소력을 갖고 있지 않다. Peter Burke, *The Renaissance* (New York: Palgrave-Macmillan, 1997)을 보라.
34　*CW*, 5:139.

고 눈 먼 자들에 대한 시력의 회복 등을 포함시키셨는데, 그것들 모두는 동일한 현실의 서로 다른 부분들이었다(눅 4:16-20).[35]

어떤 식으로든 이것은 쉐퍼가 실제로 이룩한 일을 경시하려는 것이 아니다. 그가 마음을 썼던 것은, 들으려고 하는 모든 이들에게 그들이 기독교 세계관을 받아들일 경우 얼마나 많은 유익을 얻을 수 있는지를 알려주는 것이었다. 우리는 그가 오늘을 위한 실재가 아닌 미래를 위한 생명보험으로서의 복음을 선포하는 것 외에 그 어떤 것에도 관심이 없어 보이는 복음주의자들을 계몽하는 일에 큰 열정을 품고 있었음을 기억한다. 또한 그는, 우리가 살펴보겠지만, 케네스 클라크를 비롯해 문명을 전적으로 인간적 성취의 관점에서 해석했던 이들의 인본주의적 역사 서술에 도전하려 했었다.

여하튼, 쉐퍼의 견해로는, 프로테스탄트 종교개혁을 채택한 나라들은 문화적인 유익과 시민으로서의 유익들을 즐겼다. 첫째, 그들은 하인리히 쉬츠, 디트리히 북스테후데, G. F. 헨델, 그리고 J. S. 바흐 같은 이들을 포함하는 위대한 음악과, 알브레히트 뒤러의 것이나 혹은 렘브란트에서 정점을 이루는 17세기의 네덜란드 화가들의 그림과 같은 위대한 시각예술을 만들어냈다.[36] 말이 난 김에, 쉐퍼가 아름다운 그림을 그리는 일은 오로지 그리스도인들만의 배타적인 일이 아니라 하나님의 형상대로 지음 받은 모든 재능 있는 화가들의 일이라고 말했다는 점을 덧붙여 두어야 할 것 같다.[37] 이것은 일반 은총에 관한 완전한 진술은 아니지만 그것과 아주 가깝다. 둘째, 사회적 영역에서 프로

---

35 선포와 사회개혁의 상관성에 대해서는 Harvie M. Conn, *Evangelism: Doing Justice and Preaching Grace* (Phillipsburg, NJ: P&R, 1992)를 보라. 『복음전도와 사회정의』(김남식 역, 엠마오, 1984).

36 *CW*, 5:127-34.

테스탄트 종교개혁은 '혼란 없는 자유'를 가져왔다.[38] 종교개혁을 받아들인 국가들은 대체로 큰 자유를 누렸는데, 그것은 그들이 폭군보다는 법을 궁극적 권위로 받아들였기 때문이다.[39]

흥미롭게도 쉐퍼는 이런 종교개혁 국가들 안에 중요한 것 두 가지가 누락되어 있었다고 보았다. 그것은 인종문제에 대한 인식과 부의 동정적 사용이다.[40] 노예제도는 심각한 마름병이다. 그것은 우리가 피할 수도 있었던 "인종에 관한 왜곡된 견해"를 대표한다. 오늘날 우리가 그 문제를 바로잡기 위해 할 수 있는 것은 성경이 인종 관계와 관련해 제시하는 내용을 신중하게 따르는 것뿐이다.[41] 마찬가지로, 부의 동정적 사용의 결핍 원인은 산업혁명 시대로까지 거슬러 올라간다. 쉐퍼는, 비록 사회주의 운동에 대해서는 강력하게 비난하지만, 산업혁명에서 절정에 이른 부의 공정한 분배의 실패가 웨슬리나 횟필드 같은 이들을 포함해 그와 반대되는 용기 있는 목소리에도 불구하고 오늘날에도 여전히 남아 있는 공리주의(utilitarianism)의 한 형태라고 주장한다.

오늘날 부흥과 개혁의 원리를 적용하기는 아주 어렵다. 그 이유는 오늘 우리가 더 이상 유럽에서 1890년대에 그리고 미국에서는 1930

---

37 *CW*, 5:132.
38 *CW*, 5:135.
39 *CW*, 5:135-40.
40 *CW*, 5:141-45.
41 이 문제와 관련해 상세한 설명을 원하는 독자들은 다음과 같은 책들을 참조할 수 있다. John Piper, *Bloodiness: Race, the Cross, and the Christian* (Wheaton, IL: Crossway, 2011); Carl F. Ellis Jr., *Free at Last? The Gospel in the African-American Experience* (Downers Grove, IL: InterVarsity, 1996); William Julius Wilson, *Bridge over the Racial Divide: Rising Inequality and Coalition Politics* (Berkeley, CA: University of California Press, 1999); John Perkins, *With Justice for All: A Strategy for Community Development*, 3rd. (Ventura, CA: Regal, 2007).

년까지 존재했던 "기독교적 합의"(Christian consensus)를 누리지 못하고 있기 때문이다. 쉐퍼가 무겁게 느꼈던 짐은, 아직 남아 있는 것을 강화하려는 소망을 품고 그런 붕괴에 맞서 예언하는 것이었다. 계몽주의 시대 때부터 일련의 약화가 일어났고, 오늘 우리는 여전히 그 과정 속에서 살아가고 있다. 기본적으로 계몽주의는 르네상스에서 시작된 인본주의라는 밀물을 위한 통로를 열어젖혔다.[42] 『그렇다면 우리 어떻게 살아야 하는가?』에서 쉐퍼는 그가 다른 몇 개의 작품에서도 그렇게 했듯이 속사포 같은 산문을 사용해 프랑스 대혁명, 현대 과학의 발흥, 그리고 모든 훈련의 '붕괴'(breakdown) 등에 대해 논한다. 우리는 현대성을 경험했고, 그로 인해 사회 전반에 걸쳐 '위층'과 '아래층' 사이의 분열이 기정사실화되었다. 종교개혁의 세계관이 삶의 모든 분야에 대해 그리스도의 주권을 수립하기 시작했으나, 지금 우리는 그와는 반대 방향으로, 즉 신앙에 관한 모든 문제들은 '위층'에 그리고 나머지 문제들은 '아래층'에(그곳에서는 일들이 자율적으로 이루어진다)위치시키는 현대적 세계관을 향해 움직이고 있다.

이런 붕괴의 중요한 결과들은 무엇인가? 요약하자면, 그것은 "절대의 상실"이 될 것이다. 더 이상 "무한한 준거점"이 존재하지 않는다면, 그때 "특별한 것들"은 의미를 제공할 수 없다.[43] 쉐퍼는 그리스 시대부터 현대 이전까지, 모든 비그리스도인 철학자들이 공통적으로 다음 세 가지를 갖고 있었다고 판단한다. 합리주의와 이성에 대한 존중, 낙관주의이다.[44] 그가 어디에서 철학사에 대한 이런 해석을 끌어왔는지는 분명하지 않다. 반틸은 그가 모든 세대의 합리주의자/비합리주

---

42 *CW*, 5:148.
43 *CW*, 5:166, 173.
44 *CW*, 5:166-67.

의자의 사고의 영속적인 변증법을 인식하지 못했다고 비난한다.[45] 그리스 시대 이후 줄곧 비관주의자들이 있었다. 그리고 분명히 쉐퍼는 그 사실을 알고 있었다. 아마도 우리는 얼마간 상대주의적인 입장에서 생각해야 할 것이다. 쉐퍼는 고대인들과 비교할 때 현대인들은 특히 비합리성과 비관주의로 기울어지는 경향이 있다고 말할지도 모른다. 예컨대, 니체는 스토아 학파 사람들보다 더 어둡다. 아무튼 쉐퍼는 이전 시대, 즉 "절망의 선" 이전 시대를 현대보다 성경적 규범에 가까운 것으로 여긴다. 내 생각에 그는 (오늘 우리가 일컫는바) "현대주의적 세계"로부터 "포스트모던적 상황"으로의 변화를 묘사하고 있는 것처럼 보인다.[46]

"붕괴"로 인해 영향을 받은 중요한 네 가지 분야가 있다. 『거기에 계시는 하나님』 같은 앞선 작품들보다 『그렇다면 우리는 어떻게 살아야 하는가?』에 더 많은 이름과 날짜들이 나오기는 하지만, 그리고 큰 틀이 조금 변하기는 했으나, 그의 작품 전반에서 드러나는 기본적인 윤곽은 동일하다.

1. 붕괴의 첫 번째 예는 철학에서 나타났다. 절망의 선 이후에 철학은 이성을 의심하고 비관적이 되었다. 그 길을 이끌었던 중요한 사상가들은 루소, 칸트, 헤겔, 키에르케고르 등이다.[47] 과학이 철학의 뒤꿈치를 따랐다. 붕괴 기간 동안 현대 과학은 "현대적이고 현대적인 과

---

45 Cornelius Van Til, "The Apologetic Methodology of Francis Schaeffer," 1974년 3월 22일 (Montgomery Library, Westminster Theological Seminary, Philadelphia에 보관 중), 39ff.
46 내가 아는 한, 쉐퍼는 모더니즘과 포스트모더니즘에 관한 논의에 개입한 적이 없다. 하지만 합리성(rationality, 합리주의[rationalism]에 반대되는 것으로서의)에 대한 그의 지속적인 호소와 상대주의에 대한 그의 지속적인 비판은 그를 수십 년 후에 포스트모더니즘과 상호작용하게 될 사람들과 같은 부류 속으로 밀어 넣는다. 오늘날 쉐퍼를 읽는 학생들은 종종 그가 포스트모던적 상황 같은 문제들에 얼마나 적실하게 대응하는지를 발견하고 놀란다.

학"이 되었다. 현대 과학은 그것이 열린 체계, 즉 하나님이 책임지고 계시는 체계 안에서 자연적 원인들의 일관성에 집착했기에 효과적으로 작동할 수 없었다. 하나님은 오로지 어떤 자연 현상들이 다른 방식으로는 설명될 수 없는 경우에만 그 간격을 메워주시는 간격의 하나님이 되고 말았다. 그분은 점점 더 작아지고 작아지다가 결국 전혀 필요하지 않게 되었다. 다윈과 함께 그리고 그 후에는 신다윈주의과 함께 인과론적 세계는 닫혔고 모든 것은 자율적이 되었다. 그리고 사회적 다윈주의는 나치를 낳았다.[48]

2. 철학과 과학의 뒤를 이어 "실존주의적 방법론"(existential methodology)의 도입이 있었다. 쉐퍼는 장 폴 사르트르와 알베르 카뮈를 언급한다. 그러나 특별히 주목을 받는 이들은 마르틴 하이데거와 칼 야스퍼스다.[49] 하이데거(1889-1976)는 우주의 무서운 현실 이전의 "불안"(Angst)이라는 개념에서 시작한다. 하지만 우리는 시인들에게 귀를 기울임으로써 존재의 궁극적 접근 가능성에서 위로를 발견할 수도 있다.[50] 야스퍼스(1883-1969)는 비슷하게 소외에 대해 말한다. 하지만 이어서 그는 인간이 "최종적 경험"을 통해 불합리한 세상으로부터 탈출할 길이 있다고 선언한다.[51] 쉐퍼는 『멋진 신세계』(소담출판사, 2003)의 저자 올더스 헉슬리에서 크림, 제퍼슨 에어플레인, 그레이트풀 데드, 그리고 지미 헨드릭스 같은 록스타들에 이르기까지 그런 실존적

---

47 *CW*, 5:172. 쉐퍼가 어째서 "의심의 대가들"에 대한 보다 표준적인 신원 확인을 따르지 않았는지는 분명하지 않다. 이에 대한 탁월한 소개를 위해서는, Merold Westphal, Suspicion and Faith: The Religious Uses of Modern Atheism (New York: Fordham University Press, 1998)을 보라.
48 *CW*, 5:170-71.
49 *CW*, 5:184.
50 *CW*, 5:187.
51 *CW*, 5:184.

접근법을 옹호하는 많은 이들의 명단을 제시한다.[52] 그리고 아주 분명하게, 알베르트 슈바이처의 합리주의부터 폴 틸리히의 비관주의로 옮겨가면서[53] 신학이 그 뒤를 따른다. 칼 바르트는 사실상 실존적 방법론을 실천했다. 왜냐하면 그는 성경에 있는 모든 오류들에도 불구하고 신앙을 옹호했기 때문이다.

3. 다음으로 종종 쉐퍼가 미술과 음악, 문학, 영화 등을 포함하는 예술에서 나타난 것으로 묘사하는 변화가 뒤따랐다. 여기서 그는 비관주의에 "분열"이라는 용어를 덧붙인다.[54] 전형적인 방식으로 그는 철학 이후에 예술이 절망의 선을 넘어 섰다고 말한다. 그런 주장은 입증하기가 어렵다. 과연 칸트와 헤겔이 데이비드와 들라크루아보다 앞섰는가? 그리고 만약 그렇다면, 그런 예술가들이 철학을 읽었을까? 분명히 그들은 동일한 시대정신(Zeitgeist)을 맛보았다. 쉐퍼는 비록 전문적인 미술사가도 아니고, 그의 친구이자 동료인 한스 로크마커(그가 쓴 『현대 예술과 문화의 죽음』(IVP, 1993)은 그에게 큰 명성을 안겨주었다)의 상세하고 조직적인 작업에 참여하지도 않았지만, 예술, 특히 시각 예술의 문제를 다룰 때 그 분야에 대한 범상치 않은 깊이와 익숙함을 드러낸다. 『그렇다면 우리는 어떻게 살아야 하는가?』에서 그는 우리를 인상파와 후기 인상파, 피카소, 달리, 아르프, 뒤샹, 폴롤, 그리고 일치로부터 분열로의 변화를 대표했던 여러 다른 화가들의 작품들 사이로 이끌어간다. 또한 그는 말러, 쇤베르크, 드뷔시 같은 음악가들도 소개한다. 영화 역시 같은 궤적을 따른다. 물론 그중에서도 쇠퇴주의자들의 작품이 특히 그러하다. 여기에는 "Modern Art and the Birth

---

52 *CW*, 5:186.
53 *CW*, 5:190-93.
54 *CW*, 1:27ff.; 5:195ff.

of a Culture "(현대 미술과 문화의 탄생) 같은 글을 쓴 캘빈 시어벨트(Calvin Seerveld) 같은 종교개혁 운동에 속한 미학자들이 지적하는 미묘한 차이 같은 것은 전혀 없다.[55] 그러나 그 중 많은 것이 대담하며 쉐퍼의 역사관과 일치한다.

4. 마지막으로, 쉐퍼는 사회 외형의 붕괴에 대해 묘사한다. 전체적으로 보면, 쉐퍼는 다른 어떤 것들보다도 이 범주에 훨씬 더 많은 시간을 쏟는다. 그는 이와 관련된 여러 양상들에 대해 설명한다. 그중 하나는 중산층 문화에 만연되어 있는 개인적인 평화와 풍요라는 이상이다. 삶에 대해 본질적으로 부르주아적인 그런 견해를 지닌 젊은 이들은 반항하면서 기독교 신앙 이외의 장소에서 의미를 찾는다. 쉐퍼는 1960년대의 다채로운 여러 현자들 즉, 앨런 와츠, 팀 리어리, 앨런 긴즈버그, 헤르베르트 마르쿠제 외 여러 사람을 지금의 삶을 포기하고 다른 방향으로 돌아서는 유토피아적인 꿈에 기초한 새로운 삶의 방식을 예언하는 자들로 지목한다.[56] 쉐퍼는 사회 공학에 대해 크게 근심한다. 프란시스 크릭(Fancis Crick)은, 여러 다른 과학자들과 함께, 인간에 대한 완전한 행위 통제 같은 것을 원한다.[57] 쉐퍼의 경고, 특히 그가『그렇다면 우리는 어떻게 살아야 하는가?』에서 한 경고는 분명히 (본서의 1장에서 언급된) 냉전 시대의 분위기를 갖고 있다. 동일한 것이 그의 마지막 책들 중 하나인『그리스도인의 선언』에도 해당된다.

사회의 붕괴에 대한 가장 상세한 묘사는『인류에게 무슨 일이 일어났는가?』에서 발견된다. 얼마 후 레이건 대통령의 주치의가 될 에버렛 쿱과 공동으로 쓴 그 책 및 그 책과 동일한 제목의 영화는 인간의

---

55 Calvin Seerveld, *Rainbows for the Fallen World* (Toronto: Tuppence, 1980), 156-201.
56 *CW*, 1:35ff; 2:23ff; 5:211ff.
57 *CW*, 5:231-44.

삶에 대한 중요한 위협들을 알리는 수많은 데이터, 소송 사건들, 일화들을 제공한다. 저자들이 주목하는 문제들 중에는 유전자 조작, 무조건 임신 중절권, 부분 출산 낙태, 배아 이식술, 유아 살해, 그리고 안락사 등이 들어 있다. 그 책에서는 관련된 소송 사건들과 여러 가지 견해들이 상세하게 기술된다. 그러나 그 후에 인간의 생명에 대한 변화하고 있는 관점과 종종 정당화할 수 없는 것을 정당화하는 입법에 대한 변화하고 있는 접근방식에 대한 논의가 등장한다.

그 변화는 하나님 형상의 담지자, 즉 본래적 가치를 지닌 인간으로부터 유용한 인간으로의 변화다. 『상황 윤리』(종로서적, 1992)라는 책으로 유명한 조셉 플레처(Joseph Fletcher)는 적절한 삶을 "의미 있는 인간됨"(meaningful humanhood)로 묘사하고, 트리스트람 엥겔하르트(Tristram Engelhardt)는 "옳은 삶"(rightful life)과 "잘못된 삶"(wrong life)을 구분한다.[58] 사람이 사람으로서의 가치를 잃을 때, 그의 가치를 그의 존재 자체 이외의 다른 무언가에 기초해 평가하는 인간에 대한 대체적 정의가 등장한다. 이런 변화를 지원하기 위해 법원은 법을 해석하는 일에서 그것을 규정하는 일로(사법 옹호) 넘어간다. 이제 낙타의 머리가 천막 안으로 들어왔으니, 우리로서는 또 다른 홀로코스트를 경험하지 않을 이유가 없게 된다.[59]

희망?

프란시스 쉐퍼의 작품들을 느슨하게 읽다 보면 그가 파멸의 예언자라는 인상을 받을 수도 있다. 만약 우리가 그가 말하는 주제들을 신중

---

58 CW, 5:322-23.
59 CW, 5:340ff.

하게 판단할 수 있다면, 분명히 진단이 해결책을 훨씬 앞지르고 있음을 발견하게 될 것이다. 그리고 솔직히 말해 그런 진단 중 일부는 분명히 소란스럽다. 예컨대, 『자유와 존엄의 회복』(프란시스 쉐퍼 전집, 제1권, 문석호 역, 크리스챤다이제스트, 2007)에서 쉐퍼는 케네스 클라크 박사가 요구하는 국가 간의 침략을 종식시켜 줄 방식으로서의 "정신 공학적 약물 치료"를 포함해 다소간 어리석게 보이는 여러 제안들을 인용한다.[60] 하지만 그와 동시에 우리는 쉐퍼가 좋은 교제를 나누고 있었음에 주목할 필요가 있다. 분명히 그는 C. S. 루이스의 작품들, 특히 인간의 자유와 존엄성을 떠받치고 있는 철학적 견해를 상실함으로써 현대 역사 안에서 발생하는 대재앙들을 유사하게 강조하는 『인간 폐지』(홍성사, 2006)와 『그 가공할 힘』(홍성사, 2012) 같은 작품들을 잘 알고 있었다. 그리고 우리는 더 많은 것을 바랄 수도 있는데, 그의 책들과 연설문들 전반에 걸쳐 여러 가지 희망 섞인 말들이 등장하기 때문이다. 앞서 언급했듯이, 그의 가장 비관적인 책이라고 할 수 있는 『그리스도인의 선언』에서 그는 1980년에 있었던 선거("레이건 혁명")를 "희망의 창문"으로 묘사한다. 그는 낙태 판결이 무효화될 뿐 아니라 "삶의 모든 영역에서" 부정적인 견해들이 거둬질 수 있기를 진심으로 바랐다.[61] 확실히, 만약 그가 더 오래 살았더라면, 아마도 그는 그 열린 문을 뒤따르는 진보가 중단된 것에 낙담했을 것이다.

쉐퍼는 앞서 말했듯이, 비록 온전한 카이퍼주의자는 아니었으나, 분명히 삶의 모든 부문이 구속되어야 할 필요가 있음을 인정했다. 내가 발견할 수 있었던 그의 가장 온전하게 카이퍼주의적인 진술은 『오

---

60 *CW*, 1:372.
61 *CW*, 5:457.

염과 인간의 죽음』에서 등장한다. 쉐퍼는, 그리스도인들이 하나님의 창조물을 돌보는 일과 관련해 지속적으로 그리스도인답게 행동해오지 않았음을 지적하면서도, 자연을 그것 자체로서 존중하는 애니미즘(animism)과 자연이 하나님에 의해 창조되었기에 그것을 존중하는 성경적 세계관(biblical worldview)을 구분한다. 그는 아브라함 카이퍼의 논조를 따라 다음과 같이 주장한다.

이것[자연에 대한 기독교적 존중]은 아브라함 카이퍼의 영역 개념의 확장이다. 그는 우리들 각자를 여러 사람으로 보았다. 즉 국가에 속한 사람, 고용주인 사람, 아버지인 사람, 교회의 장로, 대학의 교수로 보았다. 그리고 이들 각각은 서로 다른 영역에 속해 있다. 하지만, 비록 그들이 서로 다른 시간에 서로 다른 영역에 속해 있을지라도, 그리스도인들은 그 각각의 영역에서 그리스도인답게 행동해야 한다. 그는 언제나 존재하며, 교실에 있든 집에 있든 상관없이 항상 성경의 기준 아래에서 살아가는 그리스도인이다.

이제 이것을 확장해 보자. 나는 그리스도인이다. 하지만 단지 그리스도인인 것만은 아니다. 나는 또한 피조물, 즉 피조된 존재이다. 나는 자율적이지 않은 존재로서 역시 자율적이지 않은 다른 것들을 다룬다. 그리스도인으로서 나는 의식적으로 모든 다른 피조된 것들을, 창조에 의해 각자에게 적당한 영역에 위치하게 된 각각의 것들을 위엄 있게 다뤄야 한다.[62]

이 문장을 해석해 보자. 인간은 자연에 대한 적절한 지배권이 있으

---

62 *CW*, 5:35.

나, 어느 의미에서 우리는 우리와 동등한 것들을 다루고 있는 것이다. 인간과 자연계 모두 피조된 것이고 피조물로서의 가치가 있다.

쉐퍼의 희망적인 답변들 중 일부는 다소 막연하지만, 다른 일부는 꽤 상세하다. 만약 어떤 이가 그리스도인이라면, 그(혹은 그녀)는 무엇을 해야 하는가? 『존재하시는 하나님』에서 주어진 일반적인 조언은 네 가지다. (1) 성경을 공부하라. (2) 정기적으로 기도하라. (3) 증언하라. (4) 성경을 믿는 교회에 참여하라.[63] 우리가 보았듯이, 그는 또한 그의 저작물과 강연을 통해 삶의 몇 가지 특별한 영역들에 대해 말한다.

가정

쉐퍼는 가정생활과 관련해 해야 할 말이 아주 많았다. 그중 몇 가지는 우리가 이미 살펴보았다. 배우자들은 완벽이 아니라 참되고 정직한 소통을 기대해야 한다.[64] 결혼한 이들은 성적 즐거움을 누릴 권리가 있는 반면, 자신들의 파트너를 성적 대상으로 취급할 권리는 없다. 오히려 그들의 파트너들은 사랑 받을 필요가 있는 인간이다.[65] 대체로 프랜보다는 이디스가 가정생활에 관해 더 많은 것을 썼다. 그 주제와 관련된 가장 잘 알려진 책은 『가정이란 무엇인가?』이다.

사업

그리스도인의 사업은 어떠한가? 우리는 이미 부의 동정적 사용이라는 개념에 대해 논한 바 있다. 쉐퍼는 사업 윤리에 깊이 들어가지 않는다. 하지만 그는 우리의 이웃을 사랑하라는 하나님의 명령을 수

---

63 *CW*, 1:148.
64 *CW*, 3:288.
65 *CW*, 5:51.

행하기 위해 이윤 추구를 제한할 필요에 대해 논한다. 그는 "네가 만일 이웃의 옷을 전당 잡거든 해가 지기 전에 그에게 돌려보내라"(출 22:26)라는 구약의 법령을 인용한다. 그는, 비록 사유재산권이라는 개념을 받아들이기는 하나, 그것을 이웃을 기계나 '소모품'처럼 취급하는 것을 배제하는 방식으로 정의한다.[66]

예술

쉐퍼는 그리스도인의 예술 작업과 관련해 말해야 할 것이 꽤 많았다. 기독교 예술가의 작품은 어떻게 그(혹은 그녀)의 신앙을 드러내야 하는가? 첫째, 쉐퍼는 우리의 스타일이 현대적이어어야 한다고 주장한다. 이것은 오늘 우리가 사용하는 말이 현대적이어야 하는 것과 마찬가지다.

둘째, 우리의 스타일은 우리 자신의 문화에 적절한 것이 되어야 한다. "만약 어느 기독교인 화가가 일본인이라면, 그의 그림은 일본의 특색을 지녀야 한다. 만약 그가 인도 사람이라면, 당연히 인도의 특색을 지녀야 한다." 쉐퍼는 인류학과 예술 및 미학의 관계에 관한 의식이 형성되던 기간에 이런 개념들을 발전시키고 있었다. 그 무렵에는 같은 방식으로 민속음악에 대한 학문이 자리를 잡아가고 있었다. 이런 학문이 성장하게 된 데에는 탈식민성, 그리고 칸트의 엄격하게 비존재론적인 윤리학, 유럽중심주의에 대한 반작용 등을 포함해 아주 복잡한 이유들이 있었다. 그리스도인들은 비록 이처럼 민족적 특성을 지닌 접근 방식에 편승하는 일에는 느렸지만, 선교와 예술, 문화 분석에 대한 인류학의 연관성에 눈을 뜨기 시작했다. 예컨대, 각 문화의

---

66 *CW*, 5:51-52.

특색을 강조하는 민속음악은 그리스도인들로 하여금 단순히 선교사를 파송하는 나라의 찬송가를 모방하는 것이 아니라, 각 지역의 전통에 의거한 예배와 다른 목적들을 위한 음악을 만들어내는 방법을 모색하도록 만들었다. 쉐퍼는 비록 이런 연구에 충분히 개입하지는 않았으나, 분명히 예술에서의 상황화와 관련해 선견지명을 보였다.

셋째, 그리스도인의 예술 활동 전체는 성경적 세계관을 반영해야 한다.[67] 쉐퍼가 이 문제에 관해 상술할 때, 우리는 비록 여러 가지 특별한 예들에 대해 듣지는 못하지만 우리의 창조적인 작품을 통해 기독교 세계관 전체를 표현하는 방법과 관련해 현명한 조언을 얻는다.[68]

과학

그리스도인의 과학은 어떠한가? 특별한 예들은 많지 않으나, 쉐퍼는 다양한 운동들과 개인들에게서 나타나는 관심들에 대한 인식을 보여준다. 예컨대, 대체로 그는 프란시스 베이컨(Francis Bacon, 1561-1623)의 태도를 칭찬했는데, 베이컨은 단순히 "하나님 말씀의 책"(book of God's word)뿐 아니라 "하나님 작품의 책"(book of God's work)도 깊이 있게 연구하는 것을 옹호했던 인물이다.[69] 쉐퍼는 과학자들에게 그들의 전제들을 조사한 후 치유자의 입장에서 행동할 것을 촉구했다. 예컨대, 『오염과 인간의 죽음』에서 그는 린 화이트(Lynn White) 같은 기독교 비판자들에게 답하려 한다. 화이트는 현재의 생태학적 위기가 자연을 단순히 인간의 종으로 여기는 '기독교적' 견해로 야기된 것이라고 주

---

67 CW, 2:405.
68 우리 중 많은 이들이 라브리에서 열렸던 예술 축제를 기억한다. 그것은 그림, 시, 음악이 한데 어우러지는 축제였는데 결국 그 모든 것은 기독교적 감수성을 드러내기 위한 것이었다.
69 CW, 5:362.

장한다.[70] 쉐퍼는 그리스도인들이 그들의 신학을 재검토하고 자연을 타락의 나쁜 결과들로부터 구해내라는 명령을 이행하기를 바란다.

이런 부르심에 유용한 한 가지 이미지는 "시험 공장"(pilot plant, 대규모의 공장 생산 플랜트의 건설에 착수하기 전에 공정, 설계, 조작 등의 자료를 얻기 위하여 만드는 소규모의 설비 - 역주)으로서의 교회다.[71] 즉 그리스도인들은 실제적인 방식으로 우리가 정확히 어떻게 자연을 파괴하지 않으면서 적절하게 지배할 수 있는지를 보여야 한다. 그들은 잉글랜드 중부에 있는 "블랙 컨트리"의 행태와 반대로 행동해야 한다. 그곳에서 탐욕에 물든 광산 업자들은 채광 작업을 마친 후 작업장에 표토를 덮는 일을 무시했다. 비록 그런 일이 처음 얼마간은 그들에게 약간의 이익을 주었으나, 그리스도인 광산업자들이라면 마땅히 그곳에 표토를 덮어서 훗날 그 지역이 검은 사막이 되는 대신 나무가 자라는 숲이 되게 해야 했다.[72] 그들은 또한 스위스의 어느 외진 마을의 사람들이 했던 것과 정반대로 행해야 한다. 그 사람들은 아주 오랜 세월을 전기 없이 살다가 갑자기 전기를 공급받기를 원했다. 한데 그들은 보기 싫은 전선을 땅 밑으로 숨기려 하지 않았다. 머리 위로 전선을 늘어뜨리는 방식이 전기를 공급받기 위한 공정을 단축할 수 있었기 때문이었다.[73] 쉐퍼는 생태계나 오염과 관련된 생화학적 요소들에 대해 상세하게 논의하지는 않는다. 그는 물리적 위험보다는 미학의 문제에 더 초점을 맞춘다.

---

70 *CW*, 5:66.

71 *CW*, 5:47.

72 *CW*, 5:48.

73 *CW*, 5:49.

정치

마지막으로, 그리스도인들의 정치는 어떠한가? 이 문제와 관련해서도 쉐퍼는 여러 가지 일반적인 말을 하고 몇 가지 특별한 사례들을 제시한다. 이미 언급했듯이, 쉐퍼는 사회가 법에 기초해 유지되어야 할 필요에 대해 논한다. 그것은 하나님이 위대한 법의 수여자이시기 때문이다. 그런 토대가 없다면, 폭정을 향한 문이 열린다. 다시 그는 인류학에 대한 현실적 이해에 기초한 견제와 균형이라는 특성에 대해 언급한다.

아주 논쟁적으로 그는 때때로 그리스도인은 폭압을 행사하는 정부에 저항할 필요가 있다고 주장한다. 교회와 국가의 문제를 다루는 쉐퍼의 가장 정교한 책인『그리스도인의 선언』역시 그의 가장 논쟁적인 책들 중 하나다. 그는 부지런히 '힘'(force)과 '폭력'(violence)을 구별하려 애쓴다. 힘에 대한 불법한 사용만이 아니라 적법한 사용도 있을 수 있다. 힘이 없다면, 그 어떤 적법한 권위나 징계도 있을 수 없다. 그러나 폭력은 과도한 힘이며 결코 정당화될 수 없다. 쉐퍼는 미국의 독립 혁명을 폭정에 맞서기 위해 적법하게 힘을 사용한 경우였다고 여겼다. 그것은 프랑스 대혁명이나 러시아 혁명과 같은 전통적인 혁명은 아니었으나 "보수적인 반혁명"(conservative counter-revolution)이었다.[74]

좀 더 작은 단계에서 힘의 비폭력적 사용에는 납세 거부나 사립학교가 자신의 일을 침해하는 국세청에 저항하는 것이 포함될 수 있다. 또한 거기에는 낙태 수술을 하는 병원 앞에서 피켓을 들고 서 있는 일이 포함될 수도 있다.[75] 이러한 방식의 힘의 사용은 재판에 회부될 수도 있다. 하지만 쉐퍼는 그런 일은 값비싼 대가인 동시에 사람들의 이

---

74 *CW*, 5:490.

목을 끄는 기회가 될 수도 있다고 여긴다. 하지만 『그리스도인의 선언』이 갖고 있는 매우 감정적인 어조 때문에 나로서는 어떤 상황이 그런 종류의 힘을 요구하며 어떤 상황이 그렇지 않은지를 정확하게 판단하기가 쉽지 않다.

그러나 여기서 우리는 정치에 뛰어들어 무역에 관한 법이나 운송법 같은 문제를 놓고 논쟁을 벌이라는 조직적인 요구를 듣고 있는 게 아니다. 쉐퍼는 사회를 부수기보다는 세우는 것을 옹호한다. 하지만 『그리스도인의 선언』의 기조는 밥 딜런(Bob Dylan)의 노랫말의 내용과 훨씬 더 가깝다. 쉐퍼는 그것을 다음과 같이 인용한다. "당신은 언제 일어나 남아 있는 일들을 강화하려는가?"[76] 그는 사회 분석가가 아니라 예언자였다. 따라서 쉐퍼가 사용하는 자료는 공연히 소란을 피우는 사람의 자료에 가깝다. 예컨대, 6장에서 쉐퍼는 로버트 톰스(Robert Toms)라는 변호사의 말을 인용하는데, 그는 다가오는 시대 동안 판결 보류 상태로 남아 있을 여러 가지 문제들을 열거한다. 모두 31가지가 열거되는데, 그중에는 학교에서 드리는 기도, 기독교 단체들에 사람들을 그들의 삶의 방식과 상관없이 고용하라고 강제하는 것, 십계명을 공시하는 것 같은 문제들이 포함되어 있다. 내 생각에 이런 것들은 대개 교회와 국가의 경계에 관한 논쟁과 관련된 한 가지 종류의 문제들이다. 이런 여러 가지 문제들은 톰스의 리스트가 암시하는 것보다 훨씬 더 복잡하다(그의 답은 절대적으로 보수적이다). 그것들이 제시되는 방식은 거의 공모적인 분위기를 갖고 있다. 그는 어째서 다른 문제들, 가령, 공정 무역, 해외에서의 평화 유지, 생태환경, 자연의 보존, 공동체

---

75 *CW*, 5:477-78, 484.
76 *CW*, 5:476.

의 기준, 인종 문제 같은 것들을 거론하지 않는가?

공정하게 말하자면, 쉐퍼는 때때로 다른 곳에서 그런 것들에 대해 언급했다. 또한 문화적 전략을 설명함에 있어 얼마간 필요 이상으로 불안을 조장하는 식의 접근법은 그에게 새로운 것이 아니었다. 결국 그는 트집을 잡는 예언자였다. 그의 주된 쟁점은 인간성을 옹호하는 것이었다. 그가 호소하는 내용은 이것이다. "우리는 여러분 중 그리스도인들에게 여러분의 모든 영향력을 발휘해, 즉 당신의 삶의 모든 분야에서 입법, 사회적 행동, 그리고 사적으로든 공적으로든, 개별적으로든 집단적으로든 모든 수단을 동원해 점증하는 인간성의 상실과 맞서 싸울 것을 호소한다."[77] 그러므로, 비록 그가 문화 변혁에 관한 상세한 논증에서 부족함을 보일는지는 모르나, 그의 접근법은 인간의 권리, 아름다움, 그리고 사람들과 그들의 정부 사이의 건강한 관계에 관한 호소를 결여하고 있지 않다.

독자들은 이 모든 것이 기독교 영성과 무슨 상관이 있는지 의아해할 수도 있을 것이다. 쉐퍼가 보기에 그 상관성은 아주 컸다. 무엇보다도 그는 인간이 영적 자아와 세속적 자아로 나뉘는 것을 결코 원치 않았다. 하나님과 동행하고 '실재'에 몰두하는 것은 우리의 '기도실'에서뿐만 아니라 우리 주변의 문화 속에서도 실천할 수 있는 일이다.

여러 해 전에 맥켄드리 랭글리(McKendree Langley)는 아브라함 카이퍼에 관한 중요한 책을 한 권 썼다. 『복음이냐 혁명이냐』(한국로고스연구원, 1994)라는 책이었다.[78] 이 제목은 프란시스 쉐퍼가 공적 삶을 바라 본

77 *CW*, 5:408.

78 McKendree R. Langley, *The Practice of Political Spirituality: Episode from the Public Career of Abrahma Kuyper*, 1879-1918 (Toronto: Paideia, 1984).

방식을 아주 잘 보여준다. 그에게는 정치를 포함해 삶의 모든 것이 기도나 성경 읽기 등과 마찬가지로 영성의 문제였다. 이것은 그가 교회와 국가를 혼동했다는 의미가 아니다. 교회의 삶이 무시되어야 한다거나, 정치적 행위를 하고, 시를 쓰고, 과학적 발견을 하고, 가족을 부양하는 것 같은 일들이 엄격하게 같은 종류의 활동이라는 의미도 아니다. 그러나 깊은 의미에서 그것들은 모두 영적 활동이다. 쉐퍼에게 영성은 우리가 종종 종교적 경건과 관련시키는 특별한 행습들에 제한되어 있지 않다.

우리는, 비록 정확하게 그들처럼 살지는 못할지라도, 쉐퍼 부부의 접근방식을 모방할 수 있다. 사실 라브리 사역은 절대적으로 독특한 것은 아닐 수도 있다. 하지만 그런 공동체는 기도와 세미나 개최, 식탁에서 중요한 문제들을 토의하는 것 등에 대한 접근방식과 더불어 문화에 개입하는 특별한 모델이다. 다른 모델들은 다른 모습을 띠면서도 적합성에 있어 조금도 모자라지 않을 수 있다. 나는 나름의 문화와 소명 프로그램을 갖추고 있는 신학교와 교회들, 그리고 과학, 정치, 혹은 예술 등 삶의 특정한 영역에 초점을 맞추고 있는 다른 형태의 선교 사역들에 대해 알고 있다. 우리가 쉐퍼 부부의 가르침과 본보기를 통해, 그리고 참으로 지금도 세계 전역에서 계속되고 있는 라브리 사역을 통해 얻어야 할 교훈은 그리스도가 우리 삶의 모든 분야의 주님이시라는 것, 그리고 그로 인해 이 세상에서 우리의 관찰 대상이 되지 않거나 그리스도인으로서 우리의 소명에 복속되지 않는 삶의 영역은 없다는 것이다. 많은 사람들에게 이와 같은 메시지와 실천은 쉐퍼의 유산이 어째서 그토록 놀랍고 흥미진진한지를 잘 보여준다.

맺는 말

프란시스 쉐퍼에 대한 결론적 고찰

그럼에도, 그 말을 하는 동안 그가 어떤 모습으로 보이고 어떤 인상을 주었든 간에, 그가 한 말은 주목할 만한 것이었다. 그의 말은 확고함과 설득력 있는 비전, 부드러움과 설득력 있는 강함, 단순한 명료성과 설득력 있는 정신적 탁월함, 그리고 연민과 설득력 있는 정직하고 선한 마음을 갖고 있었다.

J. I. 패커

지금까지 우리는 프란시스 A. 쉐퍼의 사상, 특히 그의 영성관에 관한 많은 자료를 다뤘다. 그렇다면 이제 우리는 어떤 결론을 내려야 할까? 그의 유산은 무엇인가? 첫째, 나는 프랜이 그의 가족을 사랑했다는 점을 분명하게 말해야 한다. 프랜은 그의 아내를 열정적으로 사랑했다. 우리는 그와 이디스가 함께했던 인터뷰 중 몇 가지만 살펴보더라도, 그들이 공개적으로 하는 말을 통해서든 혹은 건너편에 있는 상대방에게 보내는 애정 어린 눈빛을 통해서든, 그 두 사람 사이의 사랑을 감지할 수 있다. 대부분의 남편처럼 쉐퍼는 아내에게 투덜거리기도 했다. 하지만 그것은 이디스가 꽃을 꺾느라 너무 자주 길에서 멈춰

서거나 너무 늦게까지 잠을 자지 않거나 하는 따위의 사소한 일 때문이었다! 물론 그들은 특정 사안에 심한 불일치를 보이기도 했다. 하지만 그들은 서로를 아주 많이 사랑했다. 또한 프랜은 자녀들과 손자들을 사랑했다. 그가 다양한 모임에서 그 아이들과 함께 놀이를 하는 모습을 지켜보는 것은 아주 재미있었다. 물론 우리가 보았듯이, 아이들은 쉐퍼 부부가 수행한 여러 사역들의 주된 대상이었다. 그들 부부는 모든 어린아이들을 사랑했다!

둘째, 그는 주님을 섬기는 일에 열정적이었다. 프란시스 쉐퍼는 우리에게 지적 유산과 기독교적 섬김의 탁월한 본보기 두 가지 모두를 남겼다. 어느 의미에서 그 둘은 함께 간다. 그는 한편으로는 책을 쓰고 다른 한편으로는 사람들과 개인적인 대화를 나눴던 사람이 아니다. 그에게서 그 두 가지 일은 서로를 떠받치고 있었다. 오스 기니스는 프랭크 쉐퍼가 쓴 책 *Crazy for God*에 붙인 서문에서 그것의 핵심을 짚어낸다.

그의 결함이 아무리 크더라도, 그리고 그가 철학과 역사의 어느 상세한 내용과 관련해 아무리 잘못을 저질렀더라도, 내가 결코 부인할 수 없을 뿐 아니라 내가 영원히 감사하는 것이 하나 있다. 그것은, 지금까지 나는 프란시스 쉐퍼와 같은 이를 다른 어디에서도 만나보지 못했다는 사실이다. 그는 하나님을 열정적으로 진지하게 섬겼고, 사람들을 열정적으로 진지하게 섬겼고, 진리를 열정적으로 진지하게 섬겼다. 그런 조합은 다이너마이트처럼 폭발력이 있었다. 그리고 내가 그에게 빚을 지고 있는 부분은 그의 사고 내용이 아니라 바로 그런 비전과 그런 신앙의 스타일이다. 니체와 함께 쉐퍼는 이렇게 말할 수 있는 사람이다. "나에게 모든 진리는 피 묻은 진리이다."[11]

하나님과 사람, 진리를 "열정적으로 진지하게" 섬기는 것이야말로 프란시스 쉐퍼가 가장 중요하게 여겼던 말이다. 왜 "피 묻은 진리" (blutige Wahrheiten)인가? 니체가 한 그 유명한 말은 진리는 삶과 유리되어 있지 않으며 큰 고통을 치름으로써 다가온다는 의미다. 쉐퍼가 발견한 것들은 거의 언제나 수고와 고통의 열매들이었다.

셋째, 쉐퍼가 이룩한 가장 지속적인 공헌들 중 하나는 의심할 바 없이 사람들, 즉 냉담한 복음주의자들과 다른 사람들 모두에게 문화에 대한 관심과 추구가 단지 적절한 것일 뿐 아니라, 하나님의 형상대로 지음을 받고 이 세상에 속하는 일의 일부라는 사실을 알려주는 것이었다. 그에게 예술은 여러 가지 목적에 도움이 되었다. 그중 가장 으뜸은 그 시대의 경향과 생각을 보여주는 것이었다. 그의 저작과 강연을 대충만 훑어보아도 그의 사상을 보여주는 많은 예들이 드러난다. 뿐만 아니라 우리는 프랜이 자주 아름다운 것들과 사랑스러운 것들을 즐겼다는 사실을 어렴풋이나마 알고 있다. 그는 미학과 예술적인 문제들에 대한 심도 있는 논쟁에 (그의 친구 한스 로크마커가 했던 것처럼) 전문적이거나 철학적인 방식으로 개입하지는 않았다. 하지만 그의 저작은 미술과 문화의 다른 분야들에 관한 예들로 가득 차 있다. 그리고 이것은 그가 아름다운 것을 포함해 인간의 세상과 그 세상의 삶의 방식을 즐겼다는 것을 분명하게 보여준다.

넷째, 이 알프스의 변증가가 이뤄낸 또 다른 중요한 공헌은 그가 신비로운 능력으로 인간의 은밀한 욕망과 좌절을 파헤치면서 인간의 마음 속 깊은 곳을 들여다보았다는 점이다. 하나님 형상의 담지자인 모든 인간은 이 세상의 죄악된 가치와 그들의 마음 깊숙이 자리 잡고 있

---

1 Os Guiness, "Fathers and Sons," *Books and Culture 14*, no. 2 (March/April 2008): 33.

는 지식, 즉 하나님이 실제로 계시다는 지식 사이의 긴장에 사로잡혀 있다(참조. 롬 1:20). 쉐퍼는 그가 상대하고 있는 이들에게 복음, 즉 예수 그리스도의 복음을 전하기 위해 이런 긴장을 폭로할 수 있었다. 내 생 각에 그의 위대한 스승인 코넬리우스 반틸보다 더 나은 훌륭한 선생 인 쉐퍼는 듣고자 하는 마음을 가진 누구에게든 전제적 변증학의 원 리들을 실제적인 방식으로 전달할 수 있었다.

다섯째, 프란시스 쉐퍼가 발견한 것 중 가장 위대한 것은 그리스 도의 보혈의 실제적 가치였다. 어떤 독자들은 그리스도의 보혈에 관 한 담화에 대해 지겨움이나 불쾌감을 느낄지도 모르겠다. 내가 "보혈 로 가득 찬 샘물"(a fountain filled with blood)에 관한 윌리엄 쿠퍼(William Cowper)의 찬송시(새찬송가 258장에 "샘물과 같은 보혈"로 번역되어 있다 – 역주)를 처음 들었을 때, 내가 생각할 수 있었던 모든 것은 무시무시한 드라 큘라 영화였다. 지금 나는 지속적인 피 흘림이 다른 이를 위해 자신 의 생명을 내어주는 것에 관한 심오한 성경적 이미지라는 것을 안다. 갈보리의 십자가 위에서 있었던 예수의 피로 얼룩진 죽음은, 하나님 의 백성의 구속이라는 견지에서 볼 때, 염소와 황소의 희생제물에 대 한 구약의 모든 에피소드들을 완성하는 것이었다(고전 11:25; 엡 1:7; 히 9:14 등). 쉐퍼는 예수님이 흘리신 보혈의 현재적 가치를 그런 식으로 이해했고, 그것이 그의 모든 것을 변화시켰다. 그리고 그 자신이 주장 하듯이, 바로 그것이 라브리 사역으로 이어졌다. 한 마디로 그것은 모 두 실재에 관한 것이었다. 또한 이런 재발견은 그 자신과 그가 한동안 몸담았던 "그 운동"(The Movement)을 더 잘 이해하기 위한 창문이었다. 쉐퍼는 너무 자주 하나님과의 생생한 관계를 잃어버려서 더 이상 "눈 을 치켜 뜬 세상 앞에서" 최상의 증인이 될 수 없었던 복음주의 교회 를 향해 계속해서 실재에 대해 호소했다. 참으로 쉐퍼 자신의 실재는 그를 아는 모든 이들에게 커다란 흔적을 남겼다.

마지막으로, 프란시스 쉐퍼는 참으로 특별한 방식으로 사람들에게 열정적이었다. 그는 사람들에게 아주 깊은 관심을 가졌다. 특히 그는 그 시대의 고통당하는 자들과 혼란에 빠진 자들에게 다가갔다. 그가 "작은 사람은 없다"고 선포했을 때, 그는 실제로 그것을 의미하고 있었다. 나는 어느 날 저녁, 식사 자리에서 있었던 대화를 기억한다. 몹시 부끄러움을 타는 한 젊은 여자가 질문을 하고 싶어 했다. 그녀는 자신의 질문이 그다지 지적이지 않다고 여겼기에 그 질문을 거의 내뱉듯이 하고 말았다. 프랜이 그 질문에 아주 진지하게 자기는 그 질문에 대해 깊이 생각해보아야 할 것 같다고 답했다. 그러면서 지난 몇 년간 자신이 받았던 질문들 중 가장 심원한 질문이라고 이야기했다. 프랜의 이런 대답으로 인해 그날 저녁 그 여자는 얼마나 큰 명예를 얻었던가! 그 사건은 나에게 예수께서 거들먹거리는 종교 지도자들 앞에서 자신의 발에 향유를 부은 한 여인을 옹호하시고 그녀가 자신을 위해 "좋은 일"을 했다고 말씀하셨던 일을 떠올리게 했다(막 14:1-11).

나는 그가 나에게 손을 뻗쳤던 것을 결코 잊지 못한다. 나는 가난하지는 않았으나 분명히 잃어버려진 자였고 영적으로 지극히 작은 자였다. 수많은 사람들이 나의 의견에 동조할 것이다. 이런 종류의 사랑에 관한 가장 감동적인 증언들 중 하나는 프랜이 생의 마지막 날들을 보내고 있던 제람 바즈의 아버지에게 다가갔던 것에 대한 바즈의 설명이다. 바즈의 아버지는 완고한 마르크스주의자였으나 쉐퍼의 친절한 관심에 깊이 감동받았고 마침내 신앙을 고백하기에 이르렀다. 사람을 위해 우는 것에 관한 이야기는 값싼 것이 될 수 있지만, 프랜은 실제로 잃어버림의 상태에 있는 사람들을 위해 울었다. 그가 만든 영화 속에서 때때로 프랜은 실제로 눈물을 터뜨렸다. 영화라고? 멜로드라

마라고? 아니다. 그것은 진짜였다. 언젠가 도널드 드류(Donald Drew)는 어느 라브리 대회에서 "당신이 라브리에서 배운 것 한 가지만 말해주시겠습니까?"라는 요청을 받았을 때 그것에 대해 언급했다. 그는 잠시 생각하더니 이렇게 답했다. "나는 우는 법을 배웠습니다."[2]

프란시스 쉐퍼는 다른 사람들과 마찬가지로 결점을 지닌 사람이었다. 때때로 그의 결점은 공공장소에서 행해졌기 때문에 다른 사람들보다 훨씬 눈에 잘 띄었다. 그가 때때로 낙심했다는 것은 비밀이 아니다. 왜냐하면 그 자신이 그런 낙심에 대해 이야기했기 때문이다. 특히 지쳤을 때, 그는 성마른 기질을 드러내기도 했다. 때때로 그는 자신의 저작들이나 자기가 영향을 주었던 인상적인 사람들과 장소를 가리키면서 교만한 모습을 보이기도 했다. 아마도 그는 교만하기보다는 허영심이 강한 사람이었을 것이다. 하지만 그런 결점들 중 그 어느 것도 그를 다른 위대한 지도자들로부터, 혹은 평범한 사람들로부터 분리시키지 않는다. 그는 최악의 방식으로 그리고 최선의 방식으로 인간이었고 참된 인간이었다!

"작은 사람은 없다, 작은 곳은 없다"(No Little People, No Little Places)라는 설교는 모순된 방식으로 특별히 그에게 적용되었다. 키가 작았던 프란시스 쉐퍼는 영적 거인이 되었다. 지리적으로 작았던, 스위스에서 가장 보잘것없는 지역에 속한 위에모라는 마을은 한 가지 사역, 즉 세상에 대한 영향력의 측면에서 비할 데가 없을 만큼 위대한 라브리 사역을 위한 센터가 되었다. 참으로, 프란시스 쉐퍼의 삶은 진정한 것이었다. 그리고 그의 유산은 앞으로도 오래도록 계속될 것이다. 그는 결코 작은 사람이 아니었다.

---

2 2012년 10월 15일에 Thom Notaro가 저자에게 보낸 이메일 메시지 중에서.

반문화의 영성
쉐퍼가 말하는 그리스도인의 삶

초판 1쇄 인쇄   2015년 1월 6일
초판 1쇄 발행   2015년 1월 12일

지은이 윌리엄 에드거
옮긴이 김광남
펴낸이 홍병룡
만든이 홍병룡 · 최규식 · 정선숙 · 강민영

펴낸곳 협동조합 아바서원
등록 제 110-86-15973(2005년 2월 21일)
주소 서울특별시 은평구 신사동 37-32 2층
전화 02-388-7944 **팩스** 02-389-7944
이메일 abbabooks@hanmail.net

© 아바서원, 2015

ISBN 979-11-85066-30-1 04230
     979-11-85066-24-0 04230(세트)